我　　知　　故　　我　　在

know!

知道分子图书工作室

新周刊
NEW WEEKLY

《新周刊》杂志社/编著

猎 物 人

物 质 文 明 简 史

SPM

南方出版传媒
广东人民出版社

·广州·

图书在版编目（CIP）数据

猎物人 /《新周刊》杂志社编著 . — 广州：广东
人民出版社 , 2018.1
　ISBN 978-7-218-12237-3

　Ⅰ．①猎…　Ⅱ．①新…　Ⅲ．①社会生活－通俗读物
Ⅳ．① C913.3-49

　中国版本图书馆 CIP 数据核字（2017）第 272971 号

Liewuren

猎物人

《新周刊》杂志社　编著

出 版 人：肖风华

责任编辑：严耀峰　马妮璐
责任技编：周　杰　易志华
装帧设计：万德福　李　菲

出版发行：广东人民出版社
地　　址：广州市大沙头四马路 10 号（邮政编码：510102）
电　　话：（020）83798714（总编室）
传　　真：（020）83780199
网　　址：http://www.gdpph.com
印　　刷：北京博海升彩色印刷有限公司
开　　本：787mm×1092mm　1/16
印　　张：20.5　字　　数：248 千
版　　次：2018 年 1 月第 1 版　2018 年 1 月第 1 次印刷
定　　价：88.00 元

如发现印装质量问题，影响阅读，请与出版社（020 - 83795749）联系调换。
售书热线：（020）83795240

目录

猎物考

猎物人写真

猎物天下

序

像《新周刊》提出的很多概念一样，"猎物人"是我自己造的一个概念，我想通过这个大词，来对人类生活的形态进行一次新的描述，重点是要重新看待人类成长过程中人与物的关系。我对这个问题的基本认识是：人类的历史，其实就是一部与物质世界相互纠缠的历史。我们造物，而物质又重新塑造我们。

猎物这种行为具有阶段性特点。最早人类在获取果实等物的过程中，人类的猎物主要是"创造"和"夺取"；在随后的进化过程中，又表现为物的"交换"，以此来拥有财富；进入消费主义时代，人成为时尚的人之后，猎物的第一特征又转变为"选择"。在物质消费时代，怎样选择最好的东西变得更为重要。正是因为这种选择，猎物人成了把物质带到文明和审美高度的人。

猎头猎的是人，替客户选择最好、最适合的人；猎物人猎的是物，在物质消费主义洪流中扮演这样的角色：精选者、引导者、甄别者、集合者……叫法可能还有很多，统起来说都是一个意思：猎物人是物类新闻发言人。

我们正从一个讲求逻辑与计算器效能的信息时代，进化到一个重视创意、同理心与整合力的感性时代。在这个时代，猎物人将变得尤为突出：他们对世界充满好奇心，对物质充满热情，有创造力，能观察趋势，并以最恰当的方式为事物赋予意义。我觉得猎物人这个说法，与趋势专家丹尼尔·平克口中所谓"高感性人群"非常像，他认为未来将属于"高感性人群"。同样，我认为，未来是猎物人的。

《新周刊》前执行总编、慢生活学院创办人、退步堂堂主　封新城

插图/傅沙

前一言

人类文明史，也是猎物史。
中国地大物博，最缺猎物人。

猎物人是谁？
他们是把物质带到文明和审美高度的人。
猎物人包括物质的创造者、发现者、传播者、分享者。
他们可以是匠人、设计师、发明家、考古学家、收藏家、鉴定
师、传媒，也可以是其他深察微物之神，能替当代人选择最
好、最适合物质的人。
"他搞的那些东西，陶瓷、漆器、丝绸、服饰，都是'物'，但是
他看到的是人，人的聪明，人的创造，人的艺术爱美心和坚
持不懈的劳动。"——汪曾祺说的是沈从文，但也是猎物
人的一种写照。

猎物人有三重境界：

一是格物致知——虽星移物换，仍即物穷理；

二是辨物居方——能物尽其用，能玩物不丧志；

三是以心役物——相信万物有灵，懂得托物言志和娱情，善于发现与挑选，不为物役。

猎物人的猎——是创造，是懂得，是选择，是发现，是邂逅，是珍视，是享受，是分享。

猎物人的物——在公众层面，国人对产品的品质要求渐高，如到欧美买奢侈品、到日本买马桶、到香港扫货，务求选好物；在国家层面，已是制造业大国的中国提出《中国制造2025》的十年纲领，以实现中国制造向中国创造、中国速度向中国质量、中国产品向中国品牌的转变，务求造好物；在生活方式层面，国人对物的态度由买买买，转变为收藏、品鉴、溯源，加入各种物类的专业爱好圈，参加培训，重读经典，尊重文化遗产和手工艺，务求品好物。

经过猎、种、造、卖、选等不同文明阶段，人类与物质的关系已须臾不可分离。物质文明和精神文明是文明的一体两面，物质文明则是精神文明的载体和体温计。

在物质的乱花渐欲迷人眼、每天都传来物类的最新消息的今天，如果缺乏猎物人的引领，物质社会充其量只是消费社会，现代人只是新产品的消费者和物质的奴隶。

面对物质世界，我们常听到感叹：太浅了，太物质了！

有了猎物人，再面对物质世界，我们将听到感叹：太深了，太文明了！

猎物人，也许正是当代和未来中国生活方式的最佳标配。

猎

物

考

文／陈艳涛

寻找万物中的精致与永恒

猎物：发现物类之美

意大利人Davide Andreani
收藏了来自87个国家的
10558种不同的可口可乐
罐，刷新了吉尼斯世界纪录。

每个物类都是衡量人类的尺度。

陷在现代消费主义困境里的现代人需要化身猎物人，在物质洪流中拨云见日，选择、甄别、集合、引领，将物质带到文明和审美的高度。

你曾经注视过家里的摆设和物品吗? 你知道视线所及的每一样，都能写一部历史吗?

正如英国作家比尔·布莱森在《趣味生活简史》中所说："战争、饥荒、工业革命、启蒙运动等，它们都在你的沙发和五斗橱里，在你窗帘的褶皱里，在你松软的枕头里……住宅不是躲避历史的避难所，它们是历史的最终归宿。"

每一个物类都记录着人类的生活史

我们所选择和拥有的东西，就是最忠实的记录者。它们最客观地记录、叙述着生活，每一样东西里都有一个故事，关乎我们生活的故事。如果把一生所有的物品和财产聚集到一起，每一个杯子、每一把椅子、每一件衣服、每一盏灯、每一幅画，都是一个故事，它们完整地组成了一部你的自传。

还不止于此。

19世纪50年代，一个美国人对来访的英国人萨拉·莫利说："要是你在任何时候听到有人辱骂美国，不要忘记冰。"

没错，让这个美国人洋洋得意的，是冰。

比尔·布莱森在《趣味生活简史》里提到：19世纪中叶的美国人对自己能够文明利用冰感到相当自豪。他们用它来冰镇啤酒和葡萄酒，发烧时降温，制作包括冰淇淋在内的各种冷冻食品。仅纽约市一年就要消费将近100万吨冰。铁路有了冷藏车，就可以把肉类和其他易腐败的东西运到全美各处。甚至芝加哥之所以成为铁路工业的中心，一定程度上都是因为它可制造和储存大批量的冰。

来自世界各地的食品，开始出现在几千公里以外的餐桌上，这对传统的农业地区产生了巨大的影响。19世纪，英国一大批农场被遗弃，一大批农场主离开农场，"在19世纪的最后一代人的时间里，英国农业差不多垮了"。

随之垮台的还有以前靠农业支撑的一切：农场工人、村庄、乡村教堂和牧师。这些被迫离乡背井的人不会想到，深刻改变了他们命运的，是一块小小的、透明的冰。

干掉古典农业的还有罐头，当这种因战争而来的发明走入千家万户时，集约化、产业化的农业成为可能，罐头与冰一起携手开创了大场面。

法国人有种说法——"在烛光之下，山羊也像贵妇人"，赞美烛光的朦胧美。在电灯被发明之前，世界上的光线是多么暗淡。一支好的蜡烛所提供的照度，只勉强相当于一盏100瓦电灯的1%。打开冰箱门，里面射出的光比18世纪大多数家庭享有的光的总和还多。在历史的大部分时间里，夜晚，不是意味着夜生活，而是意味着漫长的黑暗。

深刻改变一个时代人命运的，还有火、茶叶、土豆、抗生素、避孕套等今天看来微不足道的东西。同时改变的，还有生活方式、家庭关系，甚至审美观。

没有哪个时代比19世纪对私人生活的改变更剧烈，那个时代的人看到了一个又一个奇迹的出现：轮船、火车、电报、照相术、麻醉术、室内管道、煤气照明、医药中的抗菌剂、冷冻技术、电话、电灯、录制的音乐、汽车、飞机、摩天大楼、电影、收音机以及成千上万种别的小物品。在19世纪，特别是19世纪下半叶，人们到底要经受多少剧烈的变化，我们简直无法想象。

一直到今天，那些号称"我们的时代"的展览，经常是一系列能引起怀旧情绪的物件所组成：招贴画、书籍、水杯、家具、小摆设、帽子、服饰……这种物件自传式描述，比文字更有力量。

每一个物品，也是时代和一个国家与民族文化的忠实体现者。

国人近年热衷去日本购入马桶盖、电饭锅等小物件，据说是因为好用到像是量身定制。这些小物件里，其实深深体现着日本文化。

日本物学研究会会长黑川雅之的《日本的八个审美意识》认为：日本有一句成语叫"一期一会"，意思是现在能够与这个人交流的瞬间，不会再重来。所以，要更加珍惜眼前的这个时间、这个人和这个地方。眼前的这一瞬间包含了过去和未来……这就是"微"的精髓。"细节中包含了一切"的理念，不仅是与时间、与人的关联，也深深植根于建筑、庭院设计、每一个人，乃至整个世界中，构成了日本思想的基石。

日本人会针对每个人的特点制作不同的餐具，准备床具，工具也是一样。由于尊重的是每一个个体，自然也就不会诞生出所谓的"谁都能使用"的通用化设计。也是因为这个缘故，日本才没有孕育出欧洲各国那样的哲学体系，但却使卓越的审美情趣发达起来。

思考如何活着的人生哲学在日本是没有用的。他们不依托于所谓人类博爱、上帝、哲学之类的理论，而是更重视自己的身体感知。餐具会设计成尽量方便送到嘴边，碗的大小会因适用对象是男是女、是成人还是儿童而有所不同。

法国作家罗热－保尔·德罗亚在他的《物类最新消息》里甚至认为我们生活中的那些日用物品都既有个性

17、18世纪,中国生产的丝绸、瓷器、茶叶和漆器充斥在欧洲贵族圈,成为时尚,掀起了欧洲蓬勃的"中国潮"。法国画家弗朗索瓦·布歇,《中国市场》,1942—1945,挂毯,博韦挂毯制造。

19世纪,极大丰富的物质塑造出人类奢华多彩的生活方式。法国画家爱德华·马奈,《草地上的午餐》,1862—1863,现藏于巴黎奥塞美术馆。

也有感情,比如回形针有副道德面孔,钥匙串和路灯也可以谈论爱情,垃圾袋有超验感觉,雨伞有智慧,而吸尘器有反骨。它们既能让我们惊愕、疯狂,也可以让我们复归平静。每个物类都是衡量人类的尺度。

"你们要爱物类,就像爱你们自己。"这个在法国国家科学研究中心研究哲学的作家如此告诫我们。

现代消费主义的困境

探知一个大市场? 肯定的!

一种大危险? 还要大!

一个黄金国? 对!

一场梦魇? 当然!

这是出版于 2014 年的《奢侈:爱马仕总裁回忆录》里对于中国的看法,似乎和马可·波罗时期并无差别。书里将中国人视作"奢侈品业最危险的角色",因为"中国懂得什么都看,什么都做,什么都能弄明白。中国有时间,中国人拥有永恒"。

但实际上,他们发现,他们的中国客户不过是一群年轻人(20—40 岁之间),四处旅行,还盲目消费,尤其喜爱购买对于他们来说属于社会地位和商业成功象征的东西,比如奢侈品。"新富起来的中国人"对于所购买和拥有的物品的一个重要需求是:可以炫耀,并在寻求一种被承认的自我陶醉。

但在不理智、不节制地消费方面,可不只是中国人如此。"把这么多的财富通通花掉,几乎成了许多人的一项全职工作。"比尔·布莱森在他的《趣味生活简史》里嘲讽美国新富。

镀金时代的美国,工业急速发展,财富的积累成就了一大批新富家族,将各种不可思议的消费当成一种日常活动。这样的"工作"式消费,注定了无论他们干什么,都带着一种暴发户的拼命和俗气味道。有人举办昂贵而荒唐无聊的宴会,有人修建华而不实的豪宅,有人四处购置他们根本不懂其价值的名画、家具及一切可以装箱运回家的东西。除了搜罗欧洲的艺术品和工艺品,他们还对欧洲活人感兴趣,大批美国富豪的女儿嫁给了缺钱花的欧洲贵族。

以色列作家尤瓦尔·赫拉利在他的《人类简史》里认为物质过度丰富会产生一个全新的问题:谁要来买这些产品?为确保不管什么新产品都有人买,就出现了一种新的伦理观:消费主义。

在人类的漫长历史中,大多时间是物质匮乏的,因此节俭、简朴、律己都是美德。然而,消费主义的美德恰恰相反,就是要消费更多的产品和服务,鼓励所有人善待自己,宠爱自己,就算因为过度消费走上绝路,也在所不惜。节俭反而成了一种"药不能停"的疾病。

"相信你的直觉,顺从你的渴望"(雪碧广告语)、"Just Do It"(耐克广告语)之类的消费主义倡导,通过各种途径传播,不断说服大众成为既乖巧又任性的消费者,购买大量并不真正需要的产品,把各种原本有民俗和文化意味的节日都变成了疯狂购物节。于是从来没有被确定的耶稣生日成了消费狂欢日,人类甚至生造出"双十一""双十二",只为了让你买、买、买。

尤瓦尔·赫拉利认为,现代人常挂在嘴边的"随心所欲"其实不过是"结合了19世纪浪漫主义与20世纪的消费主义,再植入我们的脑海罢了"。

德国诗人诺瓦利斯对浪漫的定义是:给卑贱物一种崇高的意义,给寻常物一种神秘的模样,给已知物以未知物的庄重,给有限物一种无限的表象——说人话就是让寻常的物件自带满满的情怀和格调。

《小王子》里的孩子怅然于"大人都喜欢数字",当他告诉大人"我看到一幢漂亮的红砖房屋,旁边有天竺葵,屋顶上还有鸽子……"时,他们根本无法想象这是一幢怎样的房子。他得告诉他们:"我看到一幢价值十万法郎的房子。"然后大人们才会惊讶地说:"多漂亮的一幢房子啊!"

这个孩子长大之后总结说,"对于我们这些了解人生真义的人而言,我们根本不在乎数字"。很不幸,我们所处的是一个大人的世界,是一个数字包揽一切的价格世界,只有少数幸运的孩子,能拥有一个只用心灵去体会的美丽世界。

赫拉利认为现代人和古埃及的贵族没什么差别:"现在大多数人一生汲汲营营,也都是想盖起某种金字塔,只不过这些金字塔在不同文化里会有不同的名字、形体和规模罢了。可能是一栋近郊的独栋透天别墅,也可能是一个闪闪发光的高楼公寓,但很少有人真的去问,究竟为什么我们会开始想建这些金字塔?"

猎物人:*他们富有而挑剔,敏感而自恋*

在世界范围内游荡着对所有时髦的东西都毫无抵抗力,价格和距离都挡不住的"欲望过剩者"。到2020年,会有两亿中国人周游全世界,七亿游客访问欧洲。

旅行者、游客和商务人士的流动在加剧,让世界每个城市都成了流动者的栖息地。如雅克·阿达利在他的《地平线》里所描述的:"再没有圣地了。游牧的人将没有地址,这在历史上尚属首次……不再有任何地方可以躲藏。"

这些"游牧的人"出现在世界上任何一个角落,他们经济实力雄厚,有着猎人般的眼光,是另一种猎头。让他们眼睛发光的,不是人,而是物品:最清净美丽海滨度假地的别墅、公寓,最有历史感和文化味道的收藏品,最具价值的艺术品,最与众不同的衣服,最独特的各种物件——他们是猎物人,富有而挑剔,敏感而自恋,随时获取各种最新信息,希望俘获这世间最有创意、最与众不同的物品。猎物人在物质洪流中拨云见日,选择、甄别、集合、引领,将物质带到文明和审美的高度。

在今天这样一个一切都在失去、一切都能瞬间知道、一切都能即时谈论的时代,猎物人想拥有的物品,是什么样的?

克里斯蒂安·布朗卡特在他的《奢侈》里认为,今天的人渴望的物品,应当有一种"能与速度无限的残酷感形成鲜明对照"的特质。"其质量是完美的,创新随处可见,在材料上、手感上、气味上、物品的呼吸上。为了让人信服,创造是永恒的,而竞争是血腥的。"

苏轼的《赤壁赋》中说：惟江上之清风,与山间之明月,耳得之而为声,目遇之而成色,取之无禁,用之不竭,是造物者之无尽藏也,而吾与子之所共适——回到自然,回到生活本身,所能发现的美和乐趣,正是我们这个时代所缺少的。

越是快节奏的时代,时间所赋予一件东西的浓度和价值越是奢侈。越是速朽的时代,人们越是对有时间沉淀的、自然的、手工的、量身定制的产品惊喜。

对今天的我们来说,未来的奢侈品,就是从容和安全感。今天的猎物人,就是要找出这些予人安全感的物品,那些能让人兴奋也让人安心、给人爱抚也让人平静的物品,既有吹毛求疵的专业性和对细节的迷恋,又同时具备舒适、实用、现实的一面,有岁月感赋予的丰富性,也有文化和故事赋予的多面性。

想成为猎物人,先放慢脚步,从发现物类之美开始。

美国国立自然历史博物馆,展品中有大量珍贵的古今哺乳动物、鸟类、两栖动物、爬行动物、昆虫和海洋生物等标本。

1971年,巴黎,可可·香奈儿的家。她喜欢收藏古董,特别是中国屏风,收藏了32面之多。

文／陈非

尤瓦尔·赫拉利

人类一造物，上帝就发笑

尤瓦尔·赫拉利

以色列青年学者，任教于希伯来大学。专著《人类简史》出版后成为全球知名的新锐历史学家。

赫拉利的《人类简史：从动物到上帝》被翻译成三十种语言在二十多个国家掀起阅读热潮。《新周刊》记者在耶路撒冷采访了这位学界新星。他认为造物并非人的天性，物质也从来与人的幸福感无关，相反，物会在将来的某一天抹去人性，终结我们这一代人类。

在采访尤瓦尔·赫拉利（Yuval Noah Harari）之前，我在以色列做了一个小调查，发现十个人里有五个人知道他的名字，而对于剩下的五个人，只要提起"人类简史"，其中的三个就会立刻有回应："写那本书的人是不是？"

《人类简史：从动物到上帝》（下简称《人类简史》）在以色列的畅销书榜上待了整整两年，同时被翻译成三十种语言在二十多个国家出售，掀起了YouTube上的"人类简史"课程热。在这个历史学家只能靠分析历史魔幻小说博存在感的时代，赫拉利有个人网站和一大批社交网络的粉丝。他以未来学家的姿态被邀请到谷歌总部演讲，探讨硅谷是否能终结自由主义和《黑客帝国》的愿景会不会发生。英国《金融时报》编辑约翰·里德提起和他吃饭的经历时说，刚落座，隔壁桌就有女粉丝来求握手。

不过，等我来到这个"学界新星"位于耶路撒冷郊外的小屋时，这一切热闹都消失了。在耶路撒冷通往特拉维夫公路边的一个小山丘上，赫拉利租的小屋被树木完全遮掩起来，不知道是不是故意，屋外挂着的名牌上既不是他的名字，也不是他先生的。他穿着白底蓝色细格的衬衫和卡其裤，走到种了两排朴素花朵的院子里来迎接我，随后带我走进布置得相当简单的客厅，除了特意放在桌上的二十几本不同国家版本的《人类简史》，能吸引人注意力的就只有两条狗了——都是他俩从路上捡回来的流浪狗。

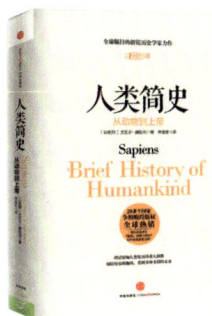

历史可以让我们审视现在的错误，比如对物的依赖

在《人类简史》里，赫拉利一大引人注目的观点是：农业革命是史上最大骗局，它让人被各种各样的物质捆绑、驯服，从而大大降低了人类作为个体的幸福感。赫拉利花了大篇幅来描绘农业社会之前的幸福画面：采集狩猎时代的人类日出起床，去森林里采蘑菇打野味，中午就能采集完一天的食材，回部落开饭，之后就是闲暇时间，没有环境污染，没有大量重复劳动，没有待付的账单和要洗的碗。而一到了要迁徙的时候，他们站起身就能走，没有任何牵挂，他们身外物不外乎就是打火石。"他们的心理、宗教和感情生活多半不需要人造品的协助。"

而到了一万多年前的农业革命时，此前一系列的进化过程都被打乱了：在田间的大量劳作伤害了人体的脊柱，依赖于谷物的饮食结构破坏了均衡的饮食系统，饲养牲畜残害了其他生物种类的进化……

而农业革命中最重要的一点是，人类学会了造物，从生产工具到各种为了生活便利的创造，最后都与人类的初衷相反，它们不仅没能把人类从繁重劳动和物质匮乏中解放出来，反而把人捆绑在了土地上，让他们不断操心未来。

此前，传统的历史学家歌颂农业革命，认为它让人口大量增加，经济大幅提升。"现代社会繁荣富庶，可能我们很难理解弊处何在，毕竟这一切的富裕和安全都是建立在农业革命之上，所以我们也就觉得农业革命真是个美妙的进步。"赫拉利显然不同意这样的观点，他口中的历史学家是势利的，只从"力量"这一个方面衡量人类发展。"这些研究是重要，但往往彻底忽略了硬币的另一面——普通人的幸福与痛苦。人类的一大悲剧是，我们懂得如何获得越来越多的力量，却不懂如何把它转换成幸福感。这也是为什么，今天的人类比采集狩猎时代的人类强大得多，但我们的幸福感远远比不上他们。"

赫拉利与传统历史学家的另一个不同是：他是一个科学家。他把历史比喻为一个类似于经济学的二次混沌系统，每一个微小的偶然变化都会导致系统的连锁反应，那些所谓的"历史的必然性"并不存在。当我问他如果没有农业革命会怎样时，他没有进行一番人文领域常有的天马行空的想象，而是给出了澳大利亚的残酷例子：采集狩猎模式在那里延续至18世纪，直到欧洲人登陆殖民，杀死了绝大多数土著。"采集狩猎模式所能支持的七八百万人口是无法建立起大城市、王国乃至帝国的，它也无法建立起金字塔、大教堂和大学，无法到达月球，无法制造出原子弹。"他说，历史不能逆转，但它可以让我们去审视现在的错误。其中之一，便是我们对物的依赖。

我们与当下之间，总隔着一道物质

在书中，赫拉利把采集狩猎人称为历史上"作为个体，最有知识与技术的一代人"，因为生存模式决定了他们时刻处于当下。"他们的感官必须高度集中：既要找到蘑菇，也要警惕是不是有老虎在附近，每一刻都要全力地用鼻子闻、用耳朵听，绝不可能一边采蘑菇一边打电话。我们现在发明的高科技产品都是用来取代某一方面的注意力的，我们可以不活在这一刻却依然生存下去，但我们与当下的联系也总在被打断。"

赫拉利告诉我，他不考虑自己每天穿什么，他的先生会替他安排好。对于生活中的这些物质时刻，他的观点接近奥巴马——它们太磨人精力。放到整个人类思考，则是对物的依赖，磨去了人类感知外界与自我的能力。赫拉利确定地认为，我们所看到的世界远没有采集狩猎人看到的那么精彩，因为个人的生存质量很大程度上基于对当

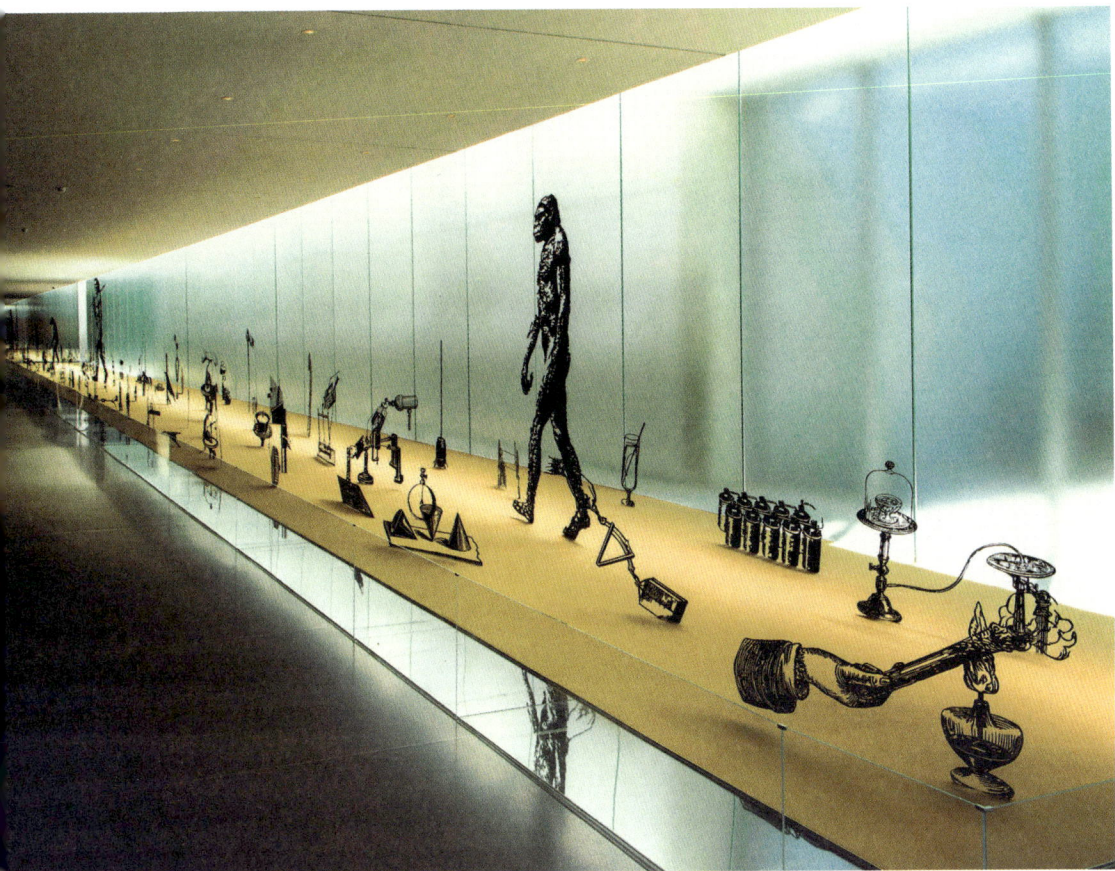

2015年5月,耶路撒冷以色列博物馆的50周年庆特别展"人类简史"开展,展览以赫拉利的《人类简史:从动物到上帝》为线索。

下的认识。农业革命后,农民开始日日担心雨季会不会延迟,占有大多数财富的精英则在担心如何获得更多的土地与财物。工业革命后,资本家操心如何创造更多财富,中产阶级则担心如何不让财富缩水。"我们总是走神,人在这儿,心却在担心明天怎么办,你不可能为了不确定的未来而高兴。"

赫拉利认为历史上每个物质取得突破的关头,人类的生活质量都反而变差了。"当代最好的例子就是人类发明了手机,希望它让沟通更便捷、让生活更好,但越来越多人抱怨自己更像是手机的奴隶——无论何时何地,它都能让老板找到你,告诉你做这做那,把你抽离出当下。"

但"物质让人幸福"的普遍信仰并不是在农业革命一开始就建立起来的,它更多地来自工业革命后的资本主义时期——一种相信世界的财富总量是可以不断增长的经济模式。在资本主义"我富有,你也富有"的信条下,硬币的另一面——消费主义诞生了。资本主义的至高信仰是不断投资,消费主义的则是不断购买,两者结合,创造出了一个物质空前富裕和剩余的人类社会。

"用一句话概括消费主义就是:任何问题的唯一解决方式就是——买。你不开心?去买点什么吧。你的情感出现问题?去买点什么吧。你可以买实物,还可以买抽象的服务……到最后,唯一的问题就是:买什么?"赫拉利说,这种现象在历史的大多数时候其实都不存在。"在很长一段时间里,最重要的是人际关系,因为人一生中90%的东西都是家人与社区成员给的。而现在,超过90%你需要的东西——至少是你认为你需要的东西,花钱就能买到,从侧面来说,人际关系不再那么重要了,这是人类生存的巨大转变,对东西方都一样。"

赫拉利举例说,在以色列,人们不再自己照顾年老的家人,他们会请一个完全不认识的菲律宾人,因为他们认为这样既可以让他们继续赚钱,也可以兼顾到父母的需要,同时还让别人赚了钱,这就是以纯粹的商业关系为中心的消费主义。而在东方,他不久前读到一则新闻——中国政府鼓励年轻人多去看望自己的父母,尽赡养义务。他认为这是完全不可想象的——"要知道,几千年来,中国社会最重要的伦理是尽孝道,现在却需要政府来宣传这件事。"

未来没有人机大战，只有"无用的人类"

物质富裕催生出对物质的迷恋，迷恋又加速了物质的生产，这一循环导致了人越来越多地与当下脱离，一种压力与紧张感在全球蔓延，造就了对物的另一种主流态度：对机器的恐惧。

《人类简史》最后一章描绘的是未来：高度发达的机器人和突破了生物极限的不死的人类。因为科幻作品，前一种场景更多地被提起，但在赫拉利的愿景里，"机器人终将奴役人类"的命题是一种误导。"真正的危险其实是，机器人把人类变得无用了。"

他指着我面前的咖啡——他先生劝人喝咖啡的杀手锏是："我们有一台超棒的咖啡机哦！"而我也立即就范——"试想一下，如果所有的咖啡机都联网，每一台机器都知道你的个人偏好，那即使去到最遥远的角落，你也能喝到你最喜爱的咖啡，但这样的结果，是地球上的咖啡师也都失业了。"

失业的不仅仅是靠手吃饭的人类，还包括靠逻辑吃饭的脑力工作者，下象棋、开处方的机器人已经存在，赫拉利看了我一眼说，还有写体育与金融简讯的新闻机器人。我争辩道，起码人类还有非理性思考的优势——艺术和人文。赫拉利却说那也可以通过人为设置"逻辑错误"来实现。他举了已经出现的音乐机器人的例子，还有日本的机器人歌星"初音未来"，后者甚至有了粉丝。"过去几十年里，人类最大成就在于生物学。我们发现所有的有机体都是一种算法，我们与大猩猩之间的区别，全是由大自然的算法造成的，没有超自然的存在，也没有灵魂这类事，算法决定我们的想法、情绪和感觉。所以说，'代表自然的算法的人类不会被人工智能的算法超过'是没有道理的，算法就是算法，数学都是一样的。"

哈佛大学2014年的研究显示,二十年后,美国人才市场上超过一半的岗位将被机器人占据。赫拉利也因此预测,那时人类社会最大的问题会变成:机器太能干了,那还要人干吗?而更让他担心的,是与大批量"无用的人类"同时出现的一种"超人类"(superhuman)。他们是人类内部财富分化的结果:一小部分特权阶层将可以借助科学技术不断"更新"自身,操控基因,甚至实现人脑与计算机互联,获得一种不死的状态。"以前的历史上,贫富差距只是体现在财富和权力上,而不是生物学上的,帝王和农民的身体构造是一样的。在人可以变成'超人类'后,传统的人性就不存在了,人类会分化为在体能和智能上都占据绝对优势的超人阶层和成千上万普通的'无用的人类'。"

那时,对于人类的定义会改变。超人类与"无用的人类"的关系,也许会像七万年前的智人和尼安德特人一样——两者的身体构造类似,而最终,尼安德特人灭绝了,只在我们的基因里留下不起眼的标记作为存在过的证据。

半人类半人工智能的人还会恋物吗?赫拉利说,还是会。那时,人类将变成我们创造出来的"上帝",而我们这样的人类也将终结。至于世界会怎样,像赫拉利在书末写的,将取决于第一代"上帝"的信仰。

赫拉利到底是个怎样的历史学家?他在《人类简史》里写道,因为经济增长有限,农业时代的人爱往回看,认为未来终不如过去,唯有到了科学家与资本家掌权的时代,人们才开始认为,好的总在未来。无疑,赫拉利对采集狩猎时代有一种特别的情怀,但总体上他对未来的憧憬大于担忧。身为素食主义者,他憧憬着人类通过生物学方式人工培植肉类及奶类制品,道德地对待被我们奴役了数万年的动物——在赫拉利讲述的故事里,永远与幼崽在分离的奶牛、一生待在不能直立的笼中的小牛等,都

艺术家Yinka Shonibare作品《假期》，2000年，藏于以色列博物馆。艺术家出生和生活在英国，但在尼日利亚受过教育，此作品中的穿着印有非洲图案宇航服的家庭，似乎过着愉快的假期，实际上蜡染的非洲图案代表被殖民，西方的先进科技代表殖民主义，这个作品中包含着对贫穷与先进的思考，以及对殖民到月球想法的讽刺。此作品为"人类简史"展中的一部分。

会让肉食者产生强烈的自责感：人类对它们的痛苦的漠视，正如欧洲人曾经对待黑奴、男权社会的男性对待女性一样，但最终，权力弱势一方的痛苦被势利的历史学家集体忽略了。历史需要这样的"不是为了要知道未来，而是要拓展视野，要了解现代的种种绝非'自然'，也并非无可避免"的历史学家，他"要想改变这个秩序，还得说服百万的陌生人都和他合作"，把人类从失控的增长中拉回当下，审视个体的生存质量。

临走前，我问赫拉利，对他而言，钱能买到的最好东西是什么？他答：时间，是间接地用金钱换取空闲时间。"如果你再把它用来赚更多的钱，那你什么都没得到，这是一个死循环，也是消费主义最大的一个弊病。真正要'买到时间'，你应该在这些时间里做些钱买不来的事，比如意识当下、与当下连接、了解当下。钱只能不断地分散你对当下的注意力，生活中最重要的东西，你都不能用钱买到。"

对 话

尤瓦尔·赫拉利

2009年4月22日,瑞士塞尔维永,艺术家Branch Worsham与机器人翩翩起舞,进行音乐剧《机器人》的彩排。

人与物的未来
善用机器,善待动物

《新周刊》:你在《人类简史》里提到,过去的世界经济决定了人们总是往回看,只有到了科学革命和资本主义,人们才开始认为未来会比过去好。然而现在有一种流行观点,认为手工制作优于机器、一切传统都是好的。这是不是一种经济的退步?

赫拉利:那是因为人类正在失去对机器的优势,随着机器生产与消费主义的崛起,我们失去了很多东西,而且人们在不断地意识到这一失势。举例来说,因为机器,人类存活至今失去最大的优势,在于观察力,包括对周围环境的洞察,对过去、现在变化的感受,及对自我身体的了解。

如果你无法与当下产生联系,就会产生许多紧张感与压力,这种压力和紧张感像流行病一样在全世界传播。人们的感官正在丧失,全世界都在致力于增加速度,科技发展都致力于增加生活速度,于是人们总是被连接到一些其他的时间、其他的空间,失去了对当下的感知。所以他们开始往回看,怀念这之前的生活方式,但要回去是不可能的了。经济增长的这股力量是如此强大,没有人可以说:现在让我们暂停这一切,回到过去。

《新周刊》:人类想象中的自己与机器在未来的关系,其实很类似于历史上的殖民战争,为什么人类总会有这种假想的敌意?这是资本主义的本质吗?

赫拉利:资本主义只有300年的历史,但战争和奴役的历史至少有成千上万年。事实上,人类整体的暴力程度在下降。在过去几代人的记忆里,小规模的战争依然存在,但大规模的战争已经没有了。在当代,战争是不可想象之物的状态,当你提及英国与法国,没有一件事会让你预判"英法会在一两年内开战",你也无法想象中国与日本的战争。国与国之间也许会因为边界有一点小摩擦,但全面的战争,如几百万军队出征、轰炸整座城市,没有人能想象,也没有人真的做了全面准备。所以说,经济增长与资本主义实际上降低了暴力。

《新周刊》:从恐惧人类到恐惧机器人、恐惧自己创造出来的物,人类总是在恐惧,这是源自于历史某一时期还是人类本性?

赫拉利:我觉得人类对计算机和机器人这类人工智能崛起的担忧是有道理的,但我认为我们不该担心科幻作品里那些机器人作乱最终把人类变成奴隶的场景,这些想象是被误导的。未来真正的危险其实是,机器人把人类变得无用了,它们不用作乱,只要把人类的作用都取代了,就是很大的危险。在19世纪初,大型流水生产线的崛起导致了许多政治经济领域的困惑,因为这种情况前所未见,大家都不知道该拿城市里的大批工厂工人怎么办。而21世纪初,这种让人措手不及的情况又将出现。我们该拿大批"无用的人类"怎么办,这将是这个世纪最大的问题。

第二种危险是人类内部的分化。通过生物学和计算机科学的不断发展,部分人,尤其是富人和有权力的上层社会,可以借由这些科学技术来不断"更新"自己,那时就会形成人类历史上第一次生物分类。以前的历史上,贫富差距只是体现在财富和权力上,而不是生物学上的,帝王和农民的身体构造是一样的。在人可以变成"超人类"后,传统的人性就不存在了,人类会分化为在体能和智能上都占据绝对优势的超人阶层和成千上万普通的"无用的人类"。这种危险发生的可能性远远大于机器奴役人类。

《新周刊》:消费主义对物的迷恋,很大程度上是因为物相对于人的生命来说是永恒的,如果人的生命也具有这种永恒性,人类对于物的迷恋是否就终结了?

赫拉利:对某些物的迷恋的确会消失,与此同时,人会增长出对另外一些物的迷恋。在19世纪和20世纪,"物"是外部的物体:鞋子、汽车、飞机……带动经济增长的产品也都是这些外在的物体。到了21世纪,带动经济增长的可能会是"身体"和"头脑",鞋子和手机这些产品已不重要了。我们将学会改造、更新甚至创造新的强大的身体部件,包括整个人体,还将学会操纵和改造我们的头脑、精神世界和情绪。我们还是会恋物，只是恋的不再是外部的物体，而是那些能操纵人类身体与大脑的生物科技产品。我们会像在今天花几百万美元买兰博基尼一样，花一大笔钱买最新的超强手臂，那是未来的时尚单品。

《新周刊》：推动恋"外在物"的时尚产业也会消失吗？

赫拉利：那时的时尚会是生物人体的，而不是外部的时尚。艺术界已有一种生物艺术（bioArt），艺术家使用基因科技和生物科技去操纵人类和动物身体的变化，创造出新的艺术形式。那时的时尚也许会跟这种生物艺术联系起来。还有头脑和认知层面上的时尚，举例来说，回看过去几十年里的药品产业，包括心理医生开的合法的精神药品和毒贩那里不合法的毒品、迷幻药，某十年里让人头脑无比清晰的一种药会流行，另一个十年里致幻的药物又变得很流行，这也是一种时尚。所以，外在的时尚会变得越来越不重要，操纵人体与人脑的时尚会变成主流。

《新周刊》：你在书里描绘了农业革命以来人类奴役动物的不道德行为，在中国，动物被视作"会动的物体"，它们就是应该"服务"于人类的，你怎么看待这个问题？

赫拉利：已经有很多科学研究表明，动物包括哺乳类、禽类、鱼类等都有意识，它们能认知到痛苦与高兴的情绪，也有复杂的情感。譬如，对于哺乳动物来说，最强烈的情感联系是在母亲与幼崽之间，包括人类、猴子和牛，等等。但看看人类发展起来的奶制品行业，整个行业的基础就是切断母亲与幼崽之间的联系。奶牛一产下幼崽，人就把两者分开，如果幼崽是公牛，就会被送去肉类加工厂，如果是小母牛，就会跟它的母亲一样在一个很小的笼子里被喂养大,成为奶牛,如此不断往复。如今世界有15亿头母牛都在这种痛苦中。有人会说,母牛生活在野外也会痛苦,它的幼崽有可能会被狮子吃掉。但这不同。狮子的寿命有限,它也无法完全控制牛的一生,而人类对母牛的控制和奴役却是一生的、全方位的,以至于人类已经完全不尊重它们的生命,它们心理的、情感上的需求完全被漠视了,所以这不仅仅是死亡那一刻的问题。还有一种观点是,人们认为某种物种越不聪明,那它的痛苦也越少,这完全是一个概念上的混淆,情感与智力之间没有正比的关系。诺贝尔奖获得者被捅一刀,他的痛苦就会比蠢人被捅一刀更多吗? 再说一个例子,机器人越来越聪明,人类认为可以对它为所欲为,因为它是机器,没有情感——这两种说法是不是很一样? 当然也有人知道它正在遭受痛苦,但完全不介意,像极端分子屠杀他人那种。那不是科学可以纠正的,那纯粹是道德问题。

《新周刊》: 我们与动物的关系会改善吗?

赫拉利:我当然希望如此。这个时代最大的驱动力是科技,所以我希望关于动物情感的研究能更为人所知,让人审视与改善自己的行为。现在有一项研究是在实验室通过促成细胞生长来人工合成肉,所以,人类以后会有不需要宰杀动物就可以吃到的牛肉、猪肉汉堡。这不单单是道德上的因素,还有环保和经济上的合理性。当今全球很大一部分的环境污染不是由工业而是农业饲养造成的,从经济上看,"你想吃牛排,那就种一块牛排"比饲养一整头牛合理多了。你可以种一大片的牛排,只种最好吃的部分就好。有研究预计,人类在十到二十年内就可以实现这一目标。我希望这样可以让人类纠正错误地对待上亿动物的做法。

《货郎图》局部。货郎就是挑着担子走街串巷、贩卖商品的小贩。他们多半是中年汉子,走到村口,放下货担,手摇拨浪鼓。村中的男女老少,听到鼓声后一齐围上来。货郎担的商品非常丰富,有妇女用的雪花膏、木梳、镜子、针头线脑;有日常生活所需的火柴、卫生球、剪子;有小孩的学习用具、玩具,以及糖果等零食。货郎不仅卖东西,还收破烂。在商品流通不发达的古代,货郎们走街串巷,一副货担就是一个小小的百货店。"鼗鼓街头摇丁东,无须竭力叫卖声。莫道双肩难负重,乾坤尽在一担中。"

南宋,李嵩,《货郎图》,现藏于北京故宫博物院。宋朝是中国古代物质文明高峰,百货通过货郎的双脚通行天下。

比尔·布莱森

文/于青

万物表象之下，那些令人兴奋的真相

比尔·布莱森

世界知名的非虚构作家，作品主要包括旅游类随笔、幽默独特的科普作品，比如《万物简史》《趣味生活简史》等，横跨多个领域，是目前世界公认的最有趣的旅游文学作家。

美国作家比尔·布莱森是一个发现者。

他的发现并不仅限于世界所呈现出来的表象，更包括这个世界表象后千奇百怪的真相，以及这个有趣世界的缔造者——生活于其间的人类。

这是一本穿着拖鞋就能写出来的人类生活史。比尔·布莱森对他的《趣味生活简史》如此骄傲地宣称。

事实上，这也是一本能够穿着拖鞋或坐或卧轻松读完，并笑出声来的书，掩卷后，会重新打量我们身边的每一样物件，甚至这个世界，重新思考人与物的关系，人与世界的彼此塑造。而此前的《万物简史》呢？是解释大爆炸、恐龙、全球变暖、地质学，还是讲爱因斯坦、居里夫妇、生命进化、含铅汽油、原子理论？抑或是描述夸克、火山、染色体、氯氟烃、埃迪卡拉动物群、莫霍界面、DNA，以及其他一切高深莫测的科学理论？

让科学更加广为人知，让那些没有科学细胞的普通人走近科学，当然是《万物简史》之所以大获成功的原因所在，也是这本书获得Aventis奖项的重要原因。但，这却并非《万物简史》具有如此魅力的全部原因。

它的作者比尔·布莱森算不上一个资深科学家，而他想要通过这本书所做的事情，也绝非普及科学那么简单。

在以幽默风趣的旅行游记书而出名的比尔·布莱森眼中，世界更像是一个装满了未知惊喜的万花筒。这位一肚子英式幽默的美国人对于熟悉而又陌生的宇宙非常好奇。关于这个世界的表象，他要用旅行去了解。而关于这个世界的内涵，他要用科学去解释。但无论用哪一种方式，他都不会放过一个共同的标准：有趣。

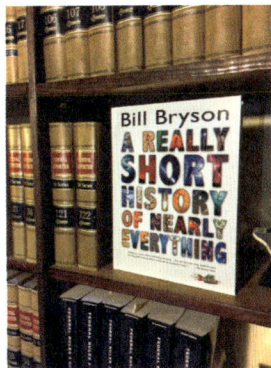

比尔·布莱森擅长用不同的眼光来看待他所游历的世界，真切地捕捉到了一个旅人的内心感受。自然地理、生活情趣、社会时态，他信手拈来。尖刻加上博学，他的文字充满了智慧、机敏和幽默。

在学校里，关于科学的部分，布莱森一直不是一个好学生。原因在于他觉得那些教科书上的科学枯燥无味。他认为自己之所以在成年之后还对世界有这么多问题，一部分原因是因为在学校里并没有得到答案。

"在 20 世纪五六十年代的美国，我的老师们看起来并不是那么具有启发性，也并不会激起学生特别大的兴趣。"他在《万物简史》前言里幽默地写道，"教科书的作者似乎有个普遍的阴谋，他们要极力确保他们写的材料绝不过于接近稍有意思的东西，起码总是远远回避明显有意思的东西。"在布莱森看来，造成这种现状的原因在于："整个教育系统都建立在让孩子达到某种标准，将信息打包灌进他们的脑子里，只为了让他们可以进入一个好大学，却并不是让他们真正地去对学习、对潜藏在表象背后的一切产生一个智慧生物应有的兴趣。在我看来，教育层面上最大的失败，是缺少激情与刺激。"

作为一个写作者，布莱森并不因此责怪老师这个职业，相反，他认为他们可以被称之为英雄："教育不是万能的，大多数时候，它只被当作一种传递信息的手段。老师们有他们需要达到的标准，与很多行业一样，他们也需要达标。但是，一个好的教育系统必须能让学生产生兴趣，感到有激情去了解知识。你不能仅仅只是把所有信息都打包扔进人们的脑子里。因为这个世界上有太多的东西可供阅读，而人类不可能有时间把它们全部读完。所以你有义务让他们在阅读中找点乐子，让学习这件事情变得有趣。"

布莱森认为，我们都是带着好奇心来到这世上的："所有当过父母的人都不会忘记孩子问东问西的那个阶段，这是我们与生俱来的本能。我们都对这世界好奇，但我们成人之后，就开始抹去这种好奇存在的价值。而在我们越来越把自个儿当回事的时候，却把对世界的好奇心丢了。"

1964年，受《国家地理》资助，古生物学家路易斯·利基（Louis Leakey）及其家人来到了坦桑尼亚的奥杜威峡谷。他们在此扎营，研究早期人类的化石。

19世纪威廉·布莱克作品《牛顿》，藏于泰特美术馆。布莱克以想象和夸张的手法创作了这幅画，牛顿被描绘成一位"神学几何学者"。

这也正是布莱森想通过《万物简史》告诉成年人的一件事："就算是那些看起来完全不用去想的事情,只要你停下来,认真地去思索,那其中的千百个为什么就会让你迷醉其中,并由此重拾对探索世界的爱意。"

而要重拾这种对探索的爱意,首先,你要引起人们对世界万物的兴趣："你要知道,在这个世界上,那些极端重要的事情并不意味着人们就想要去阅读。作为一个写作者,你需要将这些有意义的事情发掘出来,将它有趣的那部分呈现在人们面前,并让人们去关注这其中最具人性的部分。在教科书里,我们都能找到牛顿对于科学的贡献、爱因斯坦的伟大之处在哪里,但你不会知道他们是多么超凡脱俗的疯子。而这些被教科书忽略掉的故事,其实才是那些真正能让你对科学产生兴趣的部分。"

作为一个对科学并不那么精通的写作者,教科书的乏味、科学背后被剥离的故事性,以及人们对于好奇心的普遍缺失,让布莱森觉得在某种程度上,在这个不甚熟悉的领域里,他有了介入的空间。

只要给一个有趣的开始,人们就会钻入一个探索的世界

几乎可以这样说,布莱森的旅行癖,与他对于科学的求知癖,都起源于他对于趣味的执著追求,以及他那颗保存完好的好奇心。作为一个旅游者,他可以通过一个简单的指路对话让你了解英国人特有的稀奇古怪,可以在跋涉森林的途中思考人类无所不能的智慧与贪欲给原本平衡的自然带来了多少不良后果。作为一个科学探索者,他也可以在飞行途中,透过飞机舱外皓月之下一望无际的银色海洋,去思考海水为什么是咸的,而五大湖的湖水却是淡的;可以在来到海边掬一抔海水时,去好奇随着时间的流逝,海水会变得越来越咸,还是越来越淡;他还可以在徒步遇到一座峡谷时,去思考为什么地质学家只需看一眼峡谷壁上的一层岩石,就能说出它的年龄。

"我心里渐渐迫切想要知道一点儿这些问题,尤其想懂得人家是怎样测算出来的。科学家们是怎样解决这些问题的——这对我来说始终是最大的奇事。他们怎么知道地球的重量,怎么知道岩石的年龄,怎么知道地心深处实际上是什么东西?科学家怎么往往好像差不多什么都知道,却依然不能够准确地预测地震,甚至不能准确地告诉我们下星期三看比赛时该不该带雨伞?这到底是怎么回事——尤其是在经过回想以后?"

之所以写下《万物简史》,是因为布莱森尝试着去理解这个世界,以及围绕着它的宇宙。他想知道世界和宇宙为什么是今天这副模样。"有将近四年的时间,我都在尝试理解科学和它的成就。我去了11个国家,读遍各种书籍和期刊,向耐心善良的各界专家问了无数蠢问题。"

在采访与问询的过程中布莱森发现,并非所有的科学都能够深入浅出,就算能,也不一定就是理想的表述。布莱森经常请求那些科学家和专家将自己的理论做一个归纳总结,好让他能够按照"简史"的路子放进书里——而这让很多专家感到不爽。在一定程度上,这也是一场理论研究与大众传播之间的较量与平衡,布莱森其实在做一个报刊应该做的工作:平衡知识与大众接受度之间的关系。

作为一个旅行作家,布莱森之所以选择住在英国,是因为他认为英国电视的节目质量很高,尤其是那些从一根手指到高深科学理论的纪录片。这让他看到了隐藏在世间万物表象之下的、那些令人兴奋的真相:只要能够给人们一个有趣的开始,他们就会像那些沉浸入科学世界无法自拔的科研狂人一样,钻入一个探索的世界之中,不得到问题的答案,就不会善罢甘休。

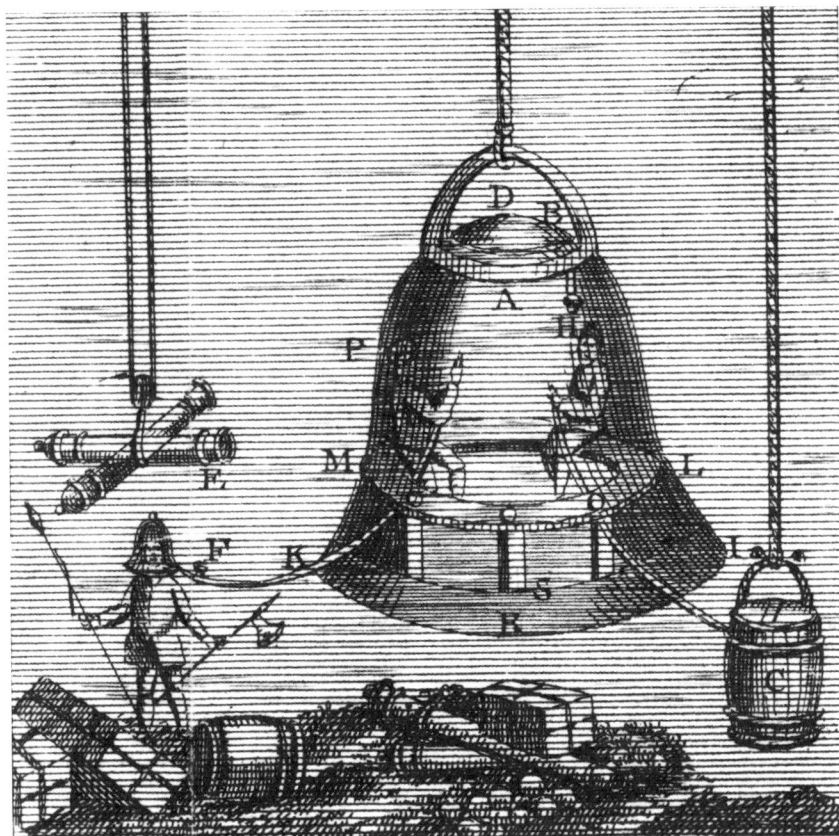

1691年，英国科学家爱德蒙·哈雷发明了潜水钟，并在商业上取得了成功，人们乘坐它可以潜入海底勘察沉船。（图/GETTY）

人类那永无止境的好奇心，一步步地渗入并改变了世界

与他的旅行传记一样，布莱森将对世界的发现转换至对人的描述中。"我之所以写这本书，是因为科学本身对我来说，就是一个很神奇的存在。而人类也正是这种神奇的产物。你想，我们之所以存在，人类之所以能够以这种形式存在，并且我们竟然能够在其他万物都无法做到的情况下发现世界、创造价值并彼此交流——这种专属于人类的特权，难道不应该是我们最感兴趣的东西吗？"

所以，布莱森在书里很完美地完成了从"科学"到"人情"的转换：他介绍了不少人类为科学而做出的疯狂事。比如曾经把一根大针眼缝衣针插进眼窝，并在眼睛和尽可能接近眼睛后部的骨头之间揉来揉去的牛顿；最先尝试自制潜水钟只为去百慕大捞点珍珠发大财的英国数学家理查德·诺伍德；腼腆到几乎病态、被一位滔滔不绝的崇拜者吓得飞奔而逃、连跟管家交流都要通过书信方式的亨利·卡文迪许；为了测试氢的可燃性，含着一口氢气喷向火焰并由此跟眉毛说再见的化学家皮拉特尔·罗奇耶；几乎完全不懂怎么使用语言，每次写一行字就想睡觉的地质学创世人詹姆斯·赫顿；喜欢养野兽，同时吃遍开天辟地以来有过的每一种动物，并用粪便化石做桌子的威廉·巴克兰……在这本看似是在解释万物科学的科普书中，藏在字里行间的真正主角却并非科学，而是那些发现、证实并为发现更多而锲而不舍的人类。

比起布莱森的第一本书，出版于1999年的那本旅行游记《林中漫步》，《万物简史》简直就是一个"大制作"。"这本书比我以前任何一本书的'预算'都要多。这本书的第一次截稿期是在9月，我却觉得我最起码还需要那么一个礼拜。到了12月我依然觉得还没写完。到来年1月我明白了，照这么写下去，这本书将会永远也写不完。不如就停在这里吧。但我可以告诉你,一直到我的出版商把书拿走,我还在写。这是一本除非你自己自愿停下,否则永远也写不完的书。到最后,它总共花了我四年的时间。"

但这个过程却并不让他觉得艰苦。"我觉得每一个人都应该至少花上一年去住在一个不同的国家。它能帮助我们经历完全不同的生活习惯,去接受与你完全不同的人,并了解到我们其实并不是那么与众不同。同样,在你花时间去探访和了解科学奥秘的同时,你也在跟这么多不同领域的顶尖科研者发生碰撞——你是在了解科学的同时,了解了人类那永无止境的好奇心,是怎样一步步了解、渗入并改变了这个世界。"

而尽管花了四年时间,布莱森也并不觉得自己真的对万物之所以如此存在得出了某种结论:"结果就是,我们生活在一个我们完全无法估算出年龄的宇宙里,被那么多颗我们完全计算不出距离的星体所围绕,构成它们的物质我们也完全无法定义,而让它们保持运转的物理特性也是我们无法真正理解的。比起这么写完全无解的疑问,还是让我们回到地球上来,去了解一些你以为你了解了,其实你压根没有摸到真相边角的那些东西吧。"

毫无疑问,比尔·布莱森是一个发现者。而他的发现并不仅限于世界所呈现出来的样貌,更包括这个世界表象之下千奇百怪的真相,以及这个有趣世界的缔造者——生活于其间的人类。

对布莱森来说,对于世界的思考,归根结底,是对人类自身的思考:"你存在,你活着,当你真正开始思考这件事情的时候,你就会意识到它有多么吸引人。为了让你存在在这个世界上,数以万亿的原子聚集起来,组成一个生命体。在整个宇宙里,再也不会有另外一个跟你一模一样的生物。恭喜你。"

于丹

人与物之间要有典雅而节制的关系

口述/于丹 采访整理/胡赳赳 宋诗婷

在一个物质日渐丰富的时代里,错过物质也是一种辜负。今天这个时代,最可怕的是什么? 是人与物质的孽缘。如果无法结一段善缘,就擦肩而过吧。

说到物质,我们就从眼前这两杯茶谈起吧。

我泡的这两种茶,一种是绿茶,今年的明前茶,从被采摘到入口,不超过一个月的时间。它憋了一冬后的蓬勃生机,全绽放在这个嫩芽上了。这种茶一定要在大铁锅里断生,简简单单地,就可以直接饮用了。另一种茶是七十多年的老普洱,它不是人工制作的熟茶,它经岁月发酵而成,到老都是活着的,没有因为蒸煮而断了生命。

总有人问喝哪种茶最好。其实,当你遇到最鲜嫩的绿茶,就要喝它的生机勃勃,当你遇到一泡陈年普洱,就要喝它被岁月熬出的火候。这时候,价格才是最不重要的东西。

物质被人成全,同时,也在界定人

我们常常用自己的经验主义、价位、口碑绑架了像孩子一样满富个性的物质。很多孩子喜欢斗蟋蟀,看蚂蚁搬家,这是在孩子没有金钱价值感之前,从物质和其他生命里发现的勃勃生机。当任何一样物质被价格界定后,它的价值就大大贬损了,甚至被忽略了。我们忽略了蚂蚁和蟋蟀的价值,忽略了堆沙子和玩泥巴的价值,那些没有价格观念之前的快乐,就被剥夺了。

我们是在物质中完成自我成长的。物质被人成全,同时,也在界定人。苏东坡说,清风明月,取之不尽,用之不竭,耳得之而为声,目遇之而成色。这种天地的无尽之藏,才是物质对人最好的馈赠。

于丹
北京师范大学教授,著名学者

《听琴图》局部。画面构图简洁，苍松耸立，松下有竹数竿，
嶙峋怪石上点缀的名贵花卉，与几案上徐徐升起的袅袅烟
影相映成趣，既风流萧逸又意境优美，一派古雅、高贵。

宋徽宗赵佶，《听琴图》，藏于北京故宫博物院。宋代重文轻武，宋徽宗是
最具艺术天分的皇帝，他对物的追求达到极致，使得宋代留下了很多艺
术珍品。

　　几年前,我去新西兰,结识了华人议员霍建强。他是个在大陆受了完整教育后才出国的人,五十多岁的年纪做了当时新西兰执政党的国家议员,是个很传奇的人物。我和他一见如故,当时,他来见我,带来了一瓶白葡萄酒,那是当年新西兰评选出的年度白葡萄酒金奖。这真是一个非常物质化的记忆,那种清澈和芬芳,可以记一辈子。

　　后来,他邀请我去家里做客,我不知道送什么礼物给他。正好当时去了南岛,沙滩上有很多冲击岩石,石头被海浪打磨成一片片不规则的形状,细腻的云锦花纹叠加在一起,从乳白色到浅灰色再到赭石色,漂亮极了。我在沙滩上捡了很多石头,挑出其中最大的那块,用毛笔在石头的背面写了两行字——"他山之石,可以攻玉",下面写"建强、云芳伉俪雅鉴"。

　　到霍建强家做客时,我把这块包装简陋的石头送给他们,他们用一副小檀木架子把石头摆在玄关那儿的条案上,天造地设般合适。很多年过去了,新西兰工党下野,霍建强做回大律师。我再到新西兰时,那块石头依然摆在原来的位置上。

　　捡石头是我的爱好之一,只要到一个有泥土和石块的地方,我总要捡一点回来。我收藏的石头有带着苔藓的,有晶莹剔透的,有说不出名字的矿石,有被海水打磨得非常圆润的,也有像刀锋一样薄利的沉积岩。每块石头都带着和它水土相关的一切,这太有意思了。在我看来,收藏一块石头就是收藏了一座山川。石头是山川剥下来的皮屑,你留存的是山川的肌体,你将一座座山川收藏在斗室之内,那是受着怎样的天体磅礴之气的加持啊。

　　我从小读古典诗词,自己有一个非常主观的判断:人有郁结于心的心事时,往往喜欢登高抒怀,同样是登高,登楼和登山给人带来的感受是截然相反的。我们尽可以去对比大量的诗词意象，你会发现，人跟物质的关系就锁在人、山和楼台的秘密里了。

《古诗十九首》里说"西北有高楼，上与浮云齐"，从这高楼上飘下来的歌曲是"不惜歌者苦，但伤知音稀"。作为亡国之君的李后主，他要吟"无言独上西楼，月如钩。寂寞梧桐深院锁清秋"。楼是成闭锁之势的，即便你有愤怒要舒张，也只能像辛弃疾那样"落日楼头，断鸿声里，江南游子。把吴钩看了，栏杆拍遍，无人会，登临意"。即便你栏杆拍遍，人仍然是被闭锁的，这也是为什么秦少游写"雾失楼台，月迷津渡"。千古文人都迷失在高高的楼台之上了。

人往高处走，越登楼就越内敛，越登楼人就越无解。杜甫晚年站在白帝城最高楼仰天长叹"杖藜叹世者谁子，泣血迸空回白头"。安史之乱后，站在锦官城，他又叹"花近高楼伤客心，万方多难此登临"。

同样是杜甫，当他登山时，为什么会说"会当凌绝顶，一览众山小"？和楼相比，山是张开式的，一登山人就舒张、豪迈，因为山是有根的。登楼时，李白说"暝色入高楼，有人楼上愁"。到了庐山，他的诗就变成了"登高壮观天地间"。

人在楼台上，楼台是物质与精神的双重象征，它清晰地摆在你面前，你被它托举到最高一层，同时，你也认同了物质压力与你自己生命的联系。但当你登山时，依然心怀一种天真，就像泰山上那副楹联"海到无边天作岸，山登绝顶我为峰"。大海到了尽头还有天做它的延伸，人到了最高处依然不是孤立的，人会融合成山上的顶峰。

你看过任何人写自己成为楼台上的一块栏杆或者一片屋檐吗？人跟楼台是永远无法融合的，但与山川可以。这也是我为什么要收藏石头，收藏"山川"的原因。作为一个现代社会的城里人，我的生活已经无可奈何地被拘束在过多的楼台之中了，我唯一在气场上能与之抗衡的就是收藏的那些山川。那些带着故事甚至秘密的山川，静静地成为一道道加持我的自然之气。

物质重塑人格的力量远远大于我们的想象

　　这样一种尝试也反映着我们与物质的关系。一方面，我们在被物质成全，另一方面，我们又在努力地摆脱物质对自己的异化。我们因为拥有物质而沾沾自喜，在自喜之后，又隐隐地有一丝恐惧。

　　我到现在还记得，小时候，爸爸妈妈下放，作为一个三四岁的小女孩，我最大的快乐就是看到胡同口看电话的王大爷往我家跑，边跑边喊"毛毛，你妈来电话了"。然后，姥姥领着我，拿着五分钱，跑到胡同那边接电话，妈妈一直在电话的另一端等着我。那部电话又旧又老，键盘是拨号的，话筒尾巴上拖着长长的绳子，但在我眼中，那就是妈妈的声音。

　　后来，我们有了固定电话、寻呼机、砖头一样的大哥大，后来有了小巧的手机，直到今天，我们有了这个无比小、无比薄的东西，我们叫它个人智能移动终端。我们可以足不出户就了解世界，可以发声，可以通过这个小小的终端掌握话语权和信息发布权。我从跑到胡同口接电话的小女孩长成一个传播学博士，每天给学生讲新媒体的建立和它对传统媒体的颠覆。在私人生活中，我们从开始的享受移动终端带来的便利，到面对它而产生了恐惧和焦虑。我们从莫逆之交、刎颈之交、酒肉之交到点赞之交。饭桌上，全家人都在抱着手机刷屏，手机也成了夫妻关系里最大的第三者。

　　个人移动终端带给我们什么？

　　随着科技的进步，物质重塑人格的这种力量，是远远大于我们的想象的。但是,这不意味着所有被物质重塑的人格都是进步的,能力越强大的物质带来的负效应越不可忽视。比如冰箱,自从有了冰箱,家庭主妇被解放了,她们不需要每天困在厨房里,开始有大量时间出去工作,享受个人生活。但是,我们也会发现,速冻食品消解了中国这个农耕民族中诸多的仪式感。过春节我们不再包饺子了。包饺子是什么?是全家的仪式感。一家人在一起过年,吃团圆饭,有人剁馅,有人和面,有人擀皮。饺子里包上钢镚儿、水果糖,孩子们揪个面团,捏个小兔子、小耗子。老爷子带着儿子、姑爷先上桌,妯娌们、姑嫂们在后头下饺子……中国家庭的仪式感就在饺子宴、流水席里,但速冻饺子让这种仪式几近消亡。

人是不是已经被物质绑架了?老子问:"名与身孰亲?身与货孰多?得与亡孰病?"问完,他说:"甚爱必大费,多藏必厚亡。"

世间没有一样好东西是不需要节制的。古人把人与物质的关系讲得非常透彻。孔子居九夷时,学生问他:"陋,如之何?"他回答了那著名的八个字:"君子居之,何陋之有?"这八个字也成了刘禹锡《陋室铭》的起源,真君子住的地方,活色生香,哪有简陋这一说?

但是,在今天这个时代,我们如何看待物质呢?古人的情操和血脉传承很珍贵,但在一个物质日渐丰富的时代里,错过物质也是一种辜负。我不是反对享受物质,只是反对暴殄天物,用老百姓的话说,就是糟蹋东西。

前几年有个关于贪官徐才厚的报道,说他有很多字画,而所有字画都横七竖八地扔在那,连看都不看一眼。这样的事,和土豪往三四十年的柏图斯里倒半瓶雪碧差不多。对于好东西,宁可让它死了,也不要糟蹋它。

今天这个时代,最可怕的是什么?是人与物质的孽缘。

如果无法结一段善缘,就擦肩而过吧,也许心里还有一种惦念,比无缘更坏的是孽缘。而我们今天,随处能看到这种孽缘。

年轻小姑娘喜欢买盗版的奢侈品包包,很多外国朋友都觉得奇怪,他们会问:你们怎么有人在菜市场背着LV与人讨价还价呢?为什么你们这看着十八九岁的小姑娘要背着香奈儿包,穿着香奈儿衣服?在欧洲,这个年纪这种穿法,是会让人侧目的。这种搭配只能说明,要么东西是假的,要么来路不正——别管坑的是亲爹还是干爹。所谓奢侈品,它要和某种年华相搭配,与岁月里付出的艰辛和经历的洗礼相匹配。但十八岁有什么理由奢侈呢?这是个社会价值共识的问题,我们恰恰缺少这种共识。

你能改变一个物质(器物)的用途,你就是它的主人和君王

那么,在今天,什么才是我们对物质的恰当的态度?

《趣味生活简史》的作者比尔·布莱森是个留着络腮胡子的大胖子,你第一眼看到他,就会觉得这是一个宅心仁厚、充满善意的胖子,他对新鲜事物充满好奇,有着孩子式的天真。当人们把野生的谷物培育出麦子、稻子,再把它们制成面包送到人类的餐桌,这中间经历了多大的进化?我们的西装袖子上为什么缝着一排无用的扣子?叉子为什么是四个齿儿,不是三个齿儿?调味瓶里最重要的为什么是胡椒和盐?

比尔·布莱森给了我们一种面对物质的正确态度,当你享受一切物质条件时,同时也要保持追问,这里面有乐趣,也有巨大的阴谋。当你在物质世界中只剩下享受时,你已经老了,但当你还能够保持对物质的探索和发现时,你依然年轻。当你还在改变一个物质、一个器物的用途时,你就是它的主人和君王。

　　我曾为比尔·布莱森的这本《趣味生活简史》作序。我读完这本书，就像他一样，重新认认真真地走遍了家里每一个角落，然后坐在通往阁楼的楼梯上写这篇序。当时我就在想，住在这里那么多年，这个地方我来过几次？我只知道它在我的书房顶上，除了储藏杂物外，我需要去那个地方吗？直到我坐在那儿，坐在我家的最高点往下看，我才发现，一切都变了。换一个角度，你对家的感受都是完全不同的。

　　莱昂纳德·科恩有一首歌叫《路》，歌里有句歌词我很喜欢，他说："路，不仅仅是从一个地方到另一个地方的过程，路本身就是目的。"生活中，不是所有东西都可以用价格指标来衡量，在与物的相处中，你能够体会到自我与物质的融合。中国人讲究养壶，一个并不名贵的小壶，只要日复一日地用它，泥土就会被养得珠圆玉润，它和人之间就有了一种血脉摩擦出的关联感。要完成人与物的融合，得到它不是终结，一样东西到了你手中，你与它的关系才刚刚开始。

　　我们可以享受物质，在享受的过程中有所发现，有所惊喜，这是比物质本身更重要的东西。我们应该像比尔·布莱森一样，把自己的物质生活写成一部简史，让所有的器物都成为有体温的信物，让它成为我们成长过程中的纪念，让它和你培养出外人无法感受到的默契。

　　这时我们会发现，物已经不仅仅是物了，它在完善人。在今天这样一个高度发达的文明社会，互相尊重，互相成全，才是人与物该有的典雅而节制的关系。

狩猎文明

公元前2000年左右,古埃及壁画上的狩猎场景。狩猎阶段缔造了人类文明的幼年时期。此时的两性分工明确,并形成团体之间的有序社交。人类在采集与狩猎的过程中学习与利用自己的智慧,缓慢走向人类的下一个发展时期：农业文明。

文明史就是猎物史

每一个微小的发明都可能改变世界

文/李夏恩

以1851年5月1日在伦敦开幕的"万国工业博览会"展览馆为标志,现代生活的序幕由此拉开:电灯、电话、电报、抽水马桶、麻醉术、室内管道、煤气照明、制冷、汽车、飞机、摩天大楼如雨后春笋般冒出来。有史以来第一次,在大多数人的生活当中什么都不缺,到处是一片生机勃勃的景象。

—— 比尔·布莱森《趣味生活简史》

1851年5月1日,这个庞然大物诞生于伦敦海德公园里,其庞大的身躯占据了19英亩的土地,无论从哪个角度来看都非比寻常、独一无二。按照当时一位参观者的说法,它就像一个"漂浮在树冠上方的巨大泡沫",晶莹剔透,在阳光下闪烁着勾魂摄魄的耀眼光芒。在今天,它以"水晶宫"的名字流传,而它的正式名字是"万国工业博览会展览馆"。

开幕那天,短短三个小时就吸引了2.5万人带着朝圣一样的心情来到它面前,在它短暂存在的5个月里,超过600万人亲眼瞻仰了它的荣光,人们被"某种无形的力量所控制",放弃自己手边的工作只为一睹这"无与伦比"的奇迹,工厂和公司里收到的请假条中最多的理由就是"要去参观展会",许多店铺大门紧锁,门外挂上牌子:"去展会了,两周后回来。"

"在这里能够找到人类劳动可以创造的一切",《简·爱》作者夏洛蒂·勃朗特在日记中写道,"从火车机头到蒸汽锅炉,从运行中的磨面机到各式各样的车架",还有"美妙的金银器和镶满钻石珍珠的首饰盒"在这个"东方魔法创造的集市"。

1851年万国工业博览会在英国举办,这座由玻璃
构筑的"水晶宫"第一次向全世界展现了人类创造
的事物何其丰富。

对19世纪的人来说,"水晶宫"就是他们的拜物教神殿,在那里,人们可以自由欣赏人类的创造物,同时这些创造物也接受人们的赞颂和惊叹。毫无疑问,这是一场人与物的旷世绝恋,是一场"只有辉煌的手才能造就这辉煌灿烂和无与伦比的奇迹"。

但在这场宏大的奇迹之中,倘缺少了一样东西,尽管这个奇迹仍然是奇迹,却会大打折扣。实际上,如果这样东西从来不曾存在过,那么1851年的这场奇迹就根本不会发生。这个东西,就是玻璃。

玻璃:第一次让人类发现另一个世界

伦敦万国博览会开在1851年可谓天时地利人和兼备,假使它再稍稍提早一些,那座成为其标志的建筑"水晶宫"都将不会存在。在此之前,玻璃几乎不可能被当成一种建筑材料,因为大到可以作为墙面的玻璃难以生产,即使生产出来,里面也会充满气泡。

即使玻璃足够透明,它的价格也相当昂贵,而博览会的口号却是"便宜就是好"。但就在博览会召开的三年前,这个问题突然被解决了,一种改进型平板玻璃被发明出来,它可以很快冷却成型,不需要太多时间磨光,更重要的是很便宜。

发明这种玻璃的蔡斯兄弟的工厂提供了84000平方米的玻璃用来搭建这个"漂浮在树冠上的巨大泡沫",每块玻璃都有1.2米长,却只有2毫米厚。最终成型的"水晶宫"让很多人都非常满意。

水晶宫开启了玻璃的时代,一直到今天,判断一个城市究竟算不算现代大都会的一个标准,就是看它究竟有多少座玻璃大厦。

根据传说,一群古埃及人在沙滩上生火做饭,等他们

物类发展年表

制图/刘宇恒

火,被人类掌握使用　　鱼钩被发明　　弓箭被发明　　狗被驯化　　鼓被发明

40万年前　　**3~4万年前**　　**3万年前**　　**1.4万年前**　　**1万年前**

种植小麦　　种植稻米　　种植棉花　　青铜器　　纽扣　　玻璃
幼发拉底河流域　　中国河姆渡遗址　　印度　　巴比伦两河流域　　波斯　　古埃及

公元前7000年　　**7000年前**　　**公元前5000年**　　**6000年前**　　**公元前4000年**　　**公元前3000年**

刷锅洗碗时,奇迹发生了,沙滩上出现了很多亮闪闪的小东西,这就是最原始的玻璃。(这个起源故事也被安到古罗马时代的威尼斯人头上,直到今天,威尼斯出品的玻璃器皿都无出其右。)

此时的玻璃并不透明,却足以制成虽不剔透但晶莹的珠宝首饰和盛放美酒的小容器。直到公元前100年左右,无色透明玻璃才被制造出来,但对当时的人来说,用途不过是在宴会和公共场合炫富而已。

透明的玻璃对人类而言是一种新奇的体验,这是人类头一次可以透过除去空气以外的物体观看事物。它产生了另一个领域——人可以直接观察玻璃容器里的化学反应,西方的炼金士可以隔着透明玻璃烧瓶清晰地看到"绿狮"(硫酸盐)、"红王"(硫化汞)以及其他物质如何进行化学反应。

从这个意义上讲,作为科学之母的化学最适合的衣服正是玻璃,但这并非是玻璃引起轰动的唯一领域,在与化学配对的现代科学之父物理学上,玻璃也厥功至伟。

将玻璃溶液镀在抛光的金属表面制成镜子便可以清晰地映出大千世界,这是利用众所周知的物理学上的反射原理,但最神奇的却是将玻璃作为介质去观察世界。

从8世纪到16世纪,一种特殊玻璃制品被发明出来,它就是透镜。培根发现透镜不仅可以使"最遥远的物体恍若近在咫尺",更让"我们可以从难以置信的遥远距离读出最小的字母,数出最小的尘埃颗粒"。

尽管真正的望远镜和显微镜要等到17世纪才被发明出来,但伽利略很快便利用望远镜去窥探被神学遮蔽已久的星空,并最终撼动了人类的世界观;而显微镜则使人类进入了微生物学的新领域。

而玻璃很不幸地在另一条道路上承担了不光彩的职

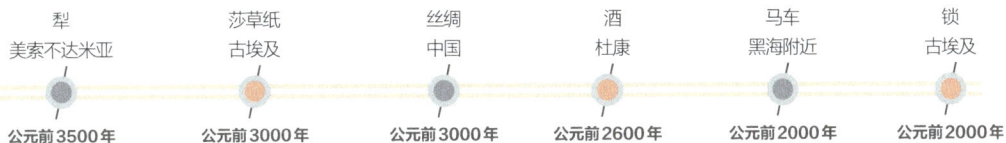

犁	莎草纸	丝绸	酒	马车	锁
美索不达米亚	古埃及	中国	杜康	黑海附近	古埃及
公元前3500年	公元前3000年	公元前3000年	公元前2600年	公元前2000年	公元前2000年

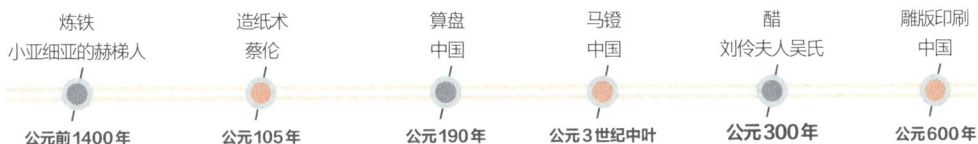

炼铁	造纸术	算盘	马镫	醋	雕版印刷
小亚细亚的赫梯人	蔡伦	中国	中国	刘伶夫人吴氏	中国
公元前1400年	公元105年	公元190年	公元3世纪中叶	公元300年	公元600年

责——西方的征服者们很快发现只需要一袋不值钱的玻璃珠就可以从新大陆的土著那里换来大批的奴隶。玻璃就这样让新世界从此屈服于旧世界。

钟表：上好发条，大发现时代到了

尽管玻璃能展现给人类真实的世界，但在历史上，有时它也会折射出夸张的映像。1903年发行的一张纪念哥伦布发现美洲新大陆的邮票上，哥伦布手里竟然拿着一只单筒望远镜。望远镜直到1608年才被发明出来，所以1492年哥伦布不可能通过一块玻璃凸透镜发现美洲新大陆。哥伦布以为他发现的是印度，而他犯下这个错误的一个很重要的原因，就是时间。

在海上，哥伦布只能靠一种古老的方法来确定纬度和经度，那就是通过计算白天的小时数来对查经纬表上相应的经纬度。如果时间算错了，再加上经纬表写错了，哥伦布也就错上加错了。

这提醒人们，在大发现的时代，时间有多么的重要。而钟表，作为人类计量时间的最重要的工具，在那个时代更是至关重要。

实际上，在大航海时代之前，钟表的作用就已经凸显，只不过在中世纪，钟表的作用主要是宗教意义上的，教堂报时的钟声会提醒教士和民众到该做祷告的时候了。从这点看来，钟表与人类的灵魂是否能够得救紧密相关。

在文明史的角度，钟表的真正作用是使人变得社会化。这一点在地理大发现时代带来的商业革命中表现得尤为明显，频繁交易的商人需要按照钟表上的时间来安排自己的商业活动。在西方世界，商业精神最重要的一点，就是守时。

在大发现时代的海上，时间不仅仅是金钱，更是生命，

瓷器，真正意义上
的瓷器被烧造出来

糖
中国引进印度熬糖法

航海罗盘
中国和欧洲水手各自独立发现

显微镜
荷兰

避孕套
意大利

公元5世纪　**公元6世纪**　**公元1190年**　**公元1590年**　**公元1640年**

航海钟表
约翰·哈里森

木制自行车
[法] 西夫拉克

汽水
[英] 约瑟夫·普利斯特里

电池
[意] 亚力山德罗·伏打

罐头
[法] 阿佩尔

公元1736年　**公元1790年**　**公元18世纪末期**　**公元1800年**　**公元1804年**

但矛盾的是，准确计时是件不可能的事情。当时所有的钟表都"晕船"，尽管到16世纪时，最好的钟表可以做到每天仅有五六分钟的误差，但在海上，机械钟的簧条、齿轮尤其是摆锤都因为剧烈的颠簸无法正常工作。像哥伦布这样的海员只能靠太阳、月亮和星星来确定时间。倘使遭遇暴风骤雨，哪怕只是阴天，大海就真的成了时间之外的世界。

英国议院在1714年决定拿出20000英镑奖励可以永久固定大海时间的人。这个人在悬赏50年后才出现，他是钟表匠约翰·哈里森，此人可能是史上最著名的拖延症患者，当他在1765年最终拿出那个"最完美的钟表"——哈里森4号航海钟时，本人都已经72岁了，制造这个钟耗费了他35年的时间。

实际上，他在1736年制造出的哈里森1号航海钟就完全可以正常使用了，但就像很多拖延症患者一样，哈里森追求的是完美，而这也成了他拖延的正当理由。等到那个"最完美的钟表"终于姗姗迟来时，海上至少又发生了5起死亡人数在500人以上的船难，而中小规模的船难更是不计其数。

比起在历史上留名的哲人文士，以哈里森为代表的钟表匠籍籍无名，你甚至不知道第一个发明机械钟表的人是谁，但正是这群人，将自古希腊以来的机械制造学的火种默默传承下来，发扬光大。

他们也许是那个时代最聪明的一批人，正是他们推广了齿轮的应用，发明摆锤、杠杆机械和簧条动力，还有最初的人工智能。要证明这一点，只要看看18世纪法国制表大师皮埃尔·雅克·德罗设计的那些魔术人玩偶座钟和写字人钟就可以了。

正是这些进行着"卑微技术发明"的大脑和双手，带给人类文明史最伟大的变革，机器制造业的每一个零

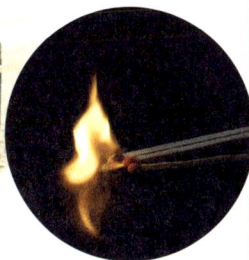

相机
[法] 路易·达盖尔

实用火柴
[英] 约翰·沃克

冰箱
[美] 雅可比·帕金斯发现制冷原理

橡皮筋
[英] 斯蒂芬·佩里

灯泡
[美] 亨利·戈培尔

公元1826年

公元1826年

公元1834年

公元1845年

公元1854年

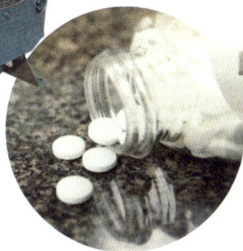

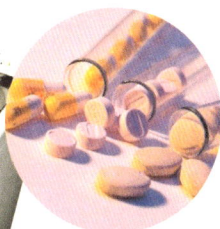

内燃机
[比] 艾蒂安·勒努瓦

阿司匹林
[德] 费利克斯·霍夫曼

"现代沙发"的前身
莫里斯

洗衣机
[美] 费希尔

避孕药
[美] 卡尔·杰拉西

公元1860年

公元1899年

公元1904年

公元1910年

公元1951年

在电灯发明之前，伦敦一直处于黑暗的状态中。英国画家威廉·荷加斯《一日四时》中的《夜》。

件都可以在几百年前的机械钟表上找到它们的原形：发明现代纺织业中最重要的零件"飞梭"从而给工业革命临门一脚的，正是一个叫约翰·凯伊的钟表匠。至于那个发明了蒸汽机带来人类历史上第一次动力革命的詹姆斯·瓦特，也是个钟表匠。

电灯：不仅是爱迪生的功劳，也照亮了工业革命

人类文明史中有很多矛盾，其中的一个矛盾是，当工业革命的曙光到来时，人类可以透过特制的玻璃远观千里之外，洞察毫末之微，还可以制造出能走会动的精妙机器，但当夜晚到来时，却找不到掉在地上的一块钱。

当时代的指针向着工业革命移动时，人们越来越无法忍受黑夜。就像英国讽刺画家威廉·荷加斯在1738年的作品《夜》中所描绘的那样，黑夜使出行成了一场冒险，路人不得不全副武装，带好手杖和刀剑，来躲开翻倒的马车、楼上泼下的屎尿以及暗处的小偷。黑暗还让一切工作都不得不停下来，夜晚使人"除了睡觉、吃饭和放屁外，无所事事"。

煤油灯和煤气灯多少改变了这种状况。到19世纪中叶，煤气灯开始大规模点亮街道和家庭时，尽管其亮度也就相当于今天一盏25瓦的灯泡，但也比蜡烛强25倍。19世纪的人终于可以在煤气灯照耀下找到桌子底下掉的一块钱了。实际上，1851年璀璨夺目的伦敦万国博览会使用的也是煤气灯照明。

但煤油灯和煤气灯两者具有一个共同的危险：会着火。1871年烧掉半个芝加哥的罪魁祸首就是奥利太太的奶牛踢翻的那盏煤油灯。而煤气灯虽然光源和亮度比煤油灯强得多，但危险系数同样比煤油灯高出数倍，它会爆炸。

  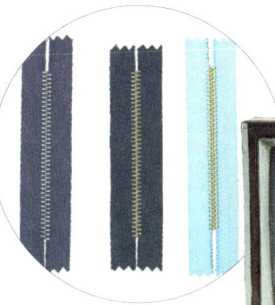 

飞机
[美] 莱特兄弟

胸罩
[美] 玛丽·雅各布

拉链
[瑞典] 吉迪昂·森贝克

电视机
[英] 约翰·洛吉·贝尔德

公元1903年

公元1913年

公元1913年

公元1925年

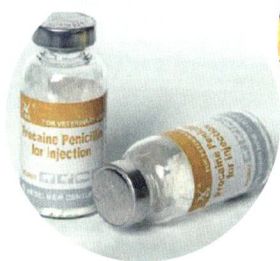   

青霉素
[英] 弗莱明

信用卡
美国

移动电话
[美] 马丁·库珀

个人计算机
[美] 史蒂夫·乔布斯 苹果公司

公元1928年

公元1950年

公元1973年

公元1977年

核查/舒少环

有一种东西可以消除前面所述的这些危险，那就是电灯。其实就在煤气灯大行其道的时候，一种电弧灯就在1846年被一个叫弗雷德里克·霍尔·霍姆斯的人发明出来，这种灯是通过一种强大的电流让电在两根碳棒之间跳动，从而产生耀眼的光芒。但它所需的电流太强悍，需要两吨重的蒸汽发电机提供电力。

人们需要一种既安全又便宜的电灯。这种名为"白炽灯"的电灯于1879年12月31日在美国新泽西州门罗公园的一座宅邸里被公开展示，很快获得了一片喝彩。宅邸的主人叫托马斯·爱迪生。

其实早在爱迪生出生的七年前，一个叫威廉·格罗夫的人就已经发明出白炽灯，约瑟夫·斯旺则在爱迪生展示的九个月前制造出了自己版本的白炽灯，亮度和发光时间都让人满意。而爱迪生迟来的电灯涉嫌造假，因为新式电灯的亮度不够，他的房子里绝大多数光亮来自于精心布置的油灯。

尽管斯旺比爱迪生更应当得到这一荣誉，但爱迪生技高一筹，和斯旺相比，他会撒谎。他贿赂记者，让他们在报纸上将他的电灯称为"一个小太阳，一盏真正的阿拉伯神灯"。

爱迪生骨子里是个典型的商人，但他具有工业革命的真正精神之一：为达目的不择手段。正是爱迪生的商业头脑才使电灯照亮了这个时代，因为一两盏电灯带不来任何经济利益，只有大规模地铺设电线，将电灯送进千家万户才是买卖。

到20世纪最初的十年，西方世界已经成为一个电气世界。工作时间大大延长，昼夜轮替的三班工人随着机械时钟的指针上班下班，在电灯的指挥下，黑夜与白天已经没有区别，人类的生命就这样被源源不断地输送到电力驱动的机器之中。

罐头：对在餐桌上大唉的一家人来说，它就是全世界

当19世纪西方帝国时代来临的时候，战争成为帝国扩张的第一手段。但就像那位曾经将领土扩张到大半个欧洲，并远达北非、美洲的法兰西帝国皇帝拿破仑一世的名言一样："一支军队靠肚皮行军。"

拿破仑深知食物供给对军队的重要性，但如何保存食物却成为问题。1795年，尚未称帝的拿破仑就发布命令，称谁能解决食物保存问题，便会得到12000法郎奖金。

这笔奖金在1804年由一位叫阿佩尔的法国糖果糕点商拿到手，他发现如果将食物加热密封便可以保存很长时间，于是，第一听罐头就作为战备品横空出世，从此跟随拿破仑大军东征西讨。法兰西帝国的每一场胜利背后，都有罐头的功劳。

拿破仑的老对手英国军队同样面临食物保存的问题。在一番绞尽脑汁后，英国工程师唐金提出的方案也是罐头，只不过阿佩尔的罐头是玻璃罐子，而唐金用的却是镀锡铁罐。

玻璃罐子尽管能让士兵知道自己吃的是什么，但沉重易碎，而唐金的铁锡罐头可以摔来摔去，行军途中，一路颠簸，比较起来铁锡罐头才是最佳选择。

于是，在1815年的滑铁卢战役中，威灵顿公爵率领的吃铁锡罐头的英国士兵击败了吃玻璃罐头的法国军队。

从此，在唐金罐头的支持下，大英帝国开始了它的殖民帝国之路。在大航海时代，如果航路较长，一支船队即使储备了足够的食物也会在中途坏掉，于是水手只能吃长霉生蛆的咸肉和满是虫子的饼干。

而罐头，尽管味道很糟糕，但至少食物是新鲜未变质

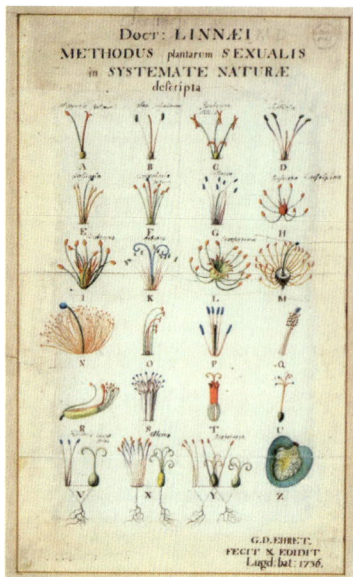

瑞典学者卡尔·冯·林奈出版的《自然系统》书中的植物插图。

的,这使军队、商人和探险家可以放心上路,将足迹踏遍世界的每一个角落。

对从未见过罐头这种东西的东方世界,罐头同样也是西方人展示文明的一种方式,只需要将锡铁皮盖子打开,让食物的香气散发出来,对东方黄色的面孔来说就是一种奇迹了。

日本的启蒙之父福泽谕吉于1859年抵达美国时,他就被这种锡铁皮保存的食物深深震撼了。在中国,著名作家林语堂回忆他小时候,一位传教士在拜访他家后,留下了一听沙丁鱼罐头,"在他们走后,屋子里仍充满了牛油味,姐姐只好把窗户打开,让风把它吹走"。

在上海和广州的通商口岸,罐头炼乳被当作母乳的替代品喂养小孩儿,1881年,仅广州口岸就进口炼乳罐头1.2万听,到1894年,中国人已经学会了山寨生产美国鹰牌炼乳,"许多中国婴儿是这种欺诈的受害者",一份英国商务报告如此忧心忡忡地写道。

罐头除了征服"未开化世界",实际上,它还在全球范围内交换和分配资源。作为世界屠夫和谷仓的芝加哥,在20世纪初每年有1500万到2000万头猪牛进入围场,芝加哥的罐头商可以为这些多余的肉在世界市场上找到销路。

同样,在20世纪初,一位生活在美国纽约的普通老百姓完全可以享受来自新西兰的羊肉、英国的牛茶、法国的蜗牛、日本的牡蛎、中国广东的菠萝,当然,它们全都装在罐子里。

对在餐桌上大啖的一家人来说,罐头里就是全世界。或许还可以像保卫尔牛茶罐头的一则广告里说的那样:"别忘了,还有肉汁要舔一舔呀。"

Carl von Linné
林奈分类法

卡尔·冯·林奈（Linnaeus，Carolus）（1707—1778），瑞典植物学家、冒险家，他首先构想出定义生物属种的原则，并创造出统一的生物命名系统。林奈把全部动植物知识系统化，摒弃了人为的按时间顺序的分类法，选择了自然分类方法。创造性地提出"双名制命名法"（简称"双名法"），给每种植物起两个名称，一个是属名，一个是种名，连起来就是这种植物的学名，包括了8800多种，可以说达到了"无所不包"的程度，被称为万有分类法，这一伟大成就使林奈成为18世纪最杰出的科学家之一。

动 物 界
Regnum Animale

哺乳纲	鸟纲	两栖纲	鱼纲	昆虫纲	蠕虫纲
Mammalia	Aves	Amphibia	Pisces	Insecta	Vermes

植 物 界
Regnum Vegetabile

单雄蕊纲 Monandria	五雄蕊纲 Pentandria	多雄蕊纲 Polyandra	二十雄蕊纲 Icosandria	雌雄同株纲 Monoecia	合体雄蕊纲 Gynandria
二雄蕊纲 Diandria	六雄蕊纲 Hexandria	九雄蕊纲 Enneandria	二强雄蕊纲 Didynamia	二体雄蕊纲 Diadelphia	雌雄异株纲 Dioecia
三雄蕊纲 Triandria	七雄蕊纲 Heptandria	十雄蕊纲 Decandria	四强雄蕊纲 Tetradynamia	多体雄蕊纲 Polyadelphia	雌雄杂株纲 Polygamia
四雄蕊纲 Tetrandria	八雄蕊纲 Octandria	十二雄蕊纲 Dodecandria	单体雄蕊纲 Monadelphia	聚药雄蕊纲 Syngenesia	隐花植物 Cryptogamia

矿 物 界
Regnum Lapideum

岩石	矿物和矿石	化石和沉积物
Petr	Miner	Fossilia

制图/刘宇恒　整理/赵梦琪

猎物史五大关键词

文/于青 插图/刘宇恒

猎

人类幼年时期

在距今12000多年以前，人类尚处于采猎文明时期，只能猎取自然中本就存在的物质用以生存。作为最原始的猎物者，受环境限制的人类只能用尽各种方法狩猎：做陷阱，垂钓，收集贝类动物或昆虫，采摘水果、蔬菜、根茎、种子以及坚果。大多数猎人与采集者都身兼好几种技能，用最原始的技能保持"膳食平衡"。

采猎文明需要非常广阔的人均面积——根据环境状况，平均估算为人均18—1300平方千米。具有固定位置的村落和小镇，只有在食物供应链有保障并且稳定的情况下才可能存在。最早的一批美洲土著之所以能够集成村落，是因为在太平洋周边有无数条溪流可以为人类提供橡子和鱼类。稳定的食物供应链给了人类聚居繁衍的条件。

当然，这种适合繁衍生息的住处并不多见，大多数的采猎小组依然过着居无定所的生活。频繁的搬迁决定了他们不便于储备和建造太多身外物——所以此时的人类善于扎帐篷，携带蔬菜和动物皮毛，而并不善于存储食物、修建房屋。这也决定了一个采猎小组的人数不会太多，通常介于30—100人，以避免大量的食物消耗。

小团体不仅意味着团体内坚固的熟人关系，更让周边的采猎团体也互相熟悉。一些大的采猎团体还养成了每年聚会一段时期的习惯，以此形成了最早的人类社交。采猎时期实现了人类最初期的性别分工：女性与孩子主要从事采集劳动，成年男性主要从事打猎劳动。

此时的人类智慧尚处幼年时期，得以生存的唯一方式是动物式的向大自然索取——生产与创造物品的能力尚未形成，只能够利用天然生长的地球馈赠。人类在采集的过程中观察到了植物的生长原理与周期，在狩猎中学习到了动物的繁殖规律与生活习性，在学习与利用智慧的进化过程中，缓慢走向人类的下一个发展时期：农业文明。

公元前4000年左右,人类开始进入农业文明时期。此时的苏美尔文明开始有了城邦形式,并形成一个以中心城市为主体、周边农村公社环绕分布的政治实体;楔形文字形成系统;人们掌握了冶铜术,由锄耕转向犁耕,并兴修水利,依靠更加复杂的灌溉网络系统控制底格里斯河与幼发拉底河的湍急水流,解决了农业灌溉与饮用水源问题。

苏美尔人开始有规模地种植大麦与二粒小麦、芝麻和豆科植物,并饲养牲畜。粮食供应量稳定增长后,人口成倍增长,定居社会开始形成,并分化出阶级、宗教与政治、军事人物,政府亦随之出现。

人类开始将食物变为财产,并有意识地提高生产投入的劳动强度,将超出个人所需的产量当成私有财产囤积起来,支持非粮食生产人口的生存与活动。

种

农业文明时期

奴隶社会形成后,人类开始有意识地将自然据为己有:统治阶级开始占有大量土地,罗马帝国开始向外扩张,征服埃及与北非,将它们变为"国有"粮食产区。而由于经济的自足性,国别之间不进行横向交往。但在这种封闭的不平等、不鼓励跨职业跨文化流动的几乎"静止"的社会中,社会体制依然经历了从奴隶制到封建制的转变——从残酷的、将奴隶贬损为非人的奴隶制,"进化"成为更加看重阶级品德的封建社会。

人性的觉醒并不以经济形态的演进为标准,在封闭的农业社会,人类精神与物质的发展并行不悖:不断演进的生产力推进了人类对于审美的需求,精神的发展又推进了人类对于美的思考与实现。又由于资源与技术大量集中在统治阶层的掌控之中,封建时期亦是匠人精神登峰造极的阶段——以哥特、巴洛克、洛可可等精雕细琢的艺术风格为代表,在这一阶段,物质与精神因美而合一,人类通过自己的能力建造出一个精致的文明世界。

造

工业文明时期

从1769年瓦特改良蒸汽机开始,"创新"便成为这个由手工业向机器大工业过渡时代的关键词。在这个机器取代人力、大规模工厂化生产取代个体手工生产的科技革命中,需要大量财富作为技术革命的基石。而跟随创新需求而来的,是对知识的需求,以及教育的普及。

机器科技的普及,解放了生产对人类的依赖。不断创新亦带动了分工的迅速变化,以及新产业的不断涌现。这就彻底破除了农业社会中一成不变的职业与等级观念——更多的人能够接受教育、选择专业、提升知识水平、转换在社会中所处的角色。

工业文明破除了农业文明中对于一项工作的高级技术要求,在将复杂工序拆分的同时,构建了比农业社会庞大得多的人际关系网,而封建社会的阶级观基本被破除,社交场中的角色都是平等的。年轻人得以大量聚集在工厂聚集的城市之中,带动了青年文化的兴起,打破了"时尚只属于上流社会"的金科玉律。

"工业社会的成员不再是贵族、臣民、贱民和愚民,而是公民",人们的审美观念也在此时发生了大的转变——工人阶级时髦风开始兴起,女性裤装与男性阴柔风气也在一定程度上开始蔓延。设计由封建时代的繁复夸张,转向工业时代的简洁实用。

在工业文明时代,人口的大量迁移与流动,不同地域的交流与大规模教育的普及催生并加速了"大众文化"的养成。人们认知到的世界开始变大,不同地区之间的差异开始缩小。与此同时,机器生产大规模增加了产品数量,使得大众能够在不同品质的商品之间进行甄选——人类文明在工业文明之前所经历的所有美学特征,都在这一时期得到最大程度的研究、设计与利用。

那亘古不变的西风将船帆鼓满,把巨大的帆船送过大西洋,美洲的棉花、玉米、土豆、咖啡、金银铜铁源源不断地在利物浦、朴茨茅斯、土伦、阿姆斯特丹等地上岸。船帆招来了拿着银币的商人,叫价声、拍卖声、搬运货物的号子声汇集成巨大的市场。所有的货物又通过马车运往欧洲各地城市,成为工业原料,或者送入每个边远的乡村。

然后这些空船装上工厂里生产出的货物,有的原路返回,有的掉头南下开始漫漫征程,它们要绕过好望角,行驶上万公里来到印度。在孟买或者马德拉斯,货物经过买卖再度转运,继续向东。大约一个月后,满载着欧洲货物的帆船驶入风平浪静的香港,来到了它们旅行的终点。从16世纪开始,一条由风帆构筑的海上商路将货物流通到世界各地,而这种买卖孕育出新的人类社会形态——商业文明。

卖

商业文明时期

物,是商业文明的核心,经过各种各样的贸易,被卖到世界每一个角落,落入每一个需要它的消费者手里。由地理大发现与工业化带来的巨量物质消除了贫乏,改变着几乎每个人的生活方式,于是一种被称为"消费主义"的思潮悄然崛起。

英国学者西利亚·卢瑞认为:"消费文化是20世纪后半叶出现在欧美社会的物质文化的一种特殊形式。商品都具有价值,其价值取决于消费者的价值观。每个人既是价值的评判者,也是被评判的对象。"消费不再单纯是为了满足生活所需,而是彰显个人身份。

以物为核心的商业文明破除了带有世袭意味的阶级观——在物质面前人人平等,只要你有足够的消费力。商业文明进一步巩固了新兴资产阶级所笃信的价值观,个人成功需要实干,但却抛弃了新教伦理所倡导的节俭精神。

猎、种、造带来的物质,被商业串联,使人类社会进入加速时代——不论是物质的累积,还是文明的发展。

20世纪60年代,工业社会开始出现转型,丹尼尔·贝尔在《后工业社会的来临》中将后工业阶段新出现的社会特征总结如下：1.理论知识居于首位；2.新知识技术不断产生,并用于应对经济或工程问题；3.知识阶级得以扩张；4.从商品变为服务,新的服务业主要是对人服务以及专业和技术服务；5.工作主要是"人与人之间的竞争"；6.妇女第一次得到经济独立的可靠基础；7.科学不再只与技术联结在一起,它同时与军事、社会技术、社会需要等密不可分；8.工作地点成为政治单位；9.能者统治；10.后工业社会不再面对商品的匮乏,而将面对信息和时间的匮乏；11.信息在本质上是一种集体货品而非私人货品,而对信息的收集和判断,成为获取竞争上风的关键。

选

信息文明时期

同样在1960年,美国国防部高等研究计划署出于冷战考虑,创建ARPA（美国高等研究计划署网络）——它成为日后互联网的始祖。30年后,互联网开始向公众开放,并在接下来的十年里颠覆一切。它改变了音乐、书籍、传媒、影视等一系列文化产业的存在模式,建立了一个无所不知的虚拟百科全书。

互联网让每一个人得以破除国界限制,在任何地方寻找任何一种符合自身要求的物品。同时它也打破了教育的封闭性与国别性,使得更多人能够通过网络获取更为专业和全面的知识,更快地成长与适应变化,甚至发起变化。

信息时代打破了工业社会中"物品"的核心地位,转而将"自我实现"变为重点。大型企业与小型创业家分庭抗礼,老式匠人精神与新式快产快消型大众消费并行不悖,物品的设计、制造与传播途径都变得更加广泛,而人类,则获得了前所未有的选择权——可以供你挑选的物品、文化与生活的范围,变成了全世界。

選

农业文明

尼德兰画家彼得·勃鲁
盖尔《春》, 1622年。农
业社会阶段, 人类开始
进入私有制时期。因资
源与技术大量集中在统
治阶层的掌控之中, 封
建时期亦是匠人精神登
峰造极的阶段。物质与
精神因美而合一, 人类
通过自己的能力建造出
一个精致的文明世界。

10 改变世界的

种物质

我们正处于一个物质极大丰富的丰裕社会中。然而,这一切并非从来如此。一些我们习以为常且不可或缺的东西,其实在很晚才为人类所用——比如电,要到19世纪70年代之后,人类才从蒸汽时代进入电气时代。

而一些东西则在15世纪的地理大发现之后,才被发现、传播。学者通常把17世纪界定为消费时代的开端,因为从这个时期开始,各式各样的人与物——包括动植物、病原体、种子,还有言语和观念——都在快速移动。美洲的茄属植物如番茄、马铃薯、辣椒、烟草等被传播到世界各地,来自东方(主要是中国)的茶叶则通过海上贸易来到欧洲——走出原产地之后,它们以无人料想得到的方式改造世界。

一些学者焦虑于"人的异化"——人被物所包围,成为物的俘虏,但事实上,人们已经无处可逃,也不想逃。

火

文/叶克飞

人类对火的依赖和畏惧始终并存。"火的全部神奇就在于它是自然界唯一为'万物所惧',但唯文明所需的一种特殊物质形态。"

作为一种象征物,火常常出现于文学及宗教领域。《圣经》中多次提到上帝将于世界末日以火来施行审判,而撒拉弗用火剪从坛上取下红炭来洁净以赛亚嘴唇不洁之罪——现实中也是如此,古代消毒工具匮乏,医用针常常过火消毒,以避免伤口感染。

人类对火的依赖和畏惧始终并存。中国古代就有"善用之则为福,不能用之则为祸"的说法,有人认为,"火的全部神奇就在于它是自然界唯一为'万物所惧',但唯文明所需的一种特殊物质形态"。

原始人类在直立行走后一度徘徊不前,进化似乎遭遇瓶颈。但当他们懂得利用火后,一切发生剧变。此后人类文明发展的每一步都未曾离开火,从陶器的烧制、青铜器的冶炼、火药和蒸汽机的发明,乃至工业社会和如今的高科技文明,一切都与火有直接关系。因此,中国有钻木取火的燧人氏,古希腊神话则有普罗米修斯——被马克思称为"哲学史上最崇高的圣者和殉道者"。

人类最早使用的是自然火。远古时代,原始森林比比皆是,因雷电或其他原因发生自然火灾是寻常事,而且蔓延时间往往极长。大火过后,原始人发现火可以取暖,烧熟的食物味道也更好,于是开始有意识使用火,进而通过钻木取火或敲击燧石的方式来获得火。对火的利用展现了人类的潜力,意味着人类可以利用各种自然资源,世界将因此改变。

钻木取火。

火使得狩猎和农业都出现飞跃。原始人用火驱赶、围歼野兽，狩猎效率大大提高。农业自刀耕火种始，同样离不开火。弓箭、木矛都要经过火烤矫正器身，制陶和冶炼等也需要火。

《韩非子》中记载，"民食果菰蚌蛤，腥臊恶臭而伤害腹胃，民多疾病"，火改变了这种局面，让人类能够告别茹毛饮血，吃到熟食，减少疾病，促进大脑发育。另外，吃熟食容易使人积累较多的脂肪，脂肪的增多一方面提高了人类御寒的能力，另一方面却阻止人类毛发的正常发育。所以，火的利用与用火带来的饮食结构的变化是造成人类毛发退化的根本原因。

也正因为毛发退化，当人类离开火堆外出活动时，由于感到寒冷，就不得不开始思考其他御寒办法，进而学会用树叶和兽皮做成衣服御寒。

火的利弊并存、易于失控，促成了早期人类的崇拜心理。也正因此，能够熟练用火的人往往也因为火的重要性和危险性，成为早期人类眼中的"强人"，普罗米修斯和燧人氏的原型想必也就是这类人。这种崇拜心理在一定程度上促成了早期人类的等级制，使人们正视彼此在智力和体能方面的差异。

对火的崇拜还促成了原始卜算。卜算的最初标准是对照龟甲或骨头上烧出的纹路走向，它需要一定的综合观察能力和逻辑分析能力，无形中也促成了人类的等级差异，卜算者能够通过卜算控制他人心理。

有关火的哲学更是层出不穷。《周易》中有"火是化育万物"之说，古希腊赫拉克利特也提出"火性至上"理论。

人类离不开火，但也深知火之无情。据传说，早在三皇五帝时代，就已有火官这一职位。最早的火官重黎"居火

火药是中国唐代以前炼丹家在炼长生丹的过程中意外发明的。火药的发明改变了战争历史,战争中使用的各种武器基本上都用上了火药,从火弓箭到步枪,从加农炮到手榴弹,都离不开火药。

政,其有功,能光融天下,帝誉命之曰祝融",这也是火神祝融的来历。殷商时代有"弃灰于公道者断其手"的法律,也就是说,如果遗弃在道路上的灰烬仍有不熄之火并引发火灾,当事人要被处以断手之刑。

人类城市文明的发展始终与"防火"相关。在西方,壁炉可谓生活的中心,甚至是家的象征。壁炉乃至家庭中的其他设施(如厨房)也被视为火的最合理归宿,一旦超出这个范畴,往往就意味着失控与危险。

历史上有许多城市大火灾,如古罗马大火、1666年的伦敦大火、1812年的莫斯科大火等。人类在火灾中逐渐吸取教训,主动防范和抗争,比如发明耐火建筑材料,发展保险业等。在与火有关的灾难中,米诺斯火山喷发最为传奇。米诺斯火山最大的一次喷发发生在公元前1610年,所造成的沉积物厚度达7米,同时引发了30至150米高的大海啸,掩埋了爱琴海众多岛屿,其中海啸可能到达克里特岛,导致盛极一时的克里特文明消失。

克里特文明是古希腊文明的起点。这样一个强大的文明不明不白地消失,有人认为它被蛮族摧毁,有人认为是与希腊城邦交战的结果,还有人认为可能是遭遇了大地震。丹麦科学家则通过研究认为,因为米诺斯火山喷发,海啸席卷克里特岛,摧毁了港口和渔村。而且,火山灰长期飘浮在空中,造成一种类似核大战之后的"核冬天"效应,造成农作物连续歉收。克里特文明因此遭受毁灭性打击。

受影响的不仅是克里特岛,数千吨火山灰随风飘散到中国、格陵兰岛及北美洲大陆。据中国古书记载,同一时期,中国出现了黄色大雾、七月霜冻、五谷凋谢等迹象,还出现饥荒,以至于原本就积聚的民怨迅速爆发。也恰恰是这时,商朝取代了夏朝。也许这只是巧合,但又未必只是巧合。

酒

文/叶克飞

"酒反映了人类文明史上的许多东西,它向我们展示了宗教、宇宙、自然、肉体和生命。它是涉及生与死、性、美学、社会和政治的百科全书。"

德国慕尼黑老城有一间著名的HB啤酒馆,以巴伐利亚啤酒、烤猪肘和白香肠著称。这家百年老店号称世界最大啤酒屋,可同时容纳3500人。据说每逢拜仁慕尼黑和德国国家队的足球比赛,球迷都会在此会聚,喝着啤酒呐喊助威。

似乎没有人愿意提及九十多年前发生在这里的往事,尽管它曾见证历史——1923年11月8日晚,巴伐利亚军政首脑和社会名流在HB啤酒馆进行聚会。年轻的希特勒突然发动武装政变,挟持在场人员,宣称"巴伐利亚政府和德国政府已被推翻,临时全国政府已经成立",并威胁军政首脑与他合作。次日,政变被镇压,希特勒当场逃跑,后来被捕,被判5年监禁,实际仅服刑9个月。其间他写下《我的奋斗》一书,被视为法西斯的理论和行动纲领。

西方酒馆文化影响深远。有人认为,酒馆给人们提供了一种颠覆现存文化秩序的原初动力,希特勒这场不成功的政变似乎就是一例。

酒馆文化源于古希腊的酒神文化。狄俄尼索斯是酒神、欢乐之神,也是水果和葡萄的保护神。他是宙斯与西米里的儿子,曾受天后赫拉迫害,在山林女神和牧神之子的抚育下长大,学会酿酒技艺。他走遍希腊各地传授酿酒技术,因此成为希腊人崇拜的偶像。

酒被认为是酒神赐予人们的礼物,也是丰收的象征,所以从古希腊到古罗马,每年12月末都要举行一次喜庆活

宋朝影青温酒壶。

意大利文艺复兴后期画家提香创作于1520年至1529年间的《酒神祭奠》。图中描绘酒神节之时,酒神狄俄尼索斯来到爱琴海中的小岛安德罗斯,他看到喝醉了的居民,还有裸身沉睡的克里特王弥诺斯的女儿阿里阿德涅(右下角)。

动庆祝丰收,即酒神节。尼采曾提出酒神精神,他认为西方诗歌源于希腊艺术,希腊艺术源于希腊悲剧,而希腊悲剧最终源于原始的希腊酒神祭祀仪式。希腊人的酒神节如救世节,在这种抛弃一切束缚、回归原始的状态下,美得以展现,音乐得以产生,艺术得以创造。

人类与酒的联系甚至可以追溯到人类始祖时期。美国有科学家称,人类始祖从1000万年以前就开始接触酒精。1000万年前,地球气候大变,人类始祖被迫从树栖生活过渡到地面生活，并不得不以腐烂发酵的水果充饥，这些水果中含有大量酒精。研究者认为，这使得人类始祖体内出现单体遗传突变，增强了乙醇代谢能力，让他们在食物稀缺时也能依靠地面上高度发酵的果实来充饥，拥有了更高的存活概率。

如果说这项研究还未被证实，那么能够证实的另一研究则说明了酒对人类文明的改变意义——人类使用谷物制造酒类饮料已有8000年历史，比面包早了3000年。《黄帝内经》中记载的醪醴，正是中国古代的啤酒。作为一种含酒精度低、营养价值高的饮料，啤酒曾经是古埃及人的流通货币。古埃及人喝的啤酒，酒精含量仅3%，但矿物质和维生素的含量很高。

黑死病、霍乱和鼠疫在中世纪欧洲的许多城邦肆虐时，还不懂得将饮用水煮沸的欧洲人大量被已污染水源毒死。酿造过程中曾被煮沸的啤酒，某种程度上挽救了中世纪欧洲。奠定了现代医学基础的巴氏杀菌法，研究的对象其实是啤酒。发明者巴斯德起初只是想弄明白为什么啤酒会变质，随后发现了细菌的存在。

葡萄酒同样在某种意义上改变了历史，无论是从健康角度还是从精神角度。《圣经》中频频提到葡萄酒，据说达521次。耶稣在最后的晚餐上说"面包是我的肉，葡萄酒是我的血"。直到18世纪，人们还认为喝下去的酒会在体内变成血液。在疫病流行时，所有的人都会喝酒辟邪。古代欧洲贵族甚至以葡萄酒代替水，因为当时酒往往比水更干净。

欧洲最早开始种植葡萄并进行葡萄酒酿造的国家是希腊。从公元前11世纪开始，古希腊人就把葡萄酒当作其生活中的重要部分，医药之父希波克拉底给病人开出的每张药方上几乎都有葡萄酒。甚至有历史学家将古罗马帝国的衰亡归咎于古罗马人饮酒过度而导致人种退化。大航海时代后,欧洲强国将蒸馏酒技术带到世界各地,蒸馏出的烈酒成为殖民贸易的重要商品。

东方酒文化同样源远流长。早在两千多年前,中国就发明了酿酒技术。当时的古酒分为两种,一是果实谷类酿成之色酒,二为蒸馏酒。关于酿酒,古代中国有猿猴、杜康和仪狄造酒等三种说法。《战国策》采仪狄造酒之说,称"后世必有以酒亡其国者"。这既是对酒之创始者的最早记述,又是对酒之诱惑力及禁酒行为的最早记述。

在中国人的传统故事里,酒往往与"宴"或"筵"相连。所谓"筵无好筵会无好会",鸿门宴的故事就妇孺皆知。它改变了历史的走势,不可一世的项羽最终自刎乌江。人们同样耳熟能详的还有"煮酒论英雄",可惜它只是个传说。

另外一个与酒有关的历史故事倒是真实发生,而且改变了历史,那就是"杯酒释兵权"。宋太祖赵匡胤黄袍加身后,担忧手下众将模仿其当年做法,于是设宴暗示,解除他们的兵权,也从此开启了宋朝数百年重文轻武的国家体制。大宋军力被大大削弱,武将受制于文官,以至于面对外族时常吃败仗。尽管宋朝开创了中国古代史上最灿烂的文明,但最终仍然在蒙古铁蹄下被倾覆。

酒深刻影响人性,进而影响历史。《说文解字》这样解释"酒"字:"酒,就也,所以就人性之善恶。一曰造也,吉凶所造也。"

在古代中国,酿酒的原料主要是粮食,酿酒往往意味着与民争食。而且人一旦沉迷于酒,会衍生各种社会问题。因此,历朝历代都有酒政,对酒的生产和流通制定各种政策。

在中国历史上,夏商两代末君都因沉迷酒色而亡国,商纣王更有"酒池肉林"的典故。有研究称,商代贵族因长期用含有锡的青铜器饮酒，造成慢性中毒，致使战斗力下降。也正因此，推翻商朝的西周统治者颁布了我国最早的禁酒令——《酒诰》。西汉前期曾实行"禁群饮"制度，这是为了防止民众聚众闹事。

禁酒并非中国古代独有，世界史上最为著名、影响也最深远的禁酒令发生在美国。它差点改变了历史。

1920年1月17日，美国宪法第18号修正案——禁酒法案正式生效。根据这项法律规定，凡是制造、售卖乃至于运输酒精含量超过0.5%以上的饮料皆属违法。自己在家里喝酒不算犯法，但与朋友共饮或举行酒宴则属违法，最高可被罚款1000美元及监禁半年。21岁以上的人才能买到酒，并需出示年龄证明，而且只能到限定的地方购买。

美国人向酒宣战，始自立国之初。清教徒们认为酒是祸乱之源，因此提出以法律手段约束贪杯者，这场运动在20世纪初达到高潮。但禁酒令的实施并不成功，反而带来了严重的社会问题。尤其是在禁酒令实施之前，美国黑社会受困财力，并不强大，但在实施禁酒令后，依靠私酒贸易带来的暴利，美国黑社会开始壮大，犯罪率不断上升。

禁酒运动将美国分成了"湿的"和"干的"，甚至差点改变了美国的两党制。民主党在禁酒问题上产生了严重的分歧，故而在全国的影响力及支持度大伤，禁酒党一度脱颖而出。1932年，民主党总统候选人富兰克林·罗斯福把开放酒禁作为其竞选纲领之一，获得了国人支持。1934年，美国禁酒令明令废止。

法国化学家马丁·夏特兰·古多华曾说，"酒反映了人类文明史上的许多东西，它向我们展示了宗教、宇宙、自然、肉体和生命。它是涉及生与死、性、美学、社会和政治的百科全书"，这句话颇具概括意义。

茶叶

文 / 丁个

英国史学家李约瑟将茶叶视为继四大发明之后，中国对人类的第五个贡献。学者麦克法兰则声称：茶饮成为世界潜在的征服者，"茶叶改变了一切"。

1772 年，斯德哥尔摩老城区的斯塔丹岛上，一座竣工不久的皇宫内，瑞典国王古斯塔夫三世坐在龙椅上发呆。一位大臣刚向他呈报：从遥远东方传来一种神奇的树叶，正在宫外引起轩然大波，人们担心喝下它会被毒死。为辨真伪，古斯塔夫三世召来一对被判死刑的兄弟，下令：你们一人每天饮茶，一人每天饮咖啡，即可免去死罪。这像是古斯塔夫为来自东方的茶叶做的人体实验。结果他是看不到了，据说 60 年后，兄弟两人中饮咖啡者因病过世，又过了十多年，饮茶者无疾而终。

故事的真伪无从考据，但它侧面说明了东方茶叶在欧洲历史上引起过戏剧性的风波。学者威廉·乌克斯（美国《茶叶与咖啡贸易》杂志主编）在《茶叶全书》里称，1657 年，伦敦一家叫加威的咖啡馆首次向市民出售茶饮，并推出了世界上第一份茶叶广告（海报）。这张海报上，茶叶的功能被描述为"质地温和，四季皆宜，饮品卫生、健康、有延年益寿之功效"，还特别说明：由于其特殊功效，意大利、法国、荷兰等地的医生和名人都已经争先饮用了。

茶叶自走出中国那天起，便在西方搅动起各种喧嚣。茶叶成为中国与世界之间重要的纽带与桥梁，也为整个西方世界的发展带来重要利润。英国史学家李约瑟将茶叶视为继四大发明之后，中国对人类的第五个贡献；学者麦克法兰则声称：茶饮成为世界潜在的征服者，"茶叶改变了一切"。

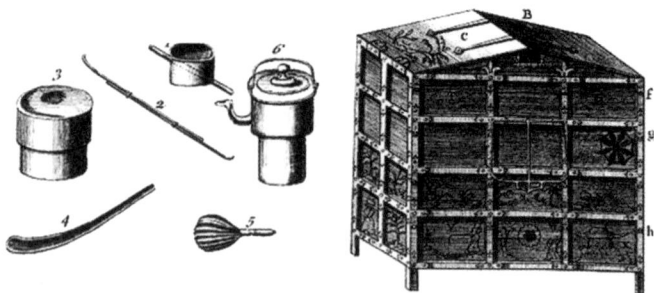

德国人甘弗著《日本史》中收录的达摩和尚茶具图,包括茶碗、茶罐、茶勺、茶掸、烧水壶等。

据陆羽《茶经》,中国人使用茶叶已有4700多年历史,公元前2世纪就开始种植茶树。而直到16世纪中叶,这种"绿色树叶"才为欧洲人所知。1559年,威尼斯作家拉摩修在其《中国茶摘记》中首次提到了茶叶。1560年,葡萄牙耶稣会传教士克鲁兹乔装打扮混入一群商人中,花了四年时间来往于中国贸易口岸和内地,才搞清了茶的来龙去脉。他的《中国茶饮录》是欧洲第一本介绍中国茶的专著。

茶叶自唐代开始往西域及朝鲜半岛、日本传播,而在西北地区,茶叶贸易自唐后期就以茶马贸易的方式展开。历史学家认为,南方丝绸之路和茶马古道,是现今发现的中国茶叶传入西方最早、最著名的国际通道。茶叶和丝绸、瓷器、香料等经由这两条古道,通过亚东等边境口岸,进入尼泊尔、印度等国,再源源不断传入欧洲。

大航海时代开始,葡萄牙人、荷兰人、英国人相继来到中国南部沿海。1607年,荷兰首次从澳门经印尼万丹将少量茶叶输往欧洲,揭开了中国与欧洲海上茶叶贸易的序幕。荷兰东印度公司董事曾致信巴达维亚总督:"茶叶已开始为人民所需要,吾人希望每艘船均装有若干箱中国茶或日本茶。"

1716年，两艘英船从广州携回3000担茶叶，价值35085镑，占总货值80%。英国早在1725年就制定了第一部进口茶叶禁止掺伪条例。在20世纪以前，欧洲各国所寻求的中国商品中，唯有茶叶长期居于支配地位。"茶叶是上帝，在它面前其他东西都可以牺牲。"历史学家普里查德甚至这样说。

19世纪中期以前，中国一直是绝对的茶叶帝国，英美茶叶完全依赖从中国进口。随着茶叶在西方成为供不应求的奢侈品，欧洲尤其是英国，已难以提供对应商品来平衡茶叶贸易，便出现了大量茶叶走私。

史上最著名的"茶盗"，便是东印度公司派往中国的罗伯特·福琼。这位"英国便衣"曾于1839年至1860年间，四次来华盗取茶树种子、栽培技术。他曾通过海运一次性将23892株茶树小苗、1.7万粒茶树发芽种子及6名中国制茶专家输往印度加尔各答。这一行径导致中国茶叶出口额大幅下降，因为印度、斯里兰卡很快成为茶叶生产大国，茶叶成了它们的最大宗输出产品。1854年至1929年的75年间，英国的茶叶进口上升了837%。据统计，茶叶带给英国国库的税收收入平均每年达到330万镑，占国库总收入的1/10左右。因茶而起的"福琼事件"，使中国的制茶业开始衰退，彻底改变了中国当时的经济地位。

2006年年初，BBC网站对12项所谓"英国的国家象征"发起投票，"茶"以35.03%的得票率高居榜首。也有人说，"茶叶在英国的作用如同蒸汽机一样重要，它帮助英国人度过危机并创造了一个新世界"。

英国学者艾伦·麦克法兰在专著《绿金：茶叶帝国》中对此给出了解释。作为一位茶叶种植园主的儿子，麦克法兰曾在印度著名的茶叶产地阿萨姆生活，他用数年的研究揭示了茶叶对英国及整个西方世界经济和文化的影响：英国工业革命的起源与茶叶有莫大关系，如果没有茶叶，可能就没有大英帝国和英国工业化的出现。18世纪几个经济最发达最活跃的地区即中国、英国和日本，同时也是茶文化得到弘扬的地区。他甚至大胆做出结论：茶叶改变了一切。

麦克法兰认为，茶叶具备消菌功能，中国唐宋时期人们因饮茶而免于疾病困扰，还得以持续创造财富。英国开始工业革命时，城市人口密集，容易引发各种传播疾病，但恰好英国进入全民饮茶时代，痢疾、血吸虫病、鼠疫等传染病大幅度减少或消失，与下午茶习惯的养成密切相关。

麦克法兰还认为，茶叶的适时到来，不仅塑造了英国中上层的生活方式，而且对促进英国社会的发展和经济增长至关重要。大量劳工在相当长时间内，靠茶叶这一消费得起的"绿色黄金"熬过重体力劳动。人类学家史提尼·门斯曾感慨："英国工人饮用热茶是一个具有划时代意义的历史事件，因为它预示着整个社会的转变。"在英国殖民地扩张期间，茶叶一度代替酒类成为英军补充体力的重要必需品。甚至有人说，如果没有茶叶，英国人就无法打赢这些战争。

茶叶还会引爆一场战争，或促进一个国家的诞生，或导致一个帝国的衰落。

1773年，英国通过国会法令向北美殖民地征收茶税，用来维持驻扎在当地的军队和政府官员的开支。此举引爆了12月16日的"波士顿倾茶事件"：波士顿茶叶党人化装成印第安人，爬上东印度公司商船"达特茅斯号"，叫喊着"波士顿港口今晚将成为一个茶壶"，随即将342箱茶叶投入水中。波士顿港口随即关闭，两年后独立战争爆发。

瑞士画家利奥塔（Jean-
Etienne Liotard）描绘的
一组18世纪后期的彩绘茶
具。该作品创作于1781年至
1783年间。

而鸦片战争的爆发,同样源起于东印度公司为弥补东西方
茶叶贸易巨大逆差所施的恶行,一个大国从此重伤。

如今,茶叶在世界上的消费超过咖啡、巧克力、可可、
碳酸饮料和酒精饮料的总和。如威廉·乌克斯在《茶叶全
书》中所述：茶、咖啡和可可对于心脏、神经系统及肾脏
是真正的兴奋剂；咖啡可使头脑兴奋,可可刺激肾脏,而
茶处于二者之间,对人体全身器官起温和的兴奋作用。茶,
这一"东方的恩赐",已成为一种优雅而又温和的饮料,是
一种绿色、安全的兴奋剂,饮茶也因此成为人们一种主要
的享乐方式。

糖

文/丁个

糖的历史代表着人类的经济发展史、文化交流史,以及欲望史。人们的嗜甜逐糖,推动了糖的世界旅程。

"人类许多极不显眼的日用生活品和极常见的动、植、矿物的背后竟隐藏着一部十分复杂的、十分具体生动的文化交流的历史,糖是其中之一,也许是最重要的一个。"这是季羡林在《糖史》一书中所做的结论。

20世纪30年代,季羡林在德国学习时,注意到一个有趣的现象:在欧洲,"糖"这个字,英文是sugar,德文是zucker,法文是sucre,俄文是cyжep,意大利文是zucchero,西班牙文azúcar……显然,它们都是外来语,且有着共同的源头:古典梵文的sarkara。这说明欧洲原本是没有"糖"的,糖一定起源于亚洲,应该来自印度。

1981年,季羡林在敦煌莫高窟的藏经洞意外发现了一张残卷,上面记载着唐代制造"煞割令"的方法。贞观二十一年(647),有个叫王玄策的官员专程去摩揭陀(印度)学做"石蜜"("煞割令")。此时印度的炼糖术已颇为成熟,他们将甘蔗榨出甘蔗汁,用火熬炼,加入牛乳或石灰,最后得到淡黄色的砂糖。

"煞割令不就是梵文的sarkara吗?"季羡林顿悟,并推断:中国之所以后来成为制糖大国,离不开西域的老师——印度、阿拉伯及波斯,最终成品"色味愈西域远甚"。

相比之下,欧洲人的初糖体验,是从蜂蜜中尝到的"甜"(sweet)。直到11世纪,东征的十字军骑士才在叙利亚尝到了糖的甜味,开始好奇世间竟有种"不需要蜜蜂,就可以产蜜的芦苇(甘蔗)"。此后相当长时间,糖作为一种来自东方的珍稀之物,在王室成员、贵族和高级神职人

早在17世纪后期，中国台湾地区出产的蔗糖就在日本颇有口碑。清末台湾沦为日本殖民地后，日本殖民者就开始在台湾大力发展制糖产业。

员的餐桌上才能见到，糖成了身份和阶层的象征。

直到19世纪，糖才进入欧洲人的日常生活。在英国，糖的认知与被消费，与茶的流行相伴而行。英国早期引进的茶，味道苦涩，人们喝它容易饥饿，英式下午茶便成为典型的贵族专属。有了糖之后，茶才在英国乡村流行开来——即便穷人也习惯喝加了糖的茶，因为这比牛奶和麦芽便宜，而且提神。美国约翰·霍普金斯大学教授悉尼·明茨在《甜与政治权力》一书中，以英国为例描述了糖的这一身份历程：1650年的珍稀之物，1750年的奢侈品，1850年的必需品。

在悉尼·明茨看来，糖的身份起伏，与欧洲殖民主义的扩张、工业革命的发展有密切关系。欧洲国家在南美洲、亚洲的殖民地大量种植甘蔗，正如同它们用印度茶替代中国茶，是为了抵消贸易逆差，不需要再以昂贵的价格进口糖。哥伦布发现了新大陆，也把甘蔗引进了加勒比海地区，大肆驱使当地劳动力以及黑人奴隶种植甘蔗，使其成为新兴的甘蔗最大产区。殖民地海量的甘蔗，令糖的价格急剧下降——随之而降的还有糖的身份，人人食（得起）糖的时代到了。

而工业革命以后，糖又隐隐背负上一层新的功效：作为可以补充能量的刺激性食物之一，糖可以"降低创造和再生产都市无产者的总体成本"。比如说，工业革命需要机器不停运转，劳工们最好既能超时工作，又能保持体力充沛，那么糖和苦涩提神的咖啡、茶一样，便成了刺激劳动力的必备"药方"。

糖的历史代表着人类的经济发展史、文化交流史，以及欲望史。如今，随着现代社会的文明进程，糖的身份阶层遇到挑战。它甚至被世界卫生组织评价为——嗜糖之害，甚于吸烟。人们开始与糖为敌。

电

文/谭山山

要讨论电给人类带来的影响，不如反向思考还有哪个领域不需要电。对电有所反思的则是文人和哲人，他们认为电带来的照明系统让城市的星星消失了。

"除了阳光、空气和水，现代文明须臾不可或缺的东西也许就是电了。从规模宏大的社会生产到千家万户的衣食住行，电已经渗透到人类活动的细枝末节。我们对电的依赖从来没有这样强。"

专题片《世博会的科学传奇·电改变世界》中，有一段这样的解说词。确实，人们很难设想如果没有电这个世界将会怎样。以2003年8月14日在美国东北部和加拿大部分地区发生的"世纪大停电"为例，这个世界上最发达的都市区瞬间陷入瘫痪，有5000万人的生活受到影响。一个纽约市民在接受采访时表示，"感觉这次大停电比'9·11'似乎还要可怕"。

电是一种自然现象，一种能量。虽然早在公元前600年左右希腊先贤泰利斯就发现了琥珀和皮毛摩擦后带静电——英文中的"电"（electricity）即来自希腊文中的"静电"（elektron），但人类要驯服电这种激动人心的能量，要到19世纪中期以后。科学家和发明家为此付出了巨大的努力：1831年英国科学家法拉第发现电磁感应现象，提出了发电机的理论基础；1866年德国人维纳·西门子制成发电机；稍后，能把电能转化为机械能的电动机也被发明；同时，以电灯为代表的电气产品纷纷涌现。

1876年费城世博会上，人们第一次见识法国人带来的弧光灯——当时它被称为"电蜡烛"。1889年巴黎世博会选择在晚上开幕，就是为了展示电灯的魅力：场馆内外共

约瑟夫·普利斯特里著有《电气史》，图为1768年他制作的电子机器。

有1000多个弧光灯,亮度从几百烛光到10000烛光不等;同时,白炽电灯闪亮登场——爱迪生公司用2万个灯泡搭成一座14米高的灯柱"光明之王"。随着电灯的普及,夜晚变成了白天,人类开始进入真正的24小时/7天制的社会。

接下来需要解决电流的远距离输送问题。直流电和交流电之争,最终树立了电力传输的行业标准。直流电的代表是爱迪生和他身后的通用电气公司,交流电的代表则是尼古拉·特斯拉和他身后的威斯汀豪斯公司(亦称西屋公司)。根据欧姆定律,电能在传输过程中会以电流在导体电阻中阻滞生热的方式形成损耗,直流电的弊端由此显现:发电厂只能覆盖1.6公里内的用户,为了减少电阻必须不断将铜线加粗。交流电则能够通过变压器将电压升高到几十万伏并以极小损耗传输到远方,再将高压降低输送给用户。爱迪生认为,"直流电如一条小河,平静地流向大海。交流电像一股恶浪,狂暴地撞向峭岩"。为证明自己的看法,爱迪生多次当众用交流电将猫、狗和马电死,最高潮的部分是电死纽约公园的大象图泼西。他还让下属搞到威斯汀豪斯的交流发电机,为纽约市政府制造了美国第一部电椅。二者之争在1893年芝加哥世博会终于见分晓。威斯汀豪斯公司获得该届世博会照明权,2500马力的埃利斯蒸汽机驱动两台巨型的多相交流发电机,全场7万只弧光灯和13万只白炽灯一齐点亮——交流电完胜。

以电力的广泛应用为标志,19世纪70年代后,人类进入"电气时代"。在互联网出现前,电力网络是世界上最强大的网络:城市被电线串联在一起,电线正是城市的内在线索,也是人们的生命线。要讨论电给人类带来的影响,不如反向思考还有哪个领域不需要电——手机没电就足以让人焦虑万分了。对电有所反思的则是文人和哲人,他们认为是电带来的照明系统让城市的星星消失了。

冰

文/谭山山

冰原本是一种免费的、人人可得的自然资源,是波士顿人弗雷德里克·图德把它变成了一种行销全球的商品,一种美国生活方式。

作家比尔·布莱森在《趣味生活简史》中记述了1844年夏天发生在伦敦的一个场景:"温汉姆湖制冰公司——以美国马萨诸塞州一个湖泊的名字命名——在伦敦的施特兰德落成,每天在橱窗里放着一大块刚刚制成的冰。英格兰人以前谁也没有见过那么大的冰块——当然更不用说是在夏天,而且是在伦敦市中心。冰块晶亮、透明,实际上你可透过它来看报:冰块后面经常放一张报纸,因此过路人可以亲眼看见这个惊人的事实。那个橱窗成了轰动一时的场所,经常围着一群看得发了呆的人。"

温汉姆湖可以说是当时世界上最著名的湖泊——这里出产的湖冰是清澈、纯粹、干净的好冰的同义词。而让这个湖泊以及它所代表的冰块贸易名扬四海的,是波士顿人弗雷德里克·图德。历史学家丹尼尔·J.布尔斯廷如此评价:"他在把用冰变成一种美国生活方式方面,比其他任何人所起的作用都要大。"

弗雷德里克·图德出身于波士顿一个富裕家庭。17岁时,家里资助他去加勒比海旅行。在那里,身着19世纪绅士礼服的他被热带地区不可避免的高温湿热打败了,但这却让他有了一个大胆的、也许会被人说是荒谬的想法:为什么不把冰从寒冷的北部卖到炎热的西印度群岛呢?这里面说不定有巨大的商机。

几年后,他的想法终于付诸实践:1806年2月10日,一艘名为"至爱号"的双桅横帆船满载80吨冰块,驶向

1893年的碎冰机。

马提尼克岛。弗雷德里克·图德为此投资了1万美元。《波士顿公报》的报道这样写道:"这可不是开玩笑!一艘满载冰块的船抵达马提尼克岛,并通过了海关检查。我们希望最终证明,这不是一桩狡诈的投机买卖。"

弗雷德里克·图德也在船上,他是去教他的目标顾客怎样保存和使用冰块的。圣皮埃尔一个开游乐场的人坚持说在这里做不成冰淇淋,而且还没等拿到家连冰也全化了。图德向他保证,自己已经亲手做成了冰淇淋,他们可以像在别的地方一样,制作出一切高级冰冻食品。他带去了40磅冰,帮这个顾客完成了冰淇淋实验。此人卖冰淇淋第一天就进账300美元,从此信服了冰的魔力。

但这样的顾客只是少数,再加上保存无方,整船冰块在6个星期内全化掉了。图德这笔生意最终赔了近4000美元。

图德花了15年时间,才把这桩生意变成赚钱的买卖。在此期间,据丹尼尔·J.布尔斯廷的《美国人》一书记载,他做了很多事情:取得冰块生意的合法垄断权;取得在查尔斯敦、哈瓦那、英属和法属西印度群岛建造冰窖的独家经营权;控制新英格兰的产冰池塘;在他的船只所能到达的世界上的每一个地方,造成人们对冰、冰镇饮料、冰淇淋和冷藏水果、冷藏肉类以及冷藏牛奶的需求。"喝吧,西班牙人,凉快凉快",他怂恿西印度群岛咖啡馆里那些汗流浃背的顾客,"我为这种生意吃尽了苦头,也许可以回家去过过富裕的日子了"。

当然,最重要的是征服存储方面的难题。他不顾哈瓦那正流行黄热病,在那里用各种想得到的隔热材料——稻草、刨花、毛毡、木屑等,研发冰库。他成功了,老式地下冰库每个季度的融冰损失达60%以上,而图德设计的冰库融冰损失不到8%。在他建有冰库的地方,相对竞争者

冰块贸易几乎是无本生意，只需付钱让工人把冰块从冰湖中切割出来即可。《梭罗日记》中记录了和这幅画作相似的场景。

他有着巨大的优势：他的冰可以只卖一便士一磅，等到竞争者船上的冰在码头上全部融化，他再提高价格，把利润赚回来。

1833年5月，图德派满载180吨冰块的"托斯卡纳号"前往加尔各答。从波士顿到加尔各答要行驶16000英里，历时130天，以前从未有人把冰运到如此遥远的地方。图德的冰库技术经受了考验，运到印度的第一船冰赚了钱。次年，远航里约热内卢的运冰船同样获得了成功。

几乎是免费的冰块（图德只需付钱让工人把冰块从冰冻的湖水中切割开来），由此成为全球贸易的大宗商品：

到1846年,用船运出的冰已达6.5吨;10年后,运冰船数量达到将近400艘,所运载的冰则翻了两番以上,运往美国各地及加勒比海、南美洲、东印度群岛、中国、菲律宾、澳大利亚等地。图德因此被称为"冰王"。

当时有本小册子这样写道:冰给南方送去了凉爽,难道不就像煤给北方带来了温暖一样吗?驻英美国公使爱德华·埃弗雷特报告说,他接到一位波斯王子的致谢信,感谢新英格兰的冰挽救了许多波斯病人的生命,因为把冰块敷在病人的前额,退去了他们的高烧。

甚至隐居瓦尔登湖畔的梭罗也感受到了冰块贸易的如火如荼。他在《梭罗日记》中写道,1846—1847年冬季,一百个爱尔兰人在新英格兰监工的督促下,每天从剑桥到这儿来挖冰。他们告诉他,"好好地工作一天,可以挖起一千吨来,那是每一英亩地的出产数字"。他知道这些冰块会被运到马德拉斯、孟买和加尔各答等地,在他无边的思绪中,世界由此联结,"瓦尔登的纯粹的水已经和恒河的圣水混合了"。

来到世界各地的冰,际遇不尽相同。1822年,第一批挪威人的冰块抵达英国时,海关人员很困惑,因为冰块不适用任何一种关税。严谨的英国人经过推敲认定它属于一种"纺织品",不过此时整船的冰块都融化了。1844年来自美国的温汉姆湖冰通过广告打响口碑,得到维多利亚女王的青睐,还授予它一份皇家认证书。为此英国地质学家查尔斯·莱尔访问美国时特意去了一趟温汉姆湖,看到这里的冰融化得很慢,他猜测是因为其高纯度。其实,温汉姆湖的冰的融化速度跟其他冰一模一样,它的唯一不同之处只是经过长途旅行而已。

最爱用冰的其实是美国人。1832年的一篇报道写道:"冰被人们大量地使用着,我无法想象城市中任何一个家庭会没有奢侈的冰来给水降温,让黄油变得坚硬。"1855年,《狄波评论》(De Bow's Review)的一名作者更盛赞冰是"一种美国制度,对它的使用是一种美国式的奢侈,对它的滥用是美国人的一个弱点"。

冰改变的不仅仅是人们的饮食习惯,更重要的是,它改变了食物的储藏和消费方式。19世纪四五十年代,纽约、费城等东部大城市人口暴增,当地的牛肉供应无法满足不断上升的需求;与此同时,中西部的牧场主拥有庞大的牛群,却没有相应数量的消费人群。是冰块为人们找到了出路,当时储冰量达25万吨的芝加哥由此显示其重要地位。

有了冰块,肉类和其他易腐败的食物就可以通过冷藏车长途运输,不必非得在产地附近消费。1842年,冷藏车从东海岸为芝加哥运来了第一批龙虾,芝加哥人第一次看到了仿若外星生物的这种海鲜。唐纳德·米勒在《19世纪的芝加哥》中写道:"就是这种基本的物理降温方式,使得古老的牛肉屠宰业从本土贸易发展为一种国际业务。冷藏车自然而然地发展为冷藏船,将芝加哥的牛肉运送至四大洲。"

和图德家族一样,中国的权贵早就开始藏冰,中国人也一直有用冰的传统。1793年即乾隆五十八年的夏天,随英使马戛尔尼出访中国的约翰·巴罗在游记中写道:"在京城附近,即便是最穷的农民,也可以享用冰;还有,虽然他们习惯喝热茶及其他温过的饮料,但各种在冰块上冰镇过的水果,还是他们的最爱。"此时的普通英国人和美国人尚未享受到冰的好处。但区别在于,中国人一直把用冰当成一种爱好、一种风雅,弗雷德里克·图德则把冰发展成一种行销全球的商品。

马铃薯

文/谭山山

它曾经声名狼藉，被视为"某个种族恶意弃置的伪善地下茎"；它亦被认为该对爱尔兰大饥荒、美国人口结构的改变负责；它还是麦当劳的金色大 M。

　　在西班牙征服者于 1533 年前后接触马铃薯之前，这种植物已经在安第斯山脉生长了几千年——据说，7000 年前，安第斯居民已经开始种植马铃薯。西班牙人在初次接触马铃薯的三十年后，即 1570 年左右，才将它带回西班牙——可能是顺手带回家的礼物，或只是塞在袋子里的小东西。"这些西班牙征服者没有一个人能够想到，他们在安第斯山脉总是遇见的这种看起来滑稽的块茎，将会是他们从新世界带回去的唯一最为重要的财产。"美国作家迈克尔·波伦在《植物的欲望》一书中这样写道。

　　马铃薯是伴随着异质的文化背景以及致命的成见来到欧洲的。欧洲人拒绝它的理由五花八门：因为《圣经》中没有提到过它；因为它是被殖民者的食物；因为它的古怪外形让人厌恶；因为它属于不祥的茄属植物家族（茄属植物在英语中叫 nightshade，即"黑夜阴影"，说明它们是邪恶的。属于这个家族的还有同样名声不好的番茄）；还因为它会导致麻风病和不道德，等等。

　　16、17 世纪的一些欧洲知识分子宣称，吃马铃薯有损尊严，它只适合给禽兽或生活习性类似的人吃。启蒙运动的关键人物狄德罗居然也持同样观点，在 1765 年版《百科全书》中，他称马铃薯实在"不是一种令人愉快的食物"，说它会引起肠内的胀气，但对劳工或农民不会构成困扰，因为他们结实的身体比那些优雅细致的人更能承受如此不适。更尖刻的抨击来自英国人：作家兼艺评家约

《法兰西植物图谱》（1891）中的马铃薯。

翰·罗斯金称它为"某个种族恶意弃置的伪善地下茎";作家理查德·科布登则称"吃马铃薯长大的民族将不可能在文学、艺术、军事或商业等方面与人抗衡"。

欧洲人推崇的是小麦。"小麦需要收获、脱粒、磨面、和面、揉面、成型、烘烤,然后,在这种神圣变化的最后一个奇迹中,没有形式的物质的面团升腾起来,变成了面包。这个精心制作的过程,带着它的把劳作分成几个部分和超越的意味,就象征了文明对于原始自然的征服。一种简单的食物于是变成了人类的物质,甚至成了精神的享有,因为在面包与基督身躯这两者之间已经有了一种古老的同一。"(见《植物的欲望》一书)马铃薯则不同,它在烹制时没有任何技术含量,只要扔到锅里或火里就行——它身上人类的文化含量太少了,而没有进行过重建的原初自然的含量太多了。迈克尔·波伦因此写道:"如果说马铃薯是下层物质,面包则是反物质,甚至是精神。"

爱尔兰人则不同,美国人拉里·祖克曼在《马铃薯:改变世界的平民美馔》一书中写道:"爱尔兰人向来以历经数个世代无法摆脱的贫困及以马铃薯为主食闻名于世。"高失业率、贫穷、人口过多及土地的贫瘠,使得他们几乎没有任何犹豫就拥抱了这种植物。除了有碳水化合物所具有的能量,马铃薯还能提供相当多的蛋白质和维生素B、维生素C(马铃薯最终结束了欧洲的坏血病),它所缺乏的只是维生素A,而这喝点牛奶就可以弥补了。

历史学家奥斯汀·伯克曾算过,1845年前的爱尔兰大约有330万人口(占总人口的40%左右)是单单依赖马铃薯维生的,他们平均每人每年食用超过1吨马铃薯。当时有个谚语这样说道:"早餐吃马铃薯,午餐吃马铃薯,当我在半夜醒来,能吃的还是只有马铃薯。"

就在1846年,悲剧发生了。"上个月(7月)的27日,在从科克到都柏林的路上,我看到这种作物花期正旺,应该会有一个好收成。(8月)3日,在我返回的途中,却只看到腐烂的作物覆盖了广阔的田野。在好些地方,穷苦的人们沮丧地坐在他们被毁坏的菜园的栅栏上,绞着双手,悲痛万分,因为灾害刚刚夺走他们的食粮。"一个名叫马修的天主教牧师在1846年夏天写的一封信,从个人角度记录了那场"马铃薯大饥荒"的发生。

罪魁祸首是由马铃薯晚疫病菌导致的"霜霉病"。欧洲各地都受到了影响。在饥荒持续的几年时间里(在1848年卷土重来),爱尔兰死了110万人。有一点精力和财力的人纷纷移民国外:"从1846年年末开始,移民达到了前所未有的规模。之后的10年间,180万人离开了爱尔兰,其中有100多万人是在饥荒期间移民的。这是19世纪最重要的人口流动之一。"(见彼得·格雷的著作《爱尔兰大饥荒》)

爱尔兰移民大多数去了美国和加拿大。1851年,前往美洲的移民达到了创纪录的25万。"正当我雇用墨菲船长载我到纽约之时,爱尔兰正面临第一个灭亡的危机。马铃薯,都是黑色的。"一首歌曲这样回忆当时的情景。美国人的人口结构因爱尔兰人的大量到来而改变——肯尼迪总统就出生在一个饥荒中来到美国的爱尔兰移民家庭。到了20世纪20年代,爱尔兰人几乎完全融入美国社会;60年代,信奉天主教的爱尔兰家庭跻身美国最富有家庭之列。某种程度上,可以说没有爱尔兰大饥荒就没有今天的美国。

19世纪的欧洲思想家认为,马铃薯的出现导致了人口爆炸性的增长以及社会秩序的瓦解。其例证是:爱尔兰的人口1732年时为220万—300万,1791年达到420万—480万,增长一倍;到1841年,人口再次以倍数增长,达820万—840万。而爱尔兰在17世纪时率先将马铃薯纳为农作物,18世纪时将其视为主要农产品,到19世纪40年

凡·高创作于1885年的油画《吃马铃薯的人》。到了19世纪后期,欧洲人已经完全接受了马铃薯这种来自南美的植物。

代,更有40%的爱尔兰人以其维生。

也有中国学者提出类似的论证,认为康乾盛世的出现,与四种农作物的引进——花生、甘薯、玉米、马铃薯不无关系:雍正二年(1724)全国人口1.2亿,到乾隆三十一年(1766),人口达2.09亿;到了道光二十九年(1849),人口再次翻番,达4.7亿。而人口爆炸性增长正是康乾盛世的一个最重要的标志。这些推论的逻辑是:马铃薯养活了更多人——吃饱了肚子的人可以尽早成家(婚龄普遍降低)——生育率上升——人口爆炸性增长。只能说,这是一个大胆的假设,从逻辑上似乎说得通,不过人口暴增和马铃薯成为主食之间是否存在因果关系,还需要更科学、更客观的论证。

拉里·祖克曼提出,任何食物要成为人们的主食,必须易于烹制——马铃薯的烹制不需要动用太多厨房用品及烹饪技巧,即便是小孩子也可以自己把马铃薯弄熟。不过,烹制手法单一所导致的"淡而无味",可能是马铃薯不受待见的原因之一。欧洲人(包括后来的美国人)对如何烹制马铃薯一直乏善可陈:不是炖煮,就是烘烤,再不然油炸——虽然炸鱼薯条成为英国国粹、炸薯条随着麦当劳金色大M标志(那代表炸薯条)的传播而成为美式文化的象征,但这无疑妨碍了马铃薯价值的提升。

相比之下,中国人有心得多了:可切片、切丝、切丁、斩块、磨粉,烹制上可红烧、可粉蒸、可乱炖,就连马铃薯嫩叶也不能浪费。比如清人吴其濬在道光初年编成的《植物名实图考》(1848年刊印)中谈到"阳芋"(马铃薯在中国的众多别名之一,其他别名有土豆、洋芋、山药蛋、薯仔等),"叶味如豌豆苗,按酒侑食,清滑隽永",这种吃法欧美人肯定做梦也没想到过!至于国家刚刚启动的马铃薯主粮化战略,有相当一部分吃货这样表示:不管是饭(主粮)还是菜(配菜),只要做得好吃就行。

避孕套

文/丁个

几个世纪以来,避孕套已被视为改变世界的50项发明之一。人类历史进程中,如果没有它,也许会引起一场疾病的灾难,或人口的泛滥。

莎士比亚戏剧中,有一个词的出现频率非常高。《特洛伊罗斯与克瑞西达》中,赫克托说:啊!是您吗,将军?以战神的铁手套的名义,谢谢您!不要笑我发这样古怪的誓,您那位从前的太太总是凭着爱神的手套起誓的……《无事生非》中,玛格莱特对培尼狄克说:盔甲我们自己有,您还是交出利剑吧。《亨利五世》中,Pizzle(角色名,古英语俚语指阴茎)娶了新娘Quickly,他说:Quickly,我有而且我会用quondam(安全套)的!

这里的铁手套、爱神的手套、盔甲、quondam等,都是指避孕套。著有《卑微的套套:安全套进化史》的安妮·科利尔总结了各种安全套的称呼:气球、英国雨衣、夜帽、鞘、盔甲、遮阴布、小布头、合身的衣服、法语里那个字、肮脏的拖鞋、机器、连帽斗篷、维纳斯女神的盾牌、神圣的皮肤、紧身短胸衣/衬领、威尼斯小皮肤袋,等等。意大利情圣卡萨诺瓦在自传中则称之为"英国骑士装",还专门辟出章节写了试用避孕方法的细节,比如试图把半只柠檬掏空后用做原始的子宫帽。

几个世纪以来,避孕套已被视为改变世界的50项发明之一。人类历史进程中,如果没有它,怕是会引起一场疾病的灾难,或人口的泛滥。

17世纪晚期,医生约瑟夫·康德姆(Joseph Condom)把一截"小羊盲肠"献给了英国国王查理二世,并因此被封为骑士勋爵。它就是康德姆发明的新型避孕套——此

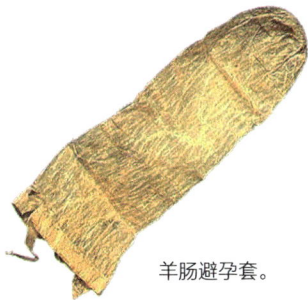
羊肠避孕套。

前他反复拿烹饪时弃掉的鱼鳔做过实验,结果证明,羊肠的韧性比膨胀的鱼鳔要好。他把羊肠修剪到适当的长度,晒干,用油脂和麦麸使它柔软,直至变成薄薄的橡皮状。把它献给国王,可以遏制王室内泛滥的私生子。避孕套自此以他的名字命名——Condom,被英国人誉为"愉快的发明"。

其实,古埃及人早就开始自发制作各种避孕工具了。在古埃及的壁画上,能看到男人们戴着一种用鱼鳔或动物膀胱制作的"阴茎套"。相比避孕功能,"阴茎套"更像男人世界的勋章,佩戴着这样的身体饰物出门,是男性身份和地位的象征。而在阴茎套出现之前,古埃及人避孕要借助石榴籽和蜡制成锥形物。石榴籽有天然雌激素,可以抑制排卵——据说这是世界上最古老的避孕方法。

除了鱼鳔和这些石榴籽,亚麻也是避孕工具的重要材质。而关于避孕套的发明权,也因为"亚麻"与"小羊盲肠"之别,另有争议。15世纪末16世纪初,梅毒席卷欧洲,医生们因此开始研发安全套(此时叫安全套显然比叫避孕套更为合适)。医学文献中第一次提及安全套,是意大利解剖学教授加布里瓦·法卢拜发明了一种用亚麻布套制成的避孕套,专门用以对抗梅毒,尤其适用于贵族和军队中。1551—1562年间,法卢拜对1100例使用这种避孕套的人进行调查,写出了第一部关于安全套预防作用的著作。

不要小看这一截小羊盲肠、一小片亚麻或一个鱼鳔,早期人们预防性病、防止怀孕所戴的任何一款避孕套,都源自它们。但盲肠、亚麻和鱼鳔要用温和的奶隔夜浸软才能使用,制作过程中,也需要不同尺寸(大、中、小三种)的

日本知名文身店三巴刺青的
浮世绘风画作,图中的女武
士手拿避孕套。

玻璃模具进行加工处理。所以早期人们使用安全套,是颇具仪式感和计划性的事情。

直到19世纪后,避孕套才越过了技术障碍,走向更开放的时代。1843年,美国工程师查尔斯·古德伊尔发明了橡胶硫化法,橡胶避孕套得以量产;乳胶避孕套则是1883年荷兰物理学家阿莱特·雅各布博士发明的。自此,避孕套以更轻巧的姿态进入人们的生活。

20世纪以来,避孕套制造技术又发生了几次革新。1930年,液态乳胶取代了传统的橡胶片,成为安全套的基础原料。当时德国已超过美国、英国,成为避孕套最大的生产国。德国最著名的避孕套生产商尤琉斯·弗罗姆在柏林创立了第一家以现代工业化方式生产避孕套的工厂,仅1926年,就年产2400万只避孕套,并在荷兰、冰岛和新西兰开设了三家分厂。弗罗姆给避孕套打出的广告词是:"无缝、透明,闻起来无异味,不败性趣幻想;它没有隔离感,像丝绸一样精细柔软,不让人有异物感。"

1929年,曾担任德国避孕套批发商的伦敦橡胶公司,成为欧洲著名的胶乳避孕套生产商,即今天的"杜蕾斯"。美国在20世纪30年代也已走出了军队梅毒感染的巨大阴影,开始全面推广避孕套,当时最大的15家避孕套制造商每天共生产150万个避孕套。

19世纪80年代中期,丹麦医生兼发明家拉塞·哈塞尔首次提出,是他发明了世界上第一个女用避孕套。这意味着,即便男人们在性事上再不情愿,或不配合,女性也有避孕的主动权。女用避孕套在古老神话中也能找到影子,传说被诅咒的米诺斯的精液含有蛇和蝎子,为了保护其性伴侣,米诺斯用山羊的膀胱做了安全套。

女用避孕套又被称为"女式手套"(gant des dames),

不过市场表现不佳。在撒哈拉以南的非洲，人们以开放的态度欢迎这种避孕套，但更多地区的女性在接受上还需要心理调适。直到近几年，经由一家位于西雅图的健康组织帕斯多年的研发，女用避孕套才有了更大的突破，并被命名为"妇女安全套"。

如今，到了"那一小截盲肠"重新改变世界的时刻了。2013年3月，比尔·盖茨提出，"悬赏"100万美元，在全球征集及奖励研制出新型避孕套的人。这一计划由"比尔与梅琳达·盖茨基金会"赞助，一旦入选，便可获得10万美元的资金支持；如果进入第二阶段并有望取得成功，资助金额将高达100万美元。

根据盖茨基金会的统计，全世界每年生产150亿只避孕套，用户约7.5亿人。而避孕套出现至今约400年，在过去50年却只有很少的技术革新。基金会支持避孕套创新的理由是：不论从减少意外受孕危险的角度，还是从预防艾滋病或其他性传染病的角度，这种新产品将令全球人类健康受益。

并非没有新的尝试。澳大利亚的一个科研小组正在研制一种新型的水溶胶避孕套，称其使用感受可能超过真空上阵。材料科学家罗伯特·戈金称，这种避孕套将具备自润滑、局部给药甚至电导性能。美国华盛顿大学的研究人员则研发了一种能够在体内自动溶解的女性避孕套：通过"静电纺丝法"，利用微纤维研发而成，不但能截住精子，还能释放一种强有力的抗HIV药物和激素避孕药的混合物。当男性假装"忘了"戴避孕套时，女性可以自主控制愉悦与安全。

不知在奖金的刺激下，当年的"小羊肠"会变成什么样？

手机

文/赵渌汀

手机成了不可或缺之物。于是人们按照手机来组织这个社会，而一旦处在手机网络之外，在某种意义上就会被抛在社会之外，没法和社会兼容。

人类第一次用手机通话，是在1973年4月3日。摩托罗拉高级工程师马丁·库珀给同行、对手贝尔实验室打了一个电话："喂，我正用真正的手提电话跟你通话呢。"马丁·库珀因此被称为"手机之父"。

1983年，以摩托罗拉DynaTAC 8000X为代表的第一批手机在美国上市，标价3500美元。马丁·库珀认为，如此高昂的价格，只能把手机推向高端商务人士。他断言，手机不会在大众消费市场上销售。现在看来，他错了。但也没全错。

20世纪90年代中期前，手机价格昂贵，极少部分有经济实力的人才买得起。摩托罗拉Moto8900是中国市场引入的第一款手机，因体积庞大，且重量不轻（单机重2磅左右），得名"大哥大"。"左手忙剔牙，右手大哥大"是当时常见的老板形象。90年代末，诺基亚接棒摩托罗拉，在全球掀起手机风暴。诺基亚6110成为一代人的世纪之交记忆。

进入新世纪后，手机走下神坛，这种集通话、短信、娱乐等为一体的通信工具日益普及。"大哥大"自此淡出历史舞台，取而代之的是越来越薄、天线内置的直板手机。

2007年，iPhone的横空出世，正式将直板智能机带向大触屏时代。触屏手机实现了手机多功能的集成，打电话、发短信、聊QQ、听音乐、玩游戏、娱乐视频、手机办公……由此，手机正式施展对发明它的人类的反作用力：你创造了我，我要让你离不开我；我在影响你们的生活，我会改变你们人类。

世界上第一台手机——摩托罗拉DynaTAC 8000X。

"上课了,请同学们将手机交到保管袋里,课后自行取回。"2014年年底,北京农业职业学院推行"课堂无手机"活动。这是北京市首个进行的课堂无手机试验,学校希望"低头族"在课堂上能昂起头来听讲。手机在生活中太普遍了。对于很大一部分人来说,这个越来越智能化的玩意儿已经不可或缺。所以会有人在车祸现场拍照留存以便日后发朋友圈,也有人一离开手机便惴惴不安,成为"手机人"。

文化批评家唐娜·哈拉维曾说,"我们的机器令人不安地生气勃勃,而我们自己则令人恐惧地萎靡迟钝"。首都师范大学教授汪民安则认为,手机在现代社会中已经不仅仅是一个单纯用具,而已成为人类的一个器官。手机与手、嘴巴、耳朵一道,共同构成了人身体上的一组说话机器。

"手机一旦变成身体器官的有机部分,身体就会如虎添翼。手机永远是处在双向通话过程中,它必需借助于另一个手机才能最大程度地发挥它的功效……于是人们按照手机来组织这个社会,而一旦处在手机网络之外,在某种意义上就会被抛在社会之外,没法和社会兼容。"

汪民安的观点,落脚于手机的社会性。他所强调的是,一旦社会交往依照手机来进行,那么这个社会的组织越来越偏向于为手机而设计。

在手机风行的当下,我们的身体似乎已经被手机吞没。我们被这个掌中之物玩弄、控制,产生依赖感并开始自我退化。没有听到闹铃就感到不安,没有电话铃响就忐忑不安,没有微信好友来骚扰就怅然若失,没有电量打游戏就不知所措……隔几分钟甚至几秒钟就想看一下手机?经常犹豫到底选静音还是震动?电量一低就惶恐地遍寻插座、充电宝?你肯定有过以上经历。手机,由我们创造、发明;手机,最终改变、塑造了我们。

电脑

文/赵渌汀

我们在厨房里被电脑俘虏,我们在马桶上被电脑统治。以电脑为先锋的机器群无所不在,从根本上来说,其实是物对人的统治。

电脑无处不在。

电脑存在于历史中。由于无法计算过于庞大的数字,人类发明了电脑。祖冲之耗费15年才把圆周率算到小数点后7位,英国人香克斯在10个世纪后,倾毕生精力才算到小数点后707位,而1946年出世的电子数值积分计算机,仅用了40秒就达到了香克斯的成就,还顺便纠错:小数点后的第528位,你们人类计算错啦。

1982年,康柏公司推出市面上第一台IBM PC兼容的便携式电脑——Compaq Portable。1985年,Windows 1.0作为第一个图形界面操作系统被发布,而英特尔386的32位处理器,使微处理器产品进入32位时代。

电脑存在于互联网的虚拟世界里。1994年,英国人蒂姆·伯纳斯-李在麻省理工学院创立了万维网联盟。1996年,"Internet"(互联网)一词被热炒,当时它指的是几乎整个万维网。蒂姆·伯纳斯-李也被尊为"互联网之父"。

电脑是人类迈向互联网时代一个极其重要的载体。资源共享和通信,让麦克卢汉创造的"地球村"概念得以被清晰定位。如果说互联网是一片浩渺无边的数据、信息海洋,那么电脑则从数值计算、逻辑推理以及数据检索等方面,让互联网的文字、声音、图形等多媒体信息实现飞越式传播。

电脑存在于世界首富的传奇光环下。比尔·盖茨除了为世界贡献Microsoft BASIC的早期雏形,他还把最优秀的企业——微软公司推向全球。这位自称技术统治论者

世界上第一台IBM PC兼容的便携式电脑——Compaq Portable。

（technocrat）的前世界首富曾坦陈，微软的使命就是让每张办公桌和每个家庭都有一台个人电脑（PC）。若干年后他做到了。PC台式机逐渐衍生出笔记本电脑、平板电脑等分支，如今，电脑已成为人们生活中不可或缺的一项工具。

电脑存在于办公室里。一个办公室不可能没有电脑。每天你都需要通过手对键盘、鼠标的操纵，完成订单、完成稿件、预约谈判、汇报工作、打印文档、财务报备……办公室被电脑定义，也为电脑所改变。你来到办公室，从漫不经心摁下开机键那一刻起，整个办公室便已被电脑所统治。没有电脑的办公环境是难以设想的，很难想象单位不给员工配备电脑。"老板，我的电脑坏了，今天没法和客户联系了。""好的，那你回家自己办公吧。"你看，办公室如果没有电脑，也许你真的能实现在家办公了。

电脑存在于马桶上。可以说，平板便携式电脑，解放了人们随处阅读、娱乐的欲望。2001年，微软推出Windows XP Tablet PC版，"平板电脑"概念开始风靡全球。2010年1月27日，苹果公司发布旗下平板电脑产品——iPad。从此，电脑与台式机、笔记本越走越远，而便携式、触屏式的平板电脑，开始闯进寻常百姓家。

电脑成为家庭中的重要"成员"。醒来时，我们惦记它，刷微博看网页纵览天下大事；吃饭前我们需要它，查菜谱下订单忙好柴米油盐等七件事；在家办公当然需要它，发邮件写文稿处理大小杂事。甚至我们去厕所，坐在马桶上，要么是平板电脑，要么是手机，总要带上一个：有这时间，得抓紧追美剧和看视频啊！

我们在厨房里被电脑俘虏，我们在马桶上被电脑统治。以电脑为先锋的机器群无所不在，从根本上来说，其实是物对人的统治。无处不在的电脑，在物质文明时代的洪流里，被人类改变，同时也改变了人类。

工业文明

德国画家阿道夫·冯·门采尔《轧钢厂》,1845年,现藏于柏林老国家艺术画廊。工业文明时期将"创新"二字供上神坛。不断创新亦带动了分工的迅速变化,以及新产业的不断涌现——在这个以更新更快为最终目的的阶段,更多的人得到了接受教育、选择专业、提升知识水平的机会,可以不断转换在社会中所处的角色。

迪化街是台北最完整也最具意义的老街,初建于1850年代,19世纪末以来,一直是台北重要的南北货、茶叶、中药材及布匹的集散中心。画家郭雪湖这幅《南街殷赈》以夸张、戏剧化的手法描写大稻埕南街(今迪化街)昔日节庆的热闹景象:行人熙熙攘攘,招牌林立。

文/谭山山

商业，重新塑造生活

"把所有经济上的满足都给予他，让他除了睡觉、吃蛋糕和为延长世界历史而忧虑之外，无所事事；把地球上的所有财富都用来满足他，让他沐浴在幸福之中，直至头发根：这个幸福表面的小水泡会像水面上的一样破裂掉。"

——陀思妥耶夫斯基《死屋手记》

我们正处于一个物质极大丰富的丰裕社会中。让·波德里亚在《消费社会》一书中描述了一个"超级购物中心"——帕尔利二号，在那里，人们买得到任何东西，还可以看到保险公司、电影院、银行、医务所、桥牌俱乐部和艺术展览馆；而且，那里全年无休，日夜均可前往。他说"超级购物中心"就是我们的先贤祠，所有消费之神或恶魔都会集于此。如今，我们有了无数个帕尔利二号，每个人都处在物的包围之中，无处可逃，人们也不想逃。让-雅克·卢梭和亚当·斯密所担心的"人会沦为物的俘虏"不再被提及，人们会问：谁是卢梭和亚当·斯密？

自然财富都能进入交换环节，这就是消费欲驱动的结果

在物品稀少的社会里——比如说原始社会，物是不需要交换的。就像欧内斯特·曼德尔在《论马克思主义经济学》中所说，原始社会的生产主要是为了满足需要，生产者为了满足大集体（部落或氏族）或是小集体（家庭）的需要而进行生产。巴比伦国王在官书里自称"巴比伦的农夫""牧民者""灌田人"；埃及法老王的政府行政组织叫作普罗（pr'o)，普罗就是大屋子；中国传说后稷为创业之主，后稷就是小米君主——整个经济就仿佛一个大庄园，

美国纽约第五大道,商业与文化、时尚与奢华冲击着来到这里的人们。

为了满足自己的需要而生产使用价值。

而像水、空气那样的自然财富,它们满足人类的需要(有使用价值)却没有交换价值。人们可以免费享用它们。没有人想过卖水,也不会有人去买水。但城市发展带来消费的需求,不可能家家都自己去打水,也就出现了专门的送水工。自明末起,北京城就有送水的行当,卖水的铺子人称"井水窝子"。民俗学者邓云乡在《增补燕京乡土记》里说,北京居民饮水一般是买甜水喝——甜水就是好喝的井水。甜水并不便宜,据高枬的《庚子日记》,当时也就是1900年左右,让人担水一家每月要花二两银子。水这种自然财富就这样进入交换环节。

冰则是另一种情况。不管在中国还是在西方,冰都是非常稀有的东西,只有权贵才有资格享受。以中国而言,从周代到清末,官方每年都窖藏冰块,这样的传统延续了两千多年。夏天来临,皇帝惯例要"赐冰",就像白居易在《谢赐冰状》中所说,"以其非常之物,用表特异之恩"。白居易是有资格得到赐冰的,而像没资格得到的杜甫,就难免要发牢骚——"思沾道暍黄梅雨,敢望宫恩玉井冰",意思是说,自己偏偏在酷热之时老病,但明知道没资格,就不敢奢望了。虽然到了清末开放民窑,冰也成为商品,但国人用冰还是重在享受,从未想过它还能派更大用场——是波士顿人弗雷德里克·图德把冰块生意做到了全世界。

有消费需求,有流通渠道,物的交换由此进入系统化阶段——这就是商业推动消费的结果。所以波德里亚说,"消费是一种积极的关系方式(不仅于物,而且于集体和世界),是一种系统的行为和总体反应的方式。我们的整个文化体系就是建立在这个基础之上的"。

接下来的全球贸易,则将物的交换推向新的境界。

借由全球贸易网络,各式各样的人与物在快速移动

17世纪是全球贸易兴起的时代,汉学家卜正民把彼时的世界比作一张因陀罗网(一个来自佛教的概念),"它有如蛛网一般,时时刻刻在变大。网上的每个结都拉出新线,触及新的点,线就会附着在点上,往左右横向连接,每条新拉出的线也越来越紧密相连。网上有许多结网的人,还有许多中心,所结的网向各处延伸的概率并不是整齐划一的。有些地方因为其所在的位置,因为在该地制造或被带到该地的东西而较受青睐。其他地方则是深沟壁垒,订下规定自我鼓励,以此不让那张网近身。但只要有人员移动、征服或贸易的地方,那张网就会变大,往外分支"。

而17世纪初的人就在做这样的事,沿着这些线,各式各样的人与物(包括动植物、病原体、种子,还有言语和观念)在快速移动。比如,美洲的茄属植物——番茄、马铃薯、辣椒、烟草等就这样被传播到世界各地,以无人料想得到的方式改造世界。

卜正民的历史著作《维梅尔的帽子》正是以荷兰画家维梅尔的画作为切入点,描述这个全球贸易网络是如何发生作用的:维梅尔画中,军官戴的时髦帽子是用海狸皮毛

制成的,欧洲探险家从美洲土著那里用武器换取海狸皮毛,收益则为水手寻求前往中国的新航线之旅提供了资金支持。在中国,欧洲人用秘鲁银矿出产的银子,收购以瓷器为主的大宗商品。

看看荷属东印度公司1608年开出的采购清单：5万只黄油碟，1万只盘子，2000只水果盘、盐钵、芥末罐,各种宽碗和大盘各1000只,还有数目不详的水壶和杯子。需求如此之大,以至于中国商人抬高了价格。17世纪上半叶,荷属东印度公司属下的船队运到欧洲的瓷器总计超过300万件。仅以1640年的"拿骚"号为例,它带回阿姆斯特丹126391件瓷器,还有9164袋辣椒——虽然辣椒利润更高,但瓷器才是在荷兰社会创造了最大的存在感的商品。

为迎合欧洲人口味,景德镇外销瓷器有了不少新品种,如荷兰人称为klapmuts的大汤盘。这种大扁盘子的形状像荷兰低下阶层戴的廉价羊毛帽子,因而得名。欧洲礼仪禁止举起汤碗喝汤,因此需要专门定制一种扁平的、边缘足够宽可以放置大汤勺的盘子。郁金香热时,景德镇的瓷工应景地在瓷盘上画上郁金香的图案，1637年郁金香市场崩盘,荷属东印度公司急忙取消了所有郁金香装饰瓷盘的订单——其实他们大可不必如此,景德镇瓷工从未见过真正的郁金香,画出来的图案几乎认不出是郁金香。

外在世界就这样以观念和器物形式进入人们的生活。但在如何看待外来世界上,欧洲人和中国人的看法有所不同。明朝文人吴伟业对"烟草自古未闻"的说法难以释怀,他在《新唐书》中找到关于"圣火"的记载,据此证明中国人在5世纪时就已吸烟,"古已有之"。这当然不是事实,但那是以吴伟业为代表的文人对烟草舶来品出身的事实借以自我释怀的办法——否定了烟草的出身,也就否定了对外来文化的接受。

百货公司成为展示消费社会最好的橱窗

"在伦敦最繁华的街道,商店一家紧挨一家,在无神的橱窗眼睛背后,陈列着世界上的各种财富:印度的披肩、美国的左轮手枪、中国的瓷器、巴黎的胸衣、俄罗斯的皮衣和热带地区的香料。但是在所有这些来自如此众多国家的商品正面,都挂着冷冰冰的白色标签,上面刻着阿拉伯数字,数字后面是简练的字母l、s、d(英镑、先令、便士)。这就是商品在流通过程中所表现出来的形象。"马克思在《为政治经济学批评做贡献》中写道。

百货公司以其对物品的尊崇以及罗列方式,成为展示消费社会最好的橱窗(百货公司的橱窗则成为引人注目的"橱窗的橱窗")。自1826年巴黎创立第一家百货公司之后,到19世纪后半期,百货公司在资本主义国家纷纷出现:1852年,巴黎开设"廉价百货公司";1860年,英国开设了惠罗公司和彼得·鲁宾逊百货公司,然后是赛尔弗里奇百货公司和哈罗德百货公司。同一时期的美国,纽约开设了梅西百货公司(1858年),芝加哥开设了马歇尔·费兹百货公司,费城开设了万纳梅克百货公司(1861年)。德国的百货公司出现得稍晚,卡尔斯塔特百货公司、铁兹百货公司分别在1881年、1882年设立。

亚洲则是20世纪初才加入百货商店热潮。先施百货(上海)和三越吴服店(大阪)都在1917年开张。三越吴服店打出"今日帝国,明日三越!"的口号,是大正年代最具标志性的口号之一。对当时的大阪人来说,三越不仅是个消费殿堂,还是一个必去的名胜景点。后来创立"松本药铺"的松本清当时在大阪一家食堂当学徒,每月休息一天,且有50钱(日本大正时代的货币单位)零花钱,"当时新世界通天阁登楼费为5钱,所以我去免费的三越楼顶玩。换上室内拖鞋,再坐电梯上到三越楼顶远眺市内风景。然后去千日前常盘屋,花3钱买一张小孩三等票观看电影。归途在道顿堀的冷饮店吃金时豆和西瓜,再乘电车到中之岛公园坐一个小时的船(费用为10钱),最后还能剩下3钱"。

需要解释的是"换上室内拖鞋"。日本最早的百货公司,都是走高档路线,顾客进店必须脱下自己的鞋换上店里的拖鞋,或者在鞋外边包上一层外罩才能入内。后来百货公司日渐亲民,三越和大丸(亦为当时著名百货公司)于1926年率先实施"穿鞋入内",逛店看橱窗的人更多了。而百货公司的策略就是,只要顾客来逛,就难免消费。

先施、永安、新新、大新是上海当时最有名的四大百货公司。上海人说"到公司去",就是专指这四大百货公司,"公司"就是高端消费的代名词。当时有人这样说道:"只要来到永安公司,凡是人生所需要的,都能得到满足。住的、吃的有大东(指永安公司附属经营的大东旅社和餐厅),穿的、用的有商场,玩乐则有游乐场,只要有足够的金钱花用,即使不走出永安公司的大门一步,也可以在这个小天地醉生梦死地过上一辈子。"

"梦中世界",正是一个历史学家对百货公司的概括。

如果没有广告,城市将会怎样?

法国设计师尼古拉斯·达米恩做了一个有趣的试验:他在东京街头拍摄照片,然后经过后期处理把所有的广告牌隐去。最后的图片呈现他采用GIF动图格式:原本正常的街头,广告突然消失,画面上出现了一块块空白,立刻变陌生了。达米恩把这个试验命名为"没有广告的东京"。

事实上,现代人已经把广告的无孔不入视为理所当然,广告对生活的侵入不算冒犯,没有了广告才是:没有广告的定位和区分,该如何在浩瀚的商品之海中找到适合自己的(或者说是广告主觉得适合你的)那一个?正如达米恩所说，他做这个试验不是因为反广告，相反，他喜欢那些广告。

一个人完全可以活在广告所塑造的生活方式里：早上起床，刷牙用高露洁，"没有蛀牙"；早餐吃肯德基，"现已加入肯德基豪华早餐"；跑步戴Apple Watch，"它不仅仅是一款手表，它是Apple Watch"；烟草不能做广告了，不然早前箭牌香烟所做的广告文案相当酷："喜剧演员在走上舞台前吸，拉力赛车手在戴上头盔前吸，画家在画布上签名前吸，年轻的老板在向其主要股东说不前吸……"

广告所推销的，绝不仅仅是作为使用价值的物品，更是作为符号和差异的、深刻等级化了的物品。在前者面前人人平等，但在后者面前，丝毫没有平等可言。

美国波特兰市的弗雷德超市。

信息文明

美国艺术家亚历克斯·格罗斯油画《服务业》,2013年。在信息文明时代,文化不再受地理因素的限制,人类可以在任何地方寻找任何一种符合自身要求的物品,而物品的设计、制造与传播途径变成了全世界。

信息文明下的人与物

文/库索

更方便，更快捷，更合适，更个性，更优选

"我们塑造我们创建的事物，然后由它们塑造我们。"

——蒂姆·丹特（Tim Dant）《物质文化》

人与物之间漫长的攻受关系，其实一直在反转。这种情况在进入大生产时代后尤为明显，美国人罗宾·刘易斯写过一本《零售业的新规则》，单单观察书中对全球零售形态的模式变化，也能窥见过去一百多年中人与物关系的三次地位变化。

第一次变化始于1850年工业革命后，人类发明了留声机、打字机、电话和电灯，接着将汽车和飞机放上流水线生产，人类对物的需求从此时开始急剧膨胀，但同时又被动地受制于有限的物：各种商品供不应求，消费者没有选择的余地，"当时的一句俗语生动地刻画了这种形象——消费者可以喜欢各种颜色，但是福特汽车公司只生产黑色T型车"。

第二次转折则是在1950年，经历过"二战"后的复兴，物质主义于1980年至2000年间到达顶峰。这一时期人是物的绝对操控者和驱动者：商品大大丰富，品牌急剧增长，零售业快速扩张，有众多服务和商品可供消费者选择。"第二次浪潮也是今天许多零售形式的发轫期，大型零售商专营连锁店、品牌折扣店、综合性百货商店、电视营销以及此次浪潮后期形成的电子商务，世界形成消费驱动型经济。"

信息文明带来了人与物的第三次位置反转。以网络为代表的信息媒介获得了前所未有的发展,人类可以随心所欲地选购自己想要的一切物品,这是一个方便快捷的"买买买"时代,只需要点击鼠标在网上搜寻货品,比较商品的价格、质量、性能或式样,便能在短短几分钟内买到世界上任何地方的任何东西。然而,也是在这个物质爆炸的光速时代,人们开始发现:不是我们在选择物,而是物在选择我们。

信息文明的野心,本质上是物的逆袭

电商网站对人类购物行为最伟大的贡献之一,是将"猜你喜欢"这套分析推荐系统发扬光大。它以一种纯粹理性的方式达成了绝对感性的结果:根据人们的浏览、搜索和下单记录,依靠计算机算法运行,为每个人选择那些有更大概率会喜欢,并且有极大可能性购买的商品。

人类利用科技手段寻觅和获取物,同时不可避免化身为信息时代大数据中冷冰冰的组成元素之一。正如美国明尼苏达州教授乔瑟夫·康斯坦所说:"你只不过是网站巨大表格中的一行数据而已。这行数据记录了你在网站上看过哪些内容,点击过哪些链接,购买过哪些东西等。这个大表格中还有其他很多行数据,记录的是其他数以百万计的购物者信息。你每次访问网站,表格中的数据会随之改变,反过来这行数据也会影响到你,它决定了你能看到什么,会收到什么样的优惠信息等。"我们越来越少思考"我想要什么",越来越习惯被提醒"你需要什么"。

大数据分析的好处是,我们所遇到的物品会变得越来越像是量身定制。我们不自觉地接受网络世界特有的各种个性化推荐,然后由这些东西勾勒出我们在虚拟世界的真实形象,这几乎是科幻设定下另一种意义的平行空间。

看看亚马逊和淘宝都为你推荐了些什么吧，一本心灵鸡汤的书，一个爆款的山寨名牌包，哪怕是一袋猫粮和一包辣条，都能于细微之处泄露你的生活状态。

科技进步促进人类对专属商品的需求，信息时代加速定制化风潮，但这不等同于传统意义上的量体裁衣。专业领域各种关于未来购物模式的畅想中，最常出现的是这一种：智能定制。也许未来人类不过就是一个二维码，只需用机器轻轻扫描身体，便能根据人体工学数据得出围绕着你衣、食、住、行的最佳风格匹配产品。不再需要线下实体店甚至是线上资讯搜集，所有将人和物联系在一起的桥梁，仅仅只是一个终端。

信息文明的野心，本质上是物的逆袭。它最终将使人变成物的附属品：我们不需要思考自己是谁，我们周遭存在的所有物决定我们是谁；个性与风格的本质是物而不是人，一切匹配你的物最终定义你的自我风格。

人类主动放弃对物的选择权，宁愿让物来选择我们

毋庸置疑物类在进化，但却很难说清楚，作为造物者的人类究竟是在进化还是在退化。一个很突出的症状便是选择性障碍——我们主动放弃对物的选择权，宁愿让物来选择我们。美国心理学家巴里·施瓦茨在《选择的悖论》中提出了当下人与物的一种古怪关系：商品越多，选择越少。"商店中琳琅满目的商品意在使顾客感觉选择颇多，但其效果却恰恰相反。商品过度丰富不仅不能让消费者更加快乐，反而使他们在购物中感觉疲累、沮丧。"

因此，"商品不多，选择却不少"的优选概念店将会成为未来购物的趋势所在。从前人们出于需求而购买，今天则更多会因为故事而购买。物品成为人类"自我实现"

的手段之一，是故事、情感和体验的载体，当我们选择一件物品的时候，实际上是为自己购买一个角色设定，或是强化某种自我标签。

我们终将只会和那些自己想要产生交集的物品发生关系，并以此来构建自己的生活。在未来，优秀的品牌将会成为最好的生活方式管理商，它只负责打造针对某个群体的、单一却极致的生活方式，星巴克、无印良品、苹果甚至小米，都已经在这么做了，终极目的是成为固定消费群体的物质风向标。

甚至不需要如此大的品牌，人人都可以为自己手工制作的商品找到对应的市场，不必再苦于渠道和推广。美国购物学鼻祖帕科·昂德希尔预测未来购物趋势时，称"非机械化生产的手工艺商品将会成为新型的必需品"，这源自手工艺经久不衰的生命力，也是一种内在的价值品牌化。他举了两个网站的例子："Etsy 是一家在线买卖手工艺物品的网站，而 Murray's Cheese 是一家在线销售乳酪的网站，在那里你可以同时得到美味的手工食物和感受到浪漫的消费氛围。我们是否这样假想：30 年以后，电脑不仅可以让人看到，还能让人感觉到、闻到我们所买的商品？我想这并非不可能。"

今天，所有人都有机会成为生活方式供应商，所有人都有可能创造自己的物，并借由这些物，塑造所有其他的人。

起初，人类造物，却只能被动接受有限提供的物。后来，人类主导对物的自主选择权，以消费行为驱动物类世界的丰富和多元。如今，我们身处被物质轰炸的信息时代，选择物的同时更被物选择，塑造物的同时更被物塑造……很难说清楚进化的究竟是人，还是物。

人人都是猎物人

文／张丁歌

这是一个人人都能成为猎物人的时代，你可以成为对生活最上瘾的猎手。这也是一个随时会被物类裹挟的时代，你要成为那匹黑马眼里最清醒的骑手。

有人说，在最好的书籍之后，在最漂亮的女人之后，在从未见过的最美丽的沙漠之后，便开始了生活的剩余部分。这如同信息文明时代，终日身处庞然世界的人，开始渴求大浪淘沙的心境。让·鲍德里亚是这样回答的：事实上，其他的事情正在发生——另一本书、另一个女人、另一片沙漠——生活的剩余部分又成为生活本身。

他甚至说，应该给那些物体——包括欲望的对象——以壮烈死亡的机会，如一个花瓶、一把椅子、一本书、一个衣柜、一次在你脑海中爆裂的机会、一次向四周飞溅的机会。

世界在我们看来是一个庞大无比的事物。我们每天都要面临选择、取舍、替代与更新，似乎时刻都在直面new deal of life和new deal of desire（生活的新部分，欲望的新部分）。我们比任何时候都更需要具备一套猎手的品质，像瞄准书籍、女人、沙漠那样，瞄准最适合你的生活，以便将身心安于这个繁杂的现代丛林社会。

奥尔特加·加塞特在《大众的反叛》中称：我们这个世界的大幅度实质性扩张，最终并不在于它越来越宽广的维度，而在于它包容了越来越多的事物。每一种事物——我们在最宽泛的意义上使用"事物"（things）一词——都是我们可以渴求、相望、使用、取消、遭遇、享受或抵制的，所有这些概念都意味着生命的活力。

猎物人的时代，是动词的时代，是富于活力的时代。它去发现、审视、捕捉有意义的物，如同去搜集遗落于世间的词汇。猎物人的存在，是让生活的剩余部分，还原成生活本身。在物质生活亟须审美化、精神化的今天，人人都该成为那个擦拭猎枪的猎手，做一个潜伏于生活的猎物人。

在猎物人面前，它们有情感，有语言，有脾气，有命运

俄罗斯"火星男孩"波利斯卡对地球人放言：你们的世界都是实利主义的——你们的科技，你们的一切都是围绕着物质，围绕着金钱而转。地球上许多人认为原子武器是最大的危险，其实不是，最大的危险是拜物主义。

这或许不是危言耸听。爱物，却不役于物，是物质世界的生存法则。

猎物不同于拜物。猎物是对物的甄选，面对万物，它既擅拥有，又懂舍弃。猎，是发现，是邂逅，亦是选择，是分享。拜物则是人们对于自身匮乏所做的弥补行为，认为可以通过对物品的占有，来否认自身的匮乏，试图抓住已经消逝的事物。猎物教是瞄准物质文明的刻度，是丈量万物的尺度，为生活美学做改善、提升。"拜物教易幽灵化商品背后的物神"（齐泽克语），因过度占有而导致生活带宽的稀缺。

今天，商品化不断冲击着审美文化。奥尔特加·加塞特对"生活的改善"的分析，如同为猎物人勾勒出一套生活狩猎守则——猎，首先是选择，其次，是反复选择。猎物人，则是经由选择、创造、发现、传播与分享，把物质带向文明与审美高度的猎手。他们的任务已不是买买买，而是收藏、品鉴与溯源。

好物与猎手之间，应是棋逢对手，肝胆相照。就像布罗茨基在《黑马》一诗中所写：它在我们中间寻找骑手。

万物中总有黑马。在猎物人面前，它们有情感，有语言，有脾气，亦有命运。

法国哲学家保尔·德罗亚当属日常生活中的猎物人。

他在《物类最新消息》中,与身边51件物品反复对视、重新阐释:"碗"——不是为了在餐桌上炫耀主人的品位,而是为了终止永无止境的流动;"叉子"——拉远人与食物的距离,将世界数理化,与他人的关系中立化;"回形针"——不只是办公室里分类文件的工具,还温和地抗拒散乱,坚定地抓住秩序,本身就是一种伦理;"钥匙"——拥有谁在门内、谁在门外的控制权……

这是一场人与物的对话。人发现物,赋予物以新的意义。物类又成为衡量人类的尺度,它们让你惊愕、疯狂,或复归平静,它们在人类中间寻找猎手。

"京城第一大玩家"王世襄是名副其实的人间猎手——格物致知,辨物居方,以心役物,猎物人三重境界全占了。"我自幼及壮,从小学到大学,始终是玩物丧志,业荒于嬉。秋斗蟋蟀,冬怀鸣虫,挈鹰逐兔,挈狗捉獾,皆乐此不疲。"玩物大家,也毕生沉于猎物、研物,明式家具、漆器、佛像、铜器、鸽哨等,无一不经由他的收藏、研究,得以正名,成为当代"显学",进而写出"一本本、一页页、一行行、一字字,无一不是中华民族文化的注脚"(启功语)的著作。晚年王世襄一部《锦灰堆》,毕生情趣、学养尽现。学者王风评价:"那么多美好的东西,如果没有王先生在不绝如缕时接一把手,结局可真不好说。他就是那根'缕'。"

沈从文亦是一位大藏家。他曾在小说《主妇》中借笔下主人公描写了自己涉猎收藏的嗜好,"他钟情于古旧文玩,面对成双的羊脂玉盒、青花盘子连呼着'宝贝',喃喃自语:一个人都有点嗜好,一有嗜好,就容易积久成瘾,欲罢不能……"沈从文小说写作之外,倾力研究陶瓷、漆器、丝绸、服饰……他用17年时间,写就一部25万字、700多幅照片的《中国古代服饰研究》。如此"猎物之道",引得汪曾祺叹其所事之业为"抒情考古学"。

阿城更是一位潜伏世间、深藏不露的猎手。似乎万物到了他那里，都会重新寻到一处身世。阿城也喜好收藏古董相机、古籍图录，却不以"见物""藏物"为终点，他更重藏"识"——那是常识、通识、智识与见识。他的《洛书河图》，像在人类自己的洞穴之壁上，凿下了物的原始印记。

越来越多猎物人进入"生活的剩余部分"，进入生活本身

现实世界以上，作家与艺术家总是最先成为敏感的猎物人。他们与物的关系，就是与世界的关系。他们看待物的方式，便是身处物质世界的一种世界观。

土耳其作家帕慕克在《纯真博物馆》中，使用物搭建起一座爱情乌托邦。在他笔下，婚约在身的富家少爷凯末尔，爱上了18岁的贫穷少女芙颂。世事难料，爱人永逝。男主人公便靠搜集、猎寻情人触碰过的一切物品来纪念爱情：盐瓶、小狗摆设、顶针、笔、发卡、烟灰缸、耳坠、纸牌、钥匙、扇子、香水瓶、手帕、胸针，甚至是4213个烟头，并用15年时间走完1743个博物馆后，在伊斯坦布尔建起一座"纯真博物馆"。

宋应星写下《天工开物》时，不会想到半个世纪后有人借用他的概念在小说中"研物"。《天工开物·栩栩如真》是香港作家董启章"自然史三部曲"之一。收音机、电报、缝纫机、打字机、卡式录音机、书、电视机、汽车……日常的物类被赋予生命，成为构建小说的完整线索。物的演变史背后，是香港一户家庭三代人的百年生活史。

艺术家宋冬，在处理与"物"的关系上，走到了猎物的极致。他的艺术项目"物尽其用"，展示了母亲50多年积攒下的一万多件日用品——多半是那个匮乏年代的历史遗留物。旧家电、破衣物、鞋子、袜子、锅碗瓢盆、储物箱，铺陈开一个布满尘埃的旧世界。宋冬却想在"物"的背后，探

索人与世界相处的方式。

他们是物的敏感者,他们是观念上的猎物人。

"我将会以个人名义推出下列任何一类产品：时装、AC-DC、香烟、胶纸、摇滚唱片、任何东西、电影及器材、食物、氮、鞭子、钱！"这是波普教父安迪·沃霍尔1968年登在报纸上的广告内容,这枚40多年前的感叹号似乎喻示着,消费时代的浪潮中,人人都将"与物为伍"。

40年后的北京,也有个迷恋1968年的猎物狂人。广告人金鹏远曾自称是个"没有太多金钱的物欲癖"者,因对丰沛又混乱的1968年充满"宏大的物恋",他2006年开始四处寻猎老物件。打字机、电话机、古董相机、录音机……上千件旧物撑满他选址在老胡同的"1968工作室"。他用猎物般的行为艺术,解释着何为"物以类聚"。

"其实六七十年代中国工业设计与国际水准持平。东风、晨光、牡丹、星火、寰球……我想都搜集起来,每年玩耍一个品类。"金鹏远的猎物疯狂度,惊动过北京的文艺圈。时髦的年轻人曾慕名寻去"1968",见识那满坑满谷的旧时光。那种旧,是复古尽头的新。如今,转眼近十年,金鹏远却贴出告示：我要卖掉积攒多年的899件旧时光。他要开启"生活的剩余部分"了。涌向"1968"的新买主,是浮出水面的猎物人。

越来越多的猎物人,开始进入"生活的剩余部分",也重新进入生活本身。他们曾伫立在时间的前沿地带,也回到过物事的发生之初。他们与物质世界交换过欲望,也在精神领地封存过一片净土。他们占有过,也舍弃过。他们是道士下山,也是王者归来。他们在最好的书籍、女人、沙漠和马匹之后,开始带你感受,为何是这本书、这个女人、这片沙漠和这匹马。

服装设计师马可,世界各地猎寻具有无用之美的布料,在布与布的褶皱中,让时间凝结在身体上。你身上穿的东西,不再是相互追逐、排挤、替代着。你的身体成为衣物的主人,你开始体验到自己,像骑上一匹黑马。

"上下"品牌的蒋琼耳,曾因橱窗设计令"爱马仕"惊叹。她一边在前沿的时尚阵地做潮流人,一边回到时间的古老地带寻访传统手工艺。景德镇薄胎瓷、蒙古手搓羊毛毡、越南漆器、四川青神丝竹编……古老的手艺被唤醒在新的物上,衣食住行的器物里像住进了神明。

猎物人以悟养物。研物之外,他们也成了最好的买手和卖手。食神沈宏非,网上开店"沈爷的宝贝",出售他在江湖甄选的最好吃的火腿、猪头肉、秃黄油和凤梨酥。量都不多,追随者众,他们买进的,除了口福之物,更是这位"沈爷"身上的味蕾经验和饮食文化。

另一位食神蔡澜也用网店的形式分享自己的"花花世界":大米、酱料、茶饮,每款都是"蔡澜监制"。一个吃了一辈子又谈了一辈子吃的人,他说哪样好吃,哪样则不,哪怕讲一粒盐的咸淡与历史,有多少食客能无动于衷?

更多人在跻入猎物人行列。媒体人梁树新做了"扑吃",开始跟原生态农产品"结下梁子";当年创办8848的老榕,去做了6688,专门把新疆的干果甚至切糕网罗来,做起了味蕾猎物人;作家王小山也去当了淘宝店主,"王小山和小伙伴们"专售世界各地进口酒。"现在的生活就是我理想的生活,酒是天下最好的东西。"这位老牌的媒体人,已把自己训练成一位酒精度数最高的猎酒人。

木心是世界观上的猎物人:一个人到世上来,来做什么?爱最可爱的、最好听的、最好看的、最好吃的。

这是一个人人都能成为猎物人的时代。你要成为那匹黑马眼里最清醒的骑手。

猎物大家王世襄

王世襄，人称"京城第一玩家"。王世襄玩的东西很多，而且每样都能玩出道道来：从蟋蟀、鸽子、大鹰、獾狗，到掼交、烹饪、火绘、漆器、竹刻、明式家具，五花八门。蟋蟀、鸽子、大鹰、獾狗之类，是他少年时期开始的爱好，京城的各类传统玩意儿，除了京剧、养鸟这两项，其他都玩得有板有眼。晚年他曾自嘲说："我自幼及壮，从小学到大学，始终是玩物丧志，业荒于嬉。"

马未都这样赞叹王世襄："我觉得他在每一个他喜欢的领域里面，最重要的一点就是一定会走到头，走到最深处。你若把大俗玩到一定程度，玩出理论来，这个大俗就变成大雅。所以北京的这点能玩的东西，基本上都让他玩成了大雅。"

大树图

袁荃猷刻纸并文

❶ 世襄用得最多的三件紫檀家具：**宋牧仲大画案、牡丹纹南官帽椅、嵌螺钿螭纹脚踏**。案上放着《明式家具珍赏》《明式家具研究》及其他著作，都是在这个大画案上写出来的。桌上还有一盆他最喜爱的春兰。

❷ **漆勺、漆樽**均为《髹饰录解说》《中国古代漆器》采用的实例，象征世襄四十余年的髹漆研究。

❸ 世襄研究**竹刻**受两位舅父的影响。图中梧竹行吟图臂搁，二舅金东溪先生手刻，是赠给我们的结婚礼物。竹根蛙是一件立体圆雕。世襄在他的竹刻著述中倡议恢复这一个传统技法，因自清中期以来，竹刻家只致力于浅雕和阴刻了。当代竹人承认他为弘扬竹刻艺术所付出的劳动。

❹ 套模子成长的**葫芦器**。范匏工艺在1949后濒于灭亡。世襄《谈匏器》《说葫芦》的问世，救活了我国这一独有的传统工艺，现在已有不少人从事生产了。

❺ 世襄工**火绘葫芦**。当年他父亲买到一个大匏，对世襄说："如烫画得好，就给你了。"他以一夜之力把金代武元直的赤壁图缩摹绘于上。图中所示即此大匏。另外一对红木小圆盒，盒盖镶火绘葫芦，内盛红豆，是世襄1945年从重庆归来后赠我的定情之物。

❻ **绘画**。三十年代世襄曾用五年时间写成《中国画论研究》一稿，因自己不满意而未出版。1948—1949年赴美考察博物馆，对流失海外的名画作过著录，可见他有致力于书画研究的愿望。五十年代后，由于政治"运动"，离开了博物馆工作，失去了接触实物的条件，是使他放弃书画研究的原因之一。至今，他仍以未能在这方面有所成就而感到遗憾。

❼ **鎏金铜佛像**。世襄十分喜爱小型雕塑。包括藏传及亚洲各地的鎏金铜佛像。可惜过去这是一个罕有人敢问津的禁区，所以缺少可请教的老师和可供学习的材料。改革开放后，情况有很大的改变，但年老体衰，有力不从心之憾。他对佛像艺术始终认为是一门喜爱而又尚未入门的学问。

❽ **蛐蛐罐、过笼、水槽**。养蛐蛐是世襄的幼年爱好。1993年出版的《蟋蟀谱集成》，他采用了整理编校古籍的方法，把玩好当学问来做。附在书末的《秋虫六忆》被黄裳先生称为"近来少见的一篇出色散文，值得再读三读而不厌的名篇"。也有人认为这是迄今为止对北京蛐蛐罐讲得最详细的一篇文章。

❾ 这是四十年代我们家养的一对**鸽子**，以当年我的速写稿为蓝本。那只公点子名叫"小点儿大胖子"，它尾巴上带着一把葫芦鸽哨。世襄从小就喜欢养鸽子，直到现在还未能忘情。他常以住宅变成了大杂院儿，不复有养鸽子的条件而深感遗憾。

❿ 这是两件最常见的**鸽子哨**。世襄写有《北京鸽哨》一书，得到同好者的称许。但也可能有人认为他真是一个好事者，竟为如此渺小的东西写了一本专著。

⓫ 小小的**鸟食罐**。世襄并不喜欢养笼鸟，但欣赏制作精美的鸟具。他搜集了一些有关材料，尚未编写成书。

⓬ **冬笋、大白菜**，是家中常吃之物。世襄善烹调，并喜与好友共飨，人称美食家。从买到做，他事必躬亲。只是始终在狭小的过道里做饭，没有厨房，也没有一张正式餐桌。

⓭ **两头牛**，画稿取材《古元藏书票》。世襄在湖北咸宁"五七干校"放过牛。此图象征十年浩劫流逝的年华。不然的话，这棵大树上一定会有更丰硕的果实。

⓮ **大鹰**。世襄告诉我："中国的鹰文化真了不起，如肯下功夫，可以写厚厚的一本书。"《大鹰篇》只不过是他个人的一些回忆而已。

⓯ **獵狗**。养狗养鹰使世襄结识了三教九流、不同阶层的许多朋友。真玩，就得吃苦受累，不料却锻炼了他的身体，至今受益。

注：1996年4月，王世襄八十大寿。其妻袁荃猷以剪纸《大树图》为寿——摘自《王世襄自选集——锦灰堆》(三联书店)

猎物人写真

发现者

他们是物质文明世界里的哥伦布，能于凡常的生活中发现生活之美，他们替你打捞出全球最好的民宿，带你重新发现当代艺术，让古典材料获得现代阐释，让老房子重新醒来，将生活还原成生活本来的样子。

他曾在CBD高楼环伺的空间内建起一座古典材料砌成的江南民居，希望它能成为"有独立生命的物"，在现代社会绽放出另类的物质文明光芒。

中国美术学院建筑艺术学院院长

文/赵渌汀

王澍 因为悲悯，所以缅怀

2009年3月19日，浙江杭州，中国美术学院建筑艺术学院院长王澍。
（图/东方IC）

王澍作品：中国美术学院象山校区。

王澍没有微信，不发微博，陌生电话不接。如果不是三年前普利兹克奖的突然"闯入"，王澍的生活空间也许会更加私密。

"2012年普利兹克奖得主"与"中国建筑师王澍"画上等号后，这个有"建筑界诺贝尔奖"之称的奖项赋予王澍如下符号：叛逆者、特立独行者、坚持者、物质文明的再发现者……

王澍始终不认为自己是"做建筑的"，更偏向于称自己是"做房子的"，于是才有了用700多万片废砖旧瓦做材料建成的中国美术学院象山校区。他的作品，曾一度被外界评价为"脏兮兮的建筑"。

"大拆大建之后的钢筋混凝土才算是干净吗?!"面对质疑时,王澍经常如此反问。他认为自己更贴近于当下物质文明的"再发现者"。"别人不要的,我组合起来,在历史的基础上重建。"

他誓要唤醒"中国本土建筑的生命力",唤醒古老城市的远古记忆。他悲叹"其实中华传统文化已到最危险时刻了",并苦于"无人发出最后的吼声"。

"我们还能守住吗?"他抛出疑问,同时也无数次自问。

王澍是一个富有批判精神的"叛逆者"。

25年前,王澍写下《死屋手记》。这篇与陀思妥耶夫斯基小说同名的硕士论文,开始了对中国建筑界的"切诊把脉",并展开了从梁思成起至导师齐康的一系列批判,一时在其母校南京工学院(现东南大学)内争议不断。他把这种反叛精神归咎为钱钟韩校长所说的"不要迷信老师"理论。"我从小就叛逆,觉得老师上课谈的都太浅。"

而更大的叛逆,则体现在2004年年底王澍主持设计的"中国美术学院象山校区",如今业界普遍视之为王澍在建筑领域的代表作。王澍规划下的校园内,出现大面积的白墙黑瓦,富有国画水墨的韵味,整体规划呈现"遇建筑则密,遇山水便疏"之态。而在布局、色调、外观皆自成一派后,象山校区在建筑材料上的选取,引发了巨大争议。

700多万片废砖旧瓦,筑成了象山校区的主建筑群。这些废弃的建筑材料,是王澍自2000年起,从华东各省的拆房现场收集而来。拆迁后的脏东西也能用来再建房?业界开始批判他,并掀起"脏东西能建好建筑吗?"的大讨论;公众开始质疑他,"怪里怪气、凹凸不平的拼凑匠";连校园里的学生也不喜欢。"他们公开问我,王老师,我们费了好大工夫从农村考到城市,现在可好了，非但没在校园里看成现代化的建筑，反倒天天对着类似农村的破瓦旧房。"

面对外界的责难，王澍数度开腔予以回应。在他看来，拆迁拆走了房屋，却拆不走人们对城市的片段记忆。砖、瓦、泥、竹、木、檐是对传统建筑的致敬，是对传统文化的"再发现"。这些典型的南方建材，在拆迁中迷失，需要在重建中重新被唤醒。他赋予建材生命力，企望用手工的建造方式，抵制现代技术导致的世界的异化、生活的异化、人的异化，以及随之而来的人的无根状态。"拆迁让很多人成为无根的一代，我们不能再失去更多的城市回忆了。"作为对逝去建筑及城市文化的纪念，他用"叛逆"的废砖旧瓦揭示出房屋与时间的关系，作为可持续本土建筑理念的现代化延续。"人都说我叛逆，敢问有谁见过迷恋传统建材，去重新发现逝去城市文化的叛逆者？"

"他们没守住，我守住了，我很庆幸。"王澍感叹。

20世纪90年代，邓小平的南方谈话激荡起中国房地产市场的一轮突进狂潮。而作为与房地产行业有千丝万缕关系的建筑设计师，则一举成为时代弄潮儿。"很多人参与商业设计，争名逐利的同时，赚了不少钞票。"其时研究生刚毕业的王澍，并没有追随多数同学的步伐，进入商业设计领域，而是与妻子来到杭州西湖边的村落，开始了一段自我反思的隐居生活。那段时间他与建筑工地工人打成一片，结识了不少建筑工匠，并逐渐意识到"建筑活动的实质，是为了满足人最基本的生存需要"的道理。

"那六年对我如今建筑观念的形成影响巨大，我身边的人都没守住，躁动地舞动着钞票。我守住了。虽然没什么钱，但我很庆幸我毕竟守住了。"

"不鼓励拆迁，不愿意在老房子上'修旧如新'，不喜欢地标性建筑，几乎不做商业项目。"这是某媒体对王澍设

王澍作品：宁波博物馆。

计理念的评述。业界曾这样评论他：通过对某些行为的不合作、不认可，从一个侧面去坚持某些根深蒂固的传统。

王澍曾在一档电视节目描述自己心目中的"好建筑"是如何诞生的："有一个极富理想主义色彩的设想，似红军长征般地走下去，路遇羁绊纠葛不予理睬，直至终点仍保持纯度，且未有分毫减损，反而更加坚硬，如此这般，方为好建筑。"

王澍说，自己就是这样做的，自己一直都在坚持。

"王老师，我们这里是宁波的CBD，是奔着'小曼哈顿'的定位去的，你造这些脏兮兮材料搞的建筑干什么啦。"2004年宁波博物馆设计初期，面对王澍坚持的"民间村落取料"方案，甲方不愿意了。

"这项建筑，是不是一项新的高难度建筑？"

"是的。"

"那么我们是不是都没把握建好？"

"是的。"

"那么我们中间，谁相对建好的把握大一些？"

"当然是王老师你。"

"那就相信我吧。"

激烈的争论中，王澍始终在坚持。他从象山、奉化等地的大小村落里，半年内收集起50余万块废弃的明清时代的瓦片、碎砖、残片、毛竹，以江南民居之名，硬生生地在CBD高楼环伺的空间内立起一座古典材料建造的建筑。王澍希望博物馆能成为"有独立生命的物"，在现代社会绽放出另类的物质文明光芒。建设初期，博物馆周围的村落全部拆迁，王澍希望守住最后的一线城市生机，让水泥墙体凸显出竹片的纹理。"在挖土机挺进村庄摧毁旧屋后，我希望帮宁波城守住最后一方净土，也守住时间，收藏时间中的艺术。"

谈及自己与现代物质文明的关系,王澍认为自己是物质材料和建筑设计的"再发现者"。现代文明与自然、文化的博弈中必然产生冲突,如何去发掘传统,对经典及糟粕进行扬弃,这是王澍心中的大事,同时也是事关中华传统文化兴衰存亡的大事。

2004年建成的宁波美术馆,体现了他的忧虑和观念。宁波美术馆选址于原宁波轮船码头,这个19世纪中叶曾是欧美各国往来上海和宁波的枢纽,有明显的时代印记。王澍参与设计后,提出应小心保持"吐纳着城市与一条江的方向性",并保留了原有航运大楼的空间结构。

"我记得当时有人说,一个美术馆,怎么建得跟航运楼一样,太高了!"殊不知,该馆旧址便是航运楼,王澍认为这种高度里遍布着空间回忆。同时他选择宁波传统建筑中常用的青砖作为材料,勾勒出对城市的古老回忆。

"造地标运动、高度竞赛、建筑山寨狂潮……我们的传统文化已经到了生死攸关的时刻了。"王澍的担心,不仅仅在于早年城市化进程中屡见不鲜的拆建现象。他悲悯传统文化因子在现代建筑中绝缘,厌烦打着"宣传复兴"口号到处挺立钢筋混凝土的做派,并时刻忧虑中国建筑该去向何处。

王澍担心中华传统文化会在钢筋混凝土面前走至尽头。"但愿我的担心是多余的。"他酷爱书法,大学起便开始观帖临摹欧阳询的《九成宫醴泉铭》,同时精通园林、文学、哲学,"如果不做建筑设计,我更可能成为靠写字儿吃饭的""浸淫在传统文化里,免不了会用哲学眼光去批评现代建筑"。

如今他认识到光靠坚持和再发现物质,这种努力还远远不够。人和自然,人和建筑,到底是怎样一种关系?这条路漫长,用他的话来说,"道阻且长,但必须走下去"。

王澍的猎物清单

书│朱家溍《故宫退食录》
收藏│清代砚台
书法│欧阳询《九成宫醴泉铭》

尤伦斯不端着，它不拒绝奢侈品牌的商业跨界，也不拒绝游客来亲近当代艺术，它专注于发现中国青年艺术家的新势力，并通过艺术商店教人怎样艺术化地生活。

文\宋诗婷 图\李伟（新周刊）

人，艺术地栖息着

尤伦斯当代艺术中心

尤伦斯当代艺术中心馆长田霏宇。

2015年5月,尤伦斯当代艺术中心门口都聚集着大批参观者,他们穿着考究,还带着一身华丽的香水味。"MissDior迪奥小姐"艺术展正在尤伦斯当代艺术中心展出,展馆成了时尚圈的斗秀场。"迪奥小姐"的宣传海报甚至铺到了首都机场航站楼。

从20世纪90年代阿玛尼试水艺术展开始,奢侈品与美术馆的合作日渐成熟,美术馆需要奢侈品带来经济利益和超越艺术圈的影响力,奢侈品牌也需要美术馆来渲染几分艺术气息。这是场双赢的合作。

"展览不是我们组织的,当然是出于一些商业上的考量,展览的呈现我们是有把控的,毕竟它是在UCCA空间内举办。"尤伦斯当代艺术中心馆长田霏宇说。

田霏宇接手尤伦斯后,这间798地标式的艺术空间就开始尝试与更多人发生关系。从尤伦斯夫妇的私人美术馆,到走向公众的艺术中心,"吸引受众"成了田霏宇必须面对的问题。与《纽约客》和《帕克特》等知名杂志合作,办北欧纪录片展映,与读者谈阅读,与影迷聊电影,与旅行者谈谈走过的路……尤伦斯尝试各种形式的"跨界",把艺术之外的人和事请进美术馆。

作为美术馆馆长,田霏宇总是在世界各地飞来飞去。不久前,他刚去纽约,每到一地,参观美术馆都是他的重要行程。"最近,惠特尼美术馆开了一个新馆,由意大利建筑师伦佐·皮亚诺设计,馆内提供了大量的公共空间,整体设计挺震撼的。"田霏宇觉得,这些国际一流的美术馆提供了一个蓝图,让他们这些业内人士看到了发展方向和可能性——可以有学术,有高规格的展览,也可以有活动,有演出,有party,更要有精致的空间和有趣的设计。"就像尤伦斯,最早大家都觉得这是个有钱的欧洲人做的美术馆,但一段时间后,私人的不得不变成公众的,那就需要发掘新的东西,需要重新规划,也需要某种程度的妥协。"

对一个美术馆来说,最重要的依然是高质量的展览。惠特尼新馆的开馆展尤其令田霏宇印象深刻。开馆展"American Is Hard to See"把1900年以来的美国艺术发展重新梳理,很多曾被忽略的艺术家被重新发现,包括女性、黑人在内的人群都发出了不同的声音,被展览列入主流趋势中,"有点改写历史的意思,这是一个美术馆应该去做的事"。

从千禧之年在母校杜克大学接待了中国艺术家徐冰开始,田霏宇就与中国当代艺术和当代艺术家有了撇不清的缘分。他曾为798第一个艺术展"北京浮世绘"命名,为广州三年展编写画册,当时的他"对中国当代艺术很感兴趣,却一直逃避成为自己的事业"。

2005年,田霏宇重新回到这片曾强烈吸引他的土地,创刊《艺术界》杂志,最终,他还是顺应了内心的声音,成为中国当代艺术的发现者和观察者。如今,田霏宇带领着一支平均年龄30岁左右的年轻团队,每年花费一半的精力走访艺术家工作室,了解和发掘年轻艺术家。

尤伦斯历史上有三个规模比较大的群展,一个是2007年开馆时参观者爆满的"'85新潮回顾展",一个是2009年的"中坚:新世纪中国艺术的八个关键形象",另一个就是令田霏宇颇费心力的"ONIOFF:中国年轻艺术家的观念与实践"。

关注中国当代艺术圈近十年,田霏宇明显感受到国内青年艺术家思维方式和观念的转变:"他们很清楚国际上当代艺术领域里有哪些趋势,其中一些人会很快做出反应,像这次在纽约看到的关小、唐纳天的展览,你会发现,他们已经很自然地切入到全球化的语境中去。"

因为洞见了这些变化和趋势,田霏宇很早就酝酿做一次规模化的青年艺术家展览,"不评价好坏,把作品放在那,让大家自己去观看,去理解"。

或许,没有哪个国家像中国一样有如此庞大的青年艺术家群体。为了筹备展览,田霏宇邀请了鲍栋和孙冬冬做策展人。他们用了一年多的时间,走访了上百个青年艺术家的工作室,逐一与他们沟通作品情况和展览方案,最终选出了50位青年艺术家参展。

"这种展览很费心力,不能经常做,可能隔几年做一次,下一次可能是2017年吧。"田霏宇说,他对中国青年艺术家感兴趣,正是源于他们与全球化语境的微妙关系。

田霏宇的美国身份似乎让他有了更开阔的国际视野,他想把国内的青年艺术家带到国外去,打破国外艺术圈对中国当代艺术的陈旧观念,同时,他也尝试把国外的艺术趋势和青年艺术家带到尤伦斯。

"作为尤伦斯当代艺术中心的馆长,艺术总监的角色我必须担当,我和国内外的同行始终保持交流,实时关注这个领域内的发展。比如,去威尼斯双年展看一圈,我也许不会直接找些新人回来,但会关注他们,遇到合适的展览和主题也许就能第一时间想到他们。"田霏宇说,以这种方式促成的展览和发现的青年艺术家有很多,比如不久前举办的展览"后网络艺术",就是在有一个清晰概念的情况下,找到了合适的艺术家。

有些展览的策展周期相当长,甚至需要三四年的时间反复讨论和寻找艺术家,2014年9月开幕的"洛杉矶计划"就经历了这样的长时间酝酿。和那些大规模的青年艺术家群展相比,田霏宇更愿意策划一些规模不大却主题鲜明的群展,这对美术馆和艺术家来说,都是更有意义的事。

"洛杉矶计划"的最终呈现是七个小型个展的方式,凯瑟琳·安德鲁斯、马修·莫纳汉、亚历克斯·以色列……

田霏宇的猎物清单

前些年喜欢收西装,会亲自参与到
选布料和设计的各个环节。

每年一月份会换一副新眼镜,都是
从不同的国家和地区、不同的设计
师那里买来的。

最近在玩女艺术家 Miranda July
设计的 App "somebody",它会
会把你要传递的信息发到云端,由
一个陌生人来帮你传递信息,特
别好玩。

莫莉·内斯比特的 *The Pragmatism
in the History of Art* 是本很有趣
的书,大概还没有中文版,不过应该
快有了。

尤伦斯艺术商店。

七位陌生的洛杉矶青年艺术家走进尤伦斯,他们的作品充
斥着流行文化符号,电影美学和加州阳光的影响,地缘的
特质以艺术化的策展和创作展现在参观者面前。

"对很多人来说,艺术是了解世界的工具,我们以国家
或地区来规划展览,这样在观众层面是比较好懂的,保证
学术性的同时,也兼顾到普通人的体验,把艺术的门槛稍
微降低一点点。"田霏宇说。

今天的798已经不是田霏宇第一次参观时的798了,
这里有礼品店,有餐厅,有和艺术圈毫无关系的游客,全世
界的美术馆都在邀请普通观众入场,更何况是生存在798
这一环境中的尤伦斯当代艺术中心。最近几年,尤伦斯艺
术商店成了艺术中心很重要的收入来源,它教人怎样有
艺术地生活,把艺术与生活、艺术家与普通人连接在一起。
"商店也是我们使命的一部分,我们要推广这种艺术化的
生活方式,发掘优秀的设计师。"

一个台湾人迷上了上海老房子，并开始了他的改造复活之路。他对待它们的方式，是主动赋予这些物件生命，不去抑制它们的呼吸和生长。

文／赵渌汀

台湾建筑设计师

杨世杰 念旧是一种生活态度

杨世杰和他改造的上海老房子。

楼梯盘旋而上,阁楼二层风光更好。俯瞰一楼大厅,疏朗透明精致,畅快的LOFT风格。杨世杰绕梯而上,手中紫砂壶内的或是罗汉沉香,或是凤凰单枞,不疾不徐来到会客厅。瞥了一眼液晶屏幕中跳跃着四季丽景的金刚山剪影,逗了会儿谙熟上海话的鹩哥,夜幕降临。"夜色如水,你就草率地让一个灯泡去照亮一栋1928年建成的老房子,美感何在?"他踏了踏脚下的原木地板,"吱吱"声偷偷溜出。

杨世杰对物质的使用近乎苛刻。自从2001年买下这栋上海老房后,他便开始着手捯饬:160平方米的内屋,折腾出玄关、客厅、餐吧等一系列舒适的LOFT范儿。他不喜欢为寻常人家带来光线的普通灯泡,而钟情于老上海30年代水晶矿石下埋藏光源的老式灯。他认为,1928年出生的房子,就应该镌刻当时的时代印记,"哪怕一盏煤油灯,都好过俗到家的白炽灯"。

他管这叫意蕴——发现老房子的意蕴。这个不可救药的怀旧主义者,一直为一幢幢老屋赋予生命力。他说,包括上海在内的中国所有城市,对于地标建筑和历史老屋,应该抱有一视同仁的态度。"发掘老屋生命力,改造才能做好,才能留下历史痕迹。"在旁人看来,杨世杰正在上演一出"台湾人在上海"的独角戏。说是戏,因为他把老屋改造演绎得淋漓尽致;说独角,因为他一直亲力亲为,甚至自己来沪的第一套房产,都是沪上传统砖木结构的1928年老房子。

杨世杰生在一个台湾知识分子家庭,他好读书,爱自由,笔墨观瞻,笃诚据考,美国加州理工大学毕业后,回到台湾从事设计工作。1988年首次来到上海,他便立刻被这座东方都市所征服:"这座城市的文艺氛围和故土魅力非常浓郁。"第一次来到和平饭店,意境雅致的西餐厅和霓虹乱眼的迪斯科,让他觉得这是一片既古典又现代的土地。他不止一次谈到Lalique水晶鸽浮雕壁灯对他的影响。"我入迷了,眩晕了,觉得这就是我将要去生活的地方。"

杨世杰决定留下。那只鸽子壁灯对他的影响是决定性的,因为他已经开始意识到,1925年才在法国流传开来的Art Deco艺术理念,仅在两年之后便已在上海滩根深蒂固。他开始把这份艺术思潮与老屋改造联系起来。

杨世杰似乎与Art Deco有着难以言说的缘分。2001年他开始参与的第一栋上海老屋改造,就有着早期Art Deco的风格。这幢建于1912年的砖木结构老房子一共有三层,墙壁破败、管道锈蚀。杨世杰当机立断,即使内里再不堪,也必须将老屋总体架构和外观保存下来。同时,他把阳光玻璃屋设计在顶楼,并对水管进行了加固。而他力排众议保留下来的楼梯,有着精美刻花,颇具Art Deco风格。

"我一看,这个艺术氛围必须要保持,这是老屋的命根儿。"

后来证明了他的坚持完全正确。无数造访这幢老房子的观客,对于砖木结构内仍能保持 Art Deco 风格而感到欣喜。杨世杰对王澍极为欣赏。后者作为普利兹克奖迄今为止唯一获奖的中国人,对于现代都市大规模上马巨型建筑感到愤慨及无奈。杨世杰对此感同身受。"现代化建筑的高度竞赛,在达到审美疲劳的顶点后,也徒增了同质化的困境。"

他认为,老屋改造其实并不是传统意义上的"改造",而是在不改变围观轮廓的基础上对内在加以微调,以达到意蕴及意趣的相互适应。他认为,1907 年前后的建筑在当下的体现,一定要和同时期的风格相匹配,也就是要"有明显的时代印记"。比如其时砖木结构的新式里弄开始发轫,就要挖空心思在室内放置与之风格相适应的物件。对上海老屋的改造,潮湿度的适应会造成很大麻烦,一定在老屋的"承受范围内"改,"把这个屋子当作个人来看,很多大修大建其实根本下不了手"。

一路走来,他已参与 20 多座上海著名老房子的改造,其中不乏永嘉路 396 号方公馆、建国西路 384 弄老洋房等著名老屋。在老屋改造的独角戏上,他越演越入戏。2001 年,他参与了威海路一幢 1928 年的建筑的改造,在老屋改造舞台上完成了自我升华。这栋老屋,便是他的家。"当时很多人给我提意见,说该把参差不齐的墙壁青砖遮掉,代之以石灰。"这是现代家居常用的方式,借石灰将参差物遮掩。杨世杰断然否决了。"青砖在我的老屋改造中,是具象的存在。不仅是具象存在,还是作为特别的具象存在。"

在他看来,老屋就是条生命,而其内部的砖、瓦、藤、木,都是构成生命的有机体。他对待它们的方式,是主动赋予这些物件生命,不去抑制诸如青砖在内等材料物件的呼吸和生长。"很多具体物件,比如砖瓦,比如地板,都是有呼吸的,都是有生命力的。你得重视它们,并赋予它们感召力。"杨世杰的逻辑一度遭到很多朋友的责难,认为这种"设计务虚"的态度不可取,但他却有自己的坚持。为什么要坚持保持青砖原状? 他认为大块的青砖很可能时代久远,"最早可追溯到秦汉时期",而所谓人所不齿的小块青砖,甚至也能查到"明清时期的印记"。"少说也有一两百年的历史印记,这栋房子的价值,难道要让现代的钢筋混凝土所淹没吗? "在他独创的老屋改造手册里,保卫青砖,就是保卫一段段历史。杨世杰并不承认自己在做老屋改造。"我的老屋改造,一不大动肝火,二不大兴土木。"

"巴乔·蓬泰利和乔瓦尼·德·多尔奇建造西斯廷教堂时,不光要了解古代皇家氏族的美学品位,还要知悉建筑内壁画《创世纪》作者米开朗琪罗的思想观念。"杨世杰认为,好的设计师必须是杂家,目光敏锐且思维跳跃,"要传统时你能立体派地联动 Art Deco 及西方古典美学思潮 ;要现代时,你又要及时在后现代主义浪潮里汲取养分。"他年轻时期研修过禅学,一提茶总是满腹经纶,注重空间自由、回归自然,且对中西历史极有研究,他认为自己是一名彻头彻尾的怀旧主义者。

杨世杰认为,中国目前的建筑发展模式,其实是在重复20世纪二三十年代西方走过的老路。每当遭遇设计瓶颈,他就翻翻古建筑图片找灵感。他时常望着庙宇顶部覆盖的大穹顶,想象着阳光由顶部倾泻而下,那种感觉庄严典雅。"有时候看着看着就有了个灵感了。"于是便铺开图纸,将乍现一瞬的设计理念记录在纸上。用这种方法,他创造了上海新天地古巴餐厅、CJW 等项目。

他说这种对历史、旧事的怀旧感充斥在整个老屋改造的过程中。"老房子改造本身就是件念旧的事情。不尊重历史事实,不发掘时代背景,你是根本做不好老屋改造的。"

杨世杰的猎物清单

书 | 张岱《陶庵梦忆》,爱德华·谢佛《唐代的外来文明》,冯先铭《中国陶瓷史》。
收藏 | 宋代香具及花器。王德传茶庄。严业定制鞋店。源服饰。

文／曹园

本来生活网
用心寻找生活中的好物

一个褚橙让人们认识到好食品的真正价值。本来生活网的50多位买手奔波于全国各地,去田地挖山药,下湖采莲藕,与村民一起收获野核桃……为的就是还原生活本来的样子。

本来生活创业团队和他们的"猎物"。

2012年本来生活网刚刚起步时,中国人对食品安全的焦虑正处在风口浪尖。"让自己的亲人和朋友不用担心,从此可以像吃饭一样地吃饭。"本来生活网华北市场负责人涂凯伦觉得他们的想法其实很简单,"就是和大家一起行动,让生活原汁原味"。

本来生活网创始人喻华峰是传媒大佬,传统媒体和互联网企业的历练让他创业时选择了自己熟悉的领域:都市生活和互联网的结合。做生鲜电商的想法其实酝酿已久,在确定项目两年前,喻华峰就已拉到了上亿的投资。他很感慨获得了亿元级别的信任,而他给出的回报是,做让人信任的项目。喻华峰创办本来生活网的宗旨就是找到两类人:需要优质食品的人和生产优质食品的人。

核心创始团队具有的媒体人属性和情怀让本来生活网成为有趣味和有品质的电商。褚橙风靡一时,至今都是他们津津乐道的代表作。褚橙的味道很好,它背后的故事也相当精妙:甜中微微泛酸,像极了人生的味道。褚时健跌宕起伏的一生,全浓缩在小小的橙子里。吃褚橙吃的不是橙子,而是消费它背后的精神信仰和正能量。2015年,本来生活意犹未尽地推出了"寻找下一个褚橙"活动,以及与优质生产商共同成长计划,希望能把他们攥在自己手里。"7·17回家吃饭日"也会继续,2014年这个活动已经做得声势浩大,"提前1小时下班,回家吃饭",抓住了上班族最平凡却又最奢侈的愿望。

本来生活划分了华北、华东和华南三大片区,针对不同区域,寻找各异的食材。华南站市场部曹思珺认为:"广东人吃东西追求'鲜''奇''特',华南社区店和菜场的便利度很高,大部分用户无论何时何地都可以很方便找到新鲜好吃的食物,这是华南生鲜电商的一大障碍,但社区菜场商品无法溯源,无质检,可能导致品质安全无法保

本来生活网的猎物清单

最值得推荐的食物｜褚橙

最"本来"的生活方式｜爱生活、爱吃，且健康、专业和真诚，同时有优越的小品味。

障。""2015年过年我们就找到一家顺德小吃手工老字号店，考察他们的手工作坊品质后，要求他们按我们的生产标准，手工打造了一款'吉羊四宝'的产品。"这款"吉羊四宝"，包括酥角、蹦砂、笑口枣和酥佩斯（爆谷饼），都是老广非常熟悉的年货小吃。"我们定制这一款杂锦小吃，让用户一次尝到不同味道，符合广东人的饮食习惯。"

本来生活网目前有买手约50人，以80后和90后为主。70后的张湘海是本来生活最老的员工之一，负责整个华东地区的商品采购。2013年年初，他被派往华东寻找好食材，成名已久的阳澄湖大闸蟹是个完美选择。张湘海之前做线下大卖场，对华东的供应链比较熟悉。阳澄湖地区同时有超1000家企业从事大闸蟹的经营，但产量却很少，2012年的产量只有2200吨，而上海一整年吃掉的大闸蟹就有4万至4.5万吨。巨大的市场机会摆在张湘海面前。

阳澄湖周边有四个区县，核心产区是苏州的相城区，并不是所有阳澄湖地区的蟹都叫"阳澄湖大闸蟹"，阳澄湖的塘蟹就长期混杂进来。"使用'阳澄湖大闸蟹'这6个字做商标，必须具备几个条件：在阳澄湖里生长满6个月以上，雄蟹3两以上，雌蟹2两以上。"张湘海做前期调研的时候就给自己定了目标，要选择最优质和最安全的。

一些经销商没法保证货源品质，于是张湘海联系了阳澄湖大闸蟹协会的会长，并直接找到了自己有养殖基地的渔民，带上两名记者前往，了解蟹农实际的养殖情况。经过多次比较和调查，张湘海筛选出了他的合作伙伴俞三男。阳澄湖大闸蟹协会成立十周年时，评选阳澄湖的"蟹状元"，俞三男获得了这个称号。"俞三男的蟹养得好，还带动了很多蟹民一起致富，所以我们最终和他合作。"

　　张湘海遇到的最大困难,就是他的宗旨不太契合商业规律。"我要的是正宗的好蟹,销售人员要的是便宜的蟹,因为他们要做业绩,但是正宗好蟹不便宜。"此外,如果卖的蟹跟一般企业一样就没什么特色,只能打赤裸裸的价格战。"我们不愿意做短斤缺两的事。这几年在网上卖蟹的,几乎没有不短斤缺两的,很多标注3两的蟹,实际上只有2.5两,但大多数买蟹的人都以送礼为主,所以投诉也不会很多。"张湘海对价格战背后的利益纷争感到无奈。

　　2013年过完年后,张湘海去了阳澄湖前前后后不下11次。阳澄湖"寻蟹之旅"是张湘海最引以为傲的一次,之前他还寻找过的"满意作品"有徒河黑猪、长江肥鱼、诸老大粽子和千岛湖有机鱼头等。本来生活刚刚上线的时候,他在北京为了找放心的蔬菜,几乎跑遍了郊区30个多蔬菜基地。"愿意花时间花代价去寻找,不会为了眼前的利益去牺牲长期的东西,保证品质是我们一直强调的。"

　　重销售还是重养殖,每家企业的侧重点不同。张湘海把考察基地比作上街买衣服:"一定要多比较,货比三家,就像逛街一样多看几家,材质、价格、风格、颜色、款式等方面,哪个更好,我们会筛选,一定要找到最好的。""我找到优质和安全的东西会分享给家人朋友,还能帮助那些有良心的种植者和养殖者,帮助他们发展壮大,我觉得这是件很有意义的事情。"买手的定义重新被改写,不单是旅行者,他们也是探索家和把关人。去田地挖山药,下湖采莲藕,与村民一起收获野核桃……在张湘海眼里,买手的价值就在于善于发现、分享并帮助推荐生活中的好物。

文/邝新华

Airbnb 选择一间民宿，就是选择一种生活

Airbnb 的方法论是打包全球各地的各式个性民宿，你的住宿过程就是一种深度体验，因为每一间民宿背后，都会有一个有故事的房子和房东。去和房东喝杯下午茶吧，他会告诉你一座不一样的城市。

Dicson 把他在广州淘金路的房子放到 Airbnb 出租，早期租客都是老外。（图—阿灿/新周刊）

　　住腻了五星级酒店,有时你会想体验一下个性民宿——美国加利福尼亚的茅草顶霍比特人小屋、西班牙葡萄酒庄园的乡村小屋、英国伦敦泰晤士河的水上漂流小屋、希腊南爱琴海斯塔夫洛斯沙滩旁边的风车房……

　　Airbnb打包了全球各地的各式个性民宿。房东们不乏知名人士,足球明星安德雷斯·伊涅斯塔就把他的葡萄酒庄园乡村小屋发布在了Airbnb上。这套位于西班牙卡斯蒂利亚的乡间"别墅"只有一张大床,一晚人民币865元,你就可以享受到A Night at Iniesta's Winery。

　　2015年4月,Manel在那住了一晚。被葡萄园包围的房子以及静谧的黎明让Manel感受到春天的美妙。爱好红酒的他建议:夜晚,这里最适合情侣在壁炉前享受美酒时光。

　　伊涅斯塔葡萄园小屋在未来两个多月已被订满了。伊涅斯塔制定了这样的住宿原则:不能穿着足球鞋在葡萄园乱跑。

　　张亚伦就住过伊涅斯塔的葡萄园小屋,他是Airbnb东北亚地区总经理,由于工作需要,经常要到全球各地体验各种个性民宿。

　　一座英格兰的城堡让张亚伦印象深刻,他从约克郡驱车一小时到达山谷的边缘,见到这座始建于1841年的维多利亚时代建筑时,不禁为之震撼,这不就是哈利·波特的魔法学校吗?城堡位于一个占地15英亩的庄园中,住着主人Simon和Wendy夫妇,以及他们十多岁的孩子和狗狗。

　　城堡有15间卧室,最多可以睡下30名成人和10名儿童,卫生间也有8间。每晚价格是人民币925元,整月租下来需要人民币25306元。Lynda在2015年5月住完后评价:"非常昂贵,但这里不是一个你通过想象能够体验到的美妙之地。"

　　古典的木箱和壁炉、怀旧的沙发与木床，让这座古堡更具贵族气质。主人给住客定下这样的规矩：进第一道门时请把你的鞋子脱下，以免让城堡沾染灰尘。

　　回到美国，张亚伦住过加利福尼亚的茅草顶霍比特人小屋。他喜欢这间由雕刻家米格尔·艾略特建造的圆顶小屋。小屋镶嵌漂亮的彩色玻璃窗，就像置身于童话世界。虽然身处森林，但步行可至盖瑟维尔小镇，那里有两家大餐厅、一个小咖啡馆、最老的五金店，以及两个小便利店。

　　张亚伦也喜欢 Airbnb 超级房东凯丽在泰国曼谷的房子。"房子虽离热闹的素坤逸路仅几步之遥，却十分静谧舒适。凯丽是一个在曼谷居住了16年的美国人，常常向游客推荐一些口碑很好的餐厅和酒吧。"

　　在加入 Airbnb 前，张亚伦在美国洛杉矶参与创建连锁快餐店 Chickenow，帮美国人民解决吃的问题。四年后，张亚伦进入 Airbnb，给全球190个国家的旅行者解决住的问题。他们要给旅行者提供各种非主流的民宿体验：别墅、公寓、树屋或圆顶冰屋。

　　不过，很多中国人似乎对个性民宿保持着距离。在广州生活了近三十年的 Dicson 发现，中国人的自由行能力比外国人差很多。Dicson 把他位于广州"小资圣地"淘金路的房子中的一间放到 Airbnb 上出租的早期，租客都是老外。最近一年，一些中国旅客开始订他的房间，但有些中国人到了就开始抱怨，原来 Dicson 和家人也住在房里。"我在房租情况里写得很清楚，我接待了一百多个外国游客，没有一个人对此表示意外。"

　　张亚伦分析："中国游客搜索住宿时会用到的高频词有：奢华、独特、创意和印象深刻。"他说，中国游客在 Airbnb 上选择的热门目的地有"洛杉矶、旧金山、巴黎和

西班牙卡斯蒂利亚的伊涅斯塔葡萄酒庄园民宿。

伦敦","我们也经常看到许多游客会预定一些较近地点的房源,比如泰国、巴厘岛和中国香港地区"。

张亚伦说,中国游客基数大,表现出来的需求"多种多样"——"有些只在公寓住一晚,有些要在别墅停留一周,又或是尝试一些奇特有趣的房源,例如城堡、树屋、小船等"。

台湾地区是大陆人热衷的旅游目的地,也是华人房东最多的地区。台湾姑娘Emily就在台北市101大厦信义商圈附近出租她的房子,这套房子是英伦工业风设计,离台北捷运南港展览馆站步行只需5分钟,人民币396元就可以住上一晚。

来自大陆的Michelle和男朋友住了两晚,便开始挑剔起来："房间床有点小，只有1.5米，不过也算够睡啦。浴室热水很大，洗澡比较舒服，可是没有干湿分离，洗个澡会弄到外面的地板都湿掉。"对于Emily设定的全自动入住信任模式，Michelle有不同的意见："全程都没有见到过房东，虽然沟通很顺畅，可会觉得缺了一点人情味。"

同样来自大陆的Patty就受到Emily不同的礼遇："到的当天下雨，她去附近麦当劳接我，还帮忙提行李。"怪不得离开后他还对房东妹妹念念不忘："房东妹妹很漂亮，人超级nice。"不过，Emily是有原则的，她给住客定下这样的规矩："房间内严禁烹煮食物，室内外严禁烤肉。"

在Airbnb，房源上传有严格控制，"房子的类型、卧室数目和概述必须真实和准确"。张亚伦说："大多数Airbnb房主都会提供多张照片。"但是，为了确保照片质量，以及用户看到后的感觉，Airbnb配备了专业的摄影服务。"世界各地的房主都可以通过Airbnb免费请到专业的摄影师来为他们即将出租的房间拍摄优质的照片。"

一个好房东有时比一套好房子更有市场价值。有着十年背包客经历的Dicson就是这样一个房东。一位Facebook的工程师来广州度假，Dicson跑到广州机场接上这位房客，还帮他在机场办了信用卡，带他回家，工程师很是感动。又有一次，一位澳大利亚的农场主，六十多岁的老太太来广州展销自己的农产品，没有住在旅行社安排的花园酒店，而选择了Dicson的房间，老太太说她想体验一下广州市民的生活。老太太夜里十点来，翌日六点走，但Dicson还是陪她聊了两个小时。

Dicson发现，自由行的旅行者对当地向导的需求如此强烈，房东几乎要成为陪游。于是Dicson创办了"走着

英国约克郡维多利亚式古堡建
于1841年,占地15英亩,拥有
15间卧室。

旅行",为旅行者提供当地服务。

很多房东,都从资深旅行者变身而来。2014年,法国人Ludovic开始了他的个人环球旅行,几乎每一站,他都选择住在Airbnb的房子里。Ludovic是一个资深媒体人,曾在电台、报纸工作。Ludovic在巴黎居住了13年,当旅行者问起"如何开展巴黎之行"时,他会建议"徒步旅行,去发现不一样的巴黎"。"如果你想感受最正宗的巴黎人情,而不想盲目地扎堆到大众的旅游景点,巴黎十一街区就是个好地方。那里有巴黎最有趣的涂鸦艺术。"然后,他就会开始推销他在Airbnb上的房子:"我的房子也坐落于此,在我那来自手工艺作坊灵感所建的房子周围,涂鸦随处可见。"

传播者

他们是中国好物质与好生活的传播者。他们将美食变成取景框，让你重新尝到中国好味道；他们重新定义了人与书店的关系，让你在城市中找到一个最好的精神高地；他们专注于推广最有价值观的中国好设计和好品牌；他们是传统文化的布道者，一切努力，只是为了让我们活得更有品质。

马未都觉得这个民族和社会,似乎把太多东西与物质、金钱挂上钩。他给自己的定位是传统文化的布道者。"我虽悲观,但已开始发力。"

文化杂家

马未都 比物利更重要的是神意

文/赵渌汀

2007年3月3日,北京,收藏家马未都在观复博物馆。(图/CFP)

"开始都嘟。"这是马未都在脱口秀节目《都嘟》里的开场语。"都"指自己,"嘟"指嘟嘟囔囔。

对于自己首次献身互联网脱口秀,马未都觉得"都嘟"二字虽有卖萌之嫌,但能传递自己对中国古文化一些理念。"我们是一个极端物化的民族,怎样传承一些已经不被重视的古文化,这点特别重要。"他觉得人们思维中有些固化的东西特别难改变。"比如收藏,95%以上的国内涉足者都是重物质的利,而轻精神的意。"

他觉得自己该做点什么来改变古老文化在国人心中的地位。"哪怕这代人做不到,下一代也做不到,下下代能够去改变也是好的。"

于是他上了《百家讲坛》,参加了鉴宝节目,开了民间博物馆,办了单人脱口秀。他说:"我虽悲观,但已开始发力。"

马未都曾经十分热爱文学,曾做过杂志编辑。

与文学的纯精神性相比,艺术收藏则物质性、精神性兼具。由于必须与艺术品拍卖、鉴定等关联,这个过程不可避免与物质、金钱发生联系。而艺术品的文化特质,又承担起传承和扬弃的作用,这让马未都非常着迷。

在20世纪90年代,国内还没有一个成规模的拍卖行。马未都时常在地摊铺边转悠,鼓捣一些古文物回家。"越往后走家里东西越多,后来一拍脑袋,弄个博物馆展览得了。"

1996年,观复博物馆诞生。这座中国唯一的私立博物馆由马未都主导建造,建成后他自任馆长,而"观复博物馆馆长"则是他在近20年中最愿意被提及的头衔。"90年代我劝过李嘉诚也做博物馆,富人做做收藏多好。"但其时的华人首富只是呵呵一笑。

"华人富豪还是没有一个在系统地做收藏,我觉得还是蛮遗憾的事儿。"对比起西方社会对古物收藏的重视，马未都觉得中西理念对于古文化的传承与收藏，差距"还挺大"。

马未都另一个最为众人熟知的身份，恐怕要数"电视节目嘉宾"。马未都寸头、小眼睛，京腔一开便带来轻松的气氛。与其他的嘉宾、专家不时揶揄或者对公众收藏言辞过重相比，马未都对公众收藏持宽容、鼓励的态度。"在中国，真心想做收藏的人本来就很少了，还要对大众收藏指手画脚，这不抑制这种自发的兴趣吗？"

谈到当下社会对传统文物收藏与文化传承的态度，马未都用"痛心疾首"四个字来形容。"我们的民族发展到现在，还是一个非常物化的民族，在艺术收藏和传统文化领域，还是只盯着利，而不去品味其中之意。"

在收藏、鉴宝节目中，马未都从不对文物或藏品估价。"市场瞬息万变，估价有什么作用呢？"他认为真心来鉴宝的人，希望的是专家告诉他，他的宝贝成色如何、收藏价值如何、是哪个朝代的等有效信息。"我现在看到专家天天在电视上给宝贝估价，像算卦一样，觉得特别可笑。"

"我敢说，今天带着宝贝来参加鉴宝节目的，95%以上都是冲着投资获利来的。"在他看来，传统文化的传承，到当下必须和社会"实情"相结合："你跟他讲陶瓷是什么，他不听；跟他讲陶瓷的艺术、美学、哲学鉴赏，他不听；话锋一转跟他讲陶瓷怎样值钱，值多少钱，能够怎样变现获利，他眼冒红光地主动来求着问你。"马未都说，他们关心紫檀、降香黄檀等东西，其实只是间接转化为物质的潜在动力，而不是在收藏这些物件过程中真正得到享受。"说到底还是社会太浮躁。为什么媒体现在天天宣扬的是首富模式、财富积累的心灵鸡汤，而不是精心收藏古董文物、传承中华文明的默默耕耘者？"他认为，这种心态和观念，在西方社会是不会出现的，"比尔·盖茨，西方给他冠以的头衔首先是慈善家、收藏家，其次才是世界首富"。

马未都给自己的定位是布道者。"布道，不代表非要争出是非。"

"很多事也像收藏一样，最重要的是你是否明白其中的道理，而不是真假本身。"他单刀直入地道出如今许多人收藏的其实是仿品，"真品毕竟少，你去鉴宝发现自己收藏的是赝品，把宝物砸了，值得吗？是非真假真的那么重要吗？"

马未都给自己定下过一个规矩：参加收藏鉴宝类活动，必须是"正能量"的，也就是旨在传播中国传统文化，而不仅仅是给文物鉴定一下，或者弄几个选手炒作搞搞噱头。

不过他对于转变公众的文化观念，却又表示悲观。"如今的媒介社会，信息都爆炸了，很多人都有信息恐惧症，你能做的东西其实很少很少，尤其又是观念和意识这个东西，真的很难去改变。"

他在2015年4月走进北京二中，给中学生们上了一堂传统文化课。"也算是给下一代传递一些有益的东西吧。"一堂课下来，马未都觉得如今初高中生的传统文化意识，并没有他想象的那样差。"但肯定也不容乐观，除了零星几个有点儿灵气的，其他的学生还是很麻木。他们关心的，似乎只是课本、作业和考大学。还有就是，今天父母给的零花钱。"

除了鉴宝，马未都还经常在《锵锵三人行》节目中出现。在近期该节目对"窦唯地铁照"的讨论中，马未都觉得这个民族和社会，似乎把太多东西与物质、金钱挂上钩。"收藏本来是很文艺的事情，也被弄得铜臭气很浓。人窦唯怎么了，自我点都不行吗？"褪去文学青年的外衣，马未都在收藏界摸爬滚打多年，但仍对中国社会价值观

"看不懂"。

"很悲观,看不到什么希望。你翻开目前我们的教育大纲,文科占了多大比例,传统文化和审美又占比多少。"他认为,中国当下这种文化缺失现象,从大部分人小时候便开始存在,"是种慢性病","可能还真需要中医慢慢调,急不得"。

观复博物馆家具收藏品。

《舌尖上的中国》在全球华语圈点燃了美食风暴，总导演陈晓卿说："美食是一个取景框，或者说是一扇窗户，我希望更多的人通过这个窗口看到中国的样子。"

文/曹园 图/李伟（新周刊）

《舌尖上的中国》总导演

陈晓卿 在美食中发现中国

陈晓卿对吃的重要程度排序是：和谁吃，去哪里吃，以及吃什么。

时隔两年,陈晓卿再次接受《新周刊》采访时还是没有发现自己不喜欢吃的东西。"我就是对吃感兴趣呗!"由于工作越来越忙,陈晓卿手机里存的饭馆电话"只剩下"几千个了。

作为《舌尖上的中国》(以下简称《舌尖》)的总导演,陈晓卿在选材上费了一番功夫。他给食物的选择设置了四个门槛,首先就是要健康。"我喜欢卤煮火烧,但不是很健康,所以没法拍。"第二是要有传承,和当地文化关联起来。第三是日常,大部分人都能吃到,满汉全席的不要。第四还要解馋,"解馋有很多标准,色香味声,总之要让你的感官比较愉悦"。

"就是对吃感兴趣"成为他选择拍摄《舌尖》比较"自私"的因素。早在2002年,他就报过类似的选题,但一等就是十年。央视纪录片频道开播之后,《舌尖》被提上了日程。作为央视全力打造的美食纪录片,口碑和数据双收的《舌尖》第1、第2季轮番轰炸了吃货们的小神经,按纪录片中被点过名的"菜单"去找美食是他们最惬意的生活体验。

《舌尖》在国内的传播成绩相当不错。《舌尖1》的平均收视率达到0.5%,而《舌尖2》播出的收视率是《舌尖1》的3倍,创收也上了一个新的台阶,单次销售额达35万美元,网络总点击量有7.3亿次。"《舌尖3》2015年5月初放出风,还没开拍就已经开始赚钱,"截至5月12日,《舌尖3》获得了2.818亿的广告销售,而且每天都在不断攀升"。如此硬气的数据让陈晓卿对《舌尖》不停点赞。

海外市场的传播也让他十分满意。"播出过的国家,哎呀,太多了!"《舌尖》系列在超过50多个国家和地区开展了"全球巡演",陈晓卿自豪地说,这些在世界各地主流电视台竞相播放的情景,是过去任何一个中国人做的纪录片所没有的待遇。

有说法称《舌尖2》看重故事性，挖掘好食材和制作美食背后，总有一群故事的主人公，人和食物的关系、人和社会的关系让这个片子充满了温情。《舌尖2》第二集《心传》中，20岁的苏北姑娘阿苗随父母来苏州拜吕杰民为师，开始苏式糕点的学习。严苛的师父，勤恳的徒弟，师徒这个中国传统伦常中重要的非血缘关系在苏州船点的制作中娓娓道来。陈晓卿自己也觉得，《舌尖》表面上是在拍美食，实际上是在拍人与整个社会生活的关系。"美食是一个取景框，或者说是一扇窗户，我希望更多的人通过这个窗口看到中国的样子。就像我时不时说，'三日入厨下，洗手作羹汤。未谙姑食性，先遣小姑尝。'"他想通过食物表现人与人之间的关系，搭配着时代这个佐料，揭示人们对生活的追求。

《舌尖》给中国的电视屏幕带来一股美食潮。"纪录片更安静，能让你仔细地端详食物，这是娱乐节目做不到的。"陈晓卿说。因为《舌尖》，有些食物得到了极大的关注。《舌尖2》中雷山鱼酱被热播后，当地一年涌现出10个加工厂，网上也在推"爆款"热销。美食的传播不仅是食客的利好消息，也让商家搭了一回顺风车。但陈晓卿始终觉得，美食其实是特别私人的。"很多人会质问你，说雷山鱼酱从电视上看挺好，实则又臭又腥。你看，美食推荐是件多么不靠谱的事情！"

在享受生活的乐趣中，有什么比美食更重要？"当然是家人，和家人在一起吃饭。我的排序是：和谁吃、去哪里吃，以及吃什么。很多人把'和谁吃'放在靠后，我反倒特别在意。我有很多机会和国内外的大牌交流，去参加所谓的宴会，但特别不喜欢，因为吃饭的人我都不认识，去一两次就比较排斥了。"陈晓卿还是愿意和自己喜欢的人在一

陈晓卿的猎物清单

关于美食的好书
焦桐《台湾味道》
沈宏非《写食主义》
赵珩《老饕漫笔》
汪曾祺《旅食小品》
袁枚《随园食单》

起分享美食,比如以"局长"老六(张立宪)为首的老男人饭局。"老男人饭局好久没聚在一起了。"陈晓卿口中的"好久"其实就是十天,"我们基本上两三天就聚一次"。

作为著名的"扫街嘴",陈晓卿把"吃货最好的生活状态"理解为两方面,一是不虚荣,他不喜欢那种"我吃过你没吃过"的嘚瑟,"这是种很糟糕的攀比心态,吃货的好状态应该是吃到什么都是快乐的"。第二是要知道感恩,知道食物的来之不易,你获得的快乐才会更多,谓之吃货的虔诚。"食物的好,要特别细心地发掘,不是特别匆忙的,要不然就叫果腹了。"这许是他特别厌恶盒饭的原因。

很多人羡慕他的生活圈,经常跟美食以及爱美食的人打交道,但陈晓卿自己觉得他生活圈子里的人都还谈不上是"生活家"。"倒是辛苦工作挣钱养家的比较多,特别能够享受的人真的少之又少,蔡澜算是比较潇洒的一位,他已经忙完了,可以自由地享受生活,可以不隐瞒自己的观点,直率这一点很让人佩服他。"

陈晓卿希望做食物的分享者,不完全是传播者,把自己对食物的解读和大家分享。"想让自己的舌尖有惊喜,有一种坚持就是要不停地失败。"

《舌尖上的中国》拍摄现场。

文/刘炎迅

洪晃 推广有价值观的中国好设计

中国原创设计师买手店BNC创办人

作为一名中国本土设计师品牌的推手,洪晃强调中国一样有好的原创设计,"格物致知"就是东方物质与精神的一种完美结合。

洪晃一直是中国当代设计师品牌的幕后推手。(图—张海儿/新周刊)

"当初真的没有什么成熟的商务计划,所以没有什么初衷可言。"洪晃说,此时是2015年5月,初夏的北京,天比过去的任何时候都要蓝,对于度过混沌雾霾的冬日和春天的北京人来说,此时有一种豁然开朗的快感,而对于洪晃,此刻回忆5年前创办中国设计师品牌零售店"薄荷糯米葱"(BNC)往事,似乎也有类似的心境。

2010年时,洪晃已经做杂志iLOOK,这本设计感十足的时尚杂志,关注中国设计师四年了。当时好多读者来电打听哪里能买到中国设计师的东西,洪晃和杂志社的同事们发现答案是:Nowhere。

很巧,这时候,太古集团找她们帮太古里北区做推广,她们就没要费用,而是要了一个优惠店铺,开了"薄荷糯米葱"。"这个决策不是很成熟,纯属于拍脑袋。"洪晃说,实在要说一个初衷,那就是她想有个店卖中国设计师的东西。

5年过去了,如今看来,目的已经实现了。下一步怎么走?如今洪晃想得最多的,就是这个问题。她知道,市场变了,买手店和概念店很多,中国设计师也越来越多,"我们要考虑下一步了"。

做时尚这么多年,洪晃坦言,她一直在想:"中国人的生活用什么表达?我们当代的生活方式是什么?"这或许将为她下一步提供更多的可能。

对她来讲,如果能找到中国自己的生活方式是件很有趣的事情。所以,她坚定地相信,下一阶段,"薄荷糯米葱"应该是做这件事。

无论是最有设计感的服装,还是做一本有格调的杂志,在洪晃的内心深处,有一个核心理念是,一个好的设计代表了一种生活方式,而一种生活方式代表了一种价值观。就比如四合院,代表了中国人崇尚的四世同堂生活方式,而这种生活方式又体现了"孝为先"的价值观念。如此类推，几乎每件物质背后，都有一个价值观。

"所以最核心的还是价值观。"洪晃说。

什么是好设计？洪晃的理解是，首先是功能，要有用，还要好用。设计不是艺术品，必须功能很强大。其次是美观，要悦目，同时还要好用。要同时达到这两点。再有锦上添花的就是有趣味：功能、美观都不错，如果有趣，就好玩了。好玩是对设计的最高评价。

带着这样的理解，洪晃一路推进着中国设计以及某种生活方式的演化，五年了，"困惑谈不上，但是的确有些问题"。对此，洪晃一点也不想回避。

多年的市场磨砺让洪晃比任何人都清楚，好设计需要时间，需要来回琢磨。之后还需要好的推广才能跟消费者见面，才能在市场上取得成功。在中国，愿意埋头做好设计的人不一定能得到投资，因为他们给投资者带来的回报太慢。好多设计师因为生活困难，只好半途而废。那些坚持下来有产品的不一定能投产，投产后也不一定能得到市场推广。如果政府真的想做创意产业，就应该在这些环节上下功夫帮助年轻设计师创业。

五年多的本土品牌和设计的推进，毫无疑问地要接触和碰撞到国外的品牌和设计，这让洪晃在物化和理想化生活的道路上，有不少感触。她说，本土品牌习惯在国内标榜自己为国外品牌，起个洋名字，这在国外行不通，用中国名字也看你卖什么，估计开个饭馆还行，做消费品就困难了点。国内品牌还擅长在国内打价格战，总是以最低价来卖自己，中国制造在国外也有廉价的声誉。好的产品和品牌代表着一种价值观念，这一点要走出去的中国品牌必须要研究一下。

"现在，大部分中国设计师是跟着西方审美在设计服

北京薄荷糯米葱时尚概念店。

装,并没有找到中国服装独立的语言。没有独立审美就没有差异。只有几个中国品牌花时间去研究中国服装设计自己的语言。比如素然。其实例外原来也是在探讨一个中国服装的语境,最近似乎有点转向商业了。"洪晃说。

中国有句老话,叫作"格物致知",在洪晃看来,这四个字,说的是物质文明和精神文明的交叉点,一件好的物质可以给人带来很多知识和享受。

"我非常同意这个观点。我最近去成都看了殷九龙的设计,很简单,他把中国的蓝白完全当代化了,而且是把他熟悉的美术设计赋予蓝白陶瓷。很有意思。我个人很喜欢。"洪晃说,她觉得殷九龙是在把中国传统蓝白的意识放到一个当代意识搅拌机里,然后再奉献给消费者。

"这就是中国当代设计。"洪晃说,殷九龙最好的地方是他不是为有钱人做设计,他尽量把自己的设计变成大众可以消费的产品。洪晃觉得这样才有生命力。而那些昂贵的"设计品"实际上在生活中是没有功能的。设计作品一旦失去功能性,就瘫了。

"纸质书有它的色彩性、装饰性、奢侈品性,这些统称为艺术品性。传递这些书籍并展出,其实是另一个维度的艺术传播。"

雅昌文化集团董事长

万捷 用艺术抵抗遗忘,用文字记录时间

文/赵渌汀 图/阿灿(新周刊)

雅昌文化集团董事长万捷。

　　除了那面长50米、高30米的艺术书墙"Artron Wall"，深圳文博会雅昌艺术中心的"大阅读"艺术大书特展，也在文博会即将落下帷幕时，吸引了众人目光。

　　在一楼的展厅内，陈列着的全球各地出版印刷的大型书籍。这些面积和重量相当于普通图书三四倍的大书，被万捷称作"艺术品"："你不觉得很有想上前翻看的冲动吗？"在他看来，这些装帧严谨、内容精美的大书，是真正值得印刷的"艺术品"。

　　20世纪90年代创办雅昌印刷公司时，万捷对公司的最初定位是主做艺术印刷。"起步阶段很难，我们基本上什么都做，什么都吃。但还是想从某个角度切入，做一些真正的艺术印刷。"于是，万捷由拍卖行切入，迅速包揽下博物馆、艺术家的书册印刷业务。2000年是一个节点。这一年的互联网掀起一波线上商业模式狂潮。"我那时在想，如果用互联网的方式和途径把产品说明书弄出来，这和以往的传统印刷不同了，这就很厉害了。"

　　彼时的他已经意识到传播渠道对产品的重要性。2000年，他创立雅昌艺术网，成为国内少有的艺术在线互动社区。"当时是想给艺术家提供拍卖服务，并且为艺术品经营做一个增值服务。"

　　数据库在雅昌艺术网的运作中占据核心位置。如今谈及印刷与物联网、数据库在雅昌内部的定位，万捷表示，过去印刷对于雅昌来说是夯实基础，而在如今的互联网信息社会里，印刷仍是全产业链的重要一环。

　　"通过为人民艺术服务而汇集艺术资源，形成中国艺术品数据库，并提供给拍卖行业与一二级市场，为艺术品收藏领域提供一个大工具和更为便捷的途径。这就是雅昌目前的定位。"万捷说。

　　进入新世纪，他开始意识到大数据的重要性。大数据

组图：万捷认为好书就是艺术品，能
"用艺术抵抗遗忘，用文字记录时间"。

的群体细分原则，对用户群体"私人定制"有作用。传统艺术肯定有固定分众，当代艺术则以年轻人为主，他们的互动性和朝气更强，和社会的互动性与关联也更紧密。

万捷利用数据库的优势传播艺术理念，让用户不光认同雅昌的印刷实力，更认同雅昌的艺术传播力。"打个比方，我把300幅画全部数据化进行备份，在过去，印刷只能容纳100册的容量。而如今，通过数据库，在互联网里通过各式应用、数字展览、App等直接拿来做，现在的数据可以随时做一本动态的书，容量比原来要更大，限制也更少。"

万捷眼中的大数据，颠覆了以往单一印刷的陈旧观念，大数据不仅仅是数据，还是一幅幅扩张开来的艺术品，扩容增量的前景不可限量。

万捷对国内目前的艺术教育多有不满。这种不满，体现在他对当代中国人在各个领域急功近利的不屑上。"我们

的艺术教育更多的都在培养艺术专业人才。考美院,很单纯的想法,要求也很固定,比较容易突击去做好。至于大众如何去鉴赏艺术,又达到何种欣赏水平,没人会去管你。"

万捷希望雅昌能够承担起艺术普及教育的重担。他的构想是将雅昌铸造成一个以培育艺术普及教育为终极目标的艺术文化企业。"你不去传播,不去输出理念,很多人就不再知道,也无心去了解艺术。知道不一定会喜欢,但不知道肯定不会喜欢。我敢说,了解齐白石的人和对其画作一无所知的人,在审美情趣方面肯定有天壤之别。"

为此他提出"为人民艺术服务"的口号。他希望以实际姿态做到真正去服务艺术家、艺术机构和艺术爱好者。

"艺术教育与艺术服务,其实是艺术最终结的东西,都是以教育为目的,去共享,去分享。"万捷说。

曼联球迷万捷于2006年在伦敦完成了一次对艺术

品的自我思想升华。当年,作为雅昌文化集团董事长,他受英国印刷界同行之邀参加查尔斯基金会主办的公益活动,公益拍卖的作品便是曼联足球俱乐部的纪念册。

"我一看,哇,不得了,这书册就是一个艺术品。"他开始发现图书外形的"大之美":比普通书册大四倍的曼联纪念册,铜版纸张镌刻下俱乐部一百多年的成长史,也铺陈出兰开夏郡与约克郡劳工阶层在工业时代后期的大众群像。"很有厚重感,我感到大的图书也可以变为一种趋势。"同时,万捷也意识到这本兼具大书与艺术品气质的纪念册,是用户体验方面的先行者。"曼联拥有全球最多的拥趸,庞大的粉丝群有消费与缅怀其历史的需求,那么纪念册无疑可以全部满足他们。"

万捷认为好书当然就是艺术品。"用艺术抵抗遗忘,用文字记录时间。"他以尼泊尔地震为例,"很多古迹被震没了,相当可惜。如果有文字记录,600年前甚至更早的砖块瓦砾也都能完整显现。"万捷推崇用艺术品,尤其是制作精良的书册,来追溯历史研究过去。

在万捷看来,送你一本装帧精良的《红楼梦》全本,比发个邮件给你《红楼梦》全本电子版来得更为诗情画意。"纸质书有它的色彩性、装饰性、奢侈品性,这些统称为艺术品性。传递这些书籍并展出,其实是另一个维度的艺术传播。""对于中国这样一个发明了印刷术的国家来说,书本印刷其实自古以来就不是特别高级。你看那些古代的书,都是文字居多,鲜有配图。形式大都较简单,都是线装书,对图像要求不高。"所以在文博会期间的那块巨型书墙上,万捷对那本西方传教士1655年(清初)时写明末时期中国国情的古书特别钟情。"放在那里,我们看到的是历史,是时代痕迹,是中西文化大交融,是艺术在纷飞。默默地,大家也都潜移默化地就接受了。"

刘洋拒绝"卖货",而是要做"一个不打扰品牌的电商平台",他正将那些"擅长维持品牌节奏"的海外品牌引入中国,并希望以此启发中国的本土品牌意识。

繁星优选CEO刘洋。

繁星优选CEO

刘洋 他们卖货,我卖品牌的价值观

文/丁晓洁 图/蒋国清

2015年4月的一天,刘洋陪几个专程到日本赏樱的朋友在京都闲逛。路遇一家小小的服装店,朋友冲进去大买特买,刘洋独自站在门口默默打量着店铺招牌,他是第一次知道这个名叫"BLUE BLUE"的日本独立品牌,却当下就认定它正是自己想找到的那种店:"不是大牌,却有自己的特点,把品牌节奏维持得非常好,所以才能在京都的闹市区开这么一家体验店。"

10天后,一个名叫"繁星优选"的App上线公测,刘洋在上面开了家微店,宣传语写道:"常年生活在日本,愿意为你优选一些日货。"他在朋友圈推荐店里的产品,分享日本洗发水使用经验,探讨北海道巧克力企业的运营理念,为的却不是赶紧把产品卖出,只是在做一个实验:"如果仅仅是发链接推荐或是吆喝卖货,就没意思。通过分享生活方式在朋友圈推广品牌,大家不会反感吧?"

32岁的刘洋不是一个普通的店主,他的真实身份是繁星优选的CEO。亲自上阵开店,是他另一个更大的试验,为了设身处地了解品牌的使用感受:"我是产品总监,我要体验产品。"这也可以解释为什么刘洋无论在任何地方,总是无时无刻地在寻找品牌,因为"任何一家公司的老板,都是它的产品的第一销售"。

刘洋要做一个不同于传统模式的电商平台,繁星优选从上线第一天起,就做出了一个完全异于行业规则的决定:永远不卖广告位。

这是一句令人吃惊的口号,对中国电商平台来说,依靠卖广告作为盈利模式已是约定俗成,连刘洋自己也承认:现在的中国主流的电商平台,都是中心化流量平台,平台鼓励店家拼命卖货,频繁地推出各种购物节或是促销活动,在愈演愈烈的价格战中,光靠卖广告位就能活得很好。

"他们就是卖货的。"刘洋有着与此截然不同的价值观,他拒绝"卖货",而是要做"一个不打扰品牌的电商平台"。

为什么要做品牌? 这观念得益于刘洋多年来在日本的生活经历。在日本,他既看到很多拥有百年历史的传统品牌,也能找到大量引领流行的新兴潮牌。"日本是世界上最会做品牌的国家之一",在刘洋看来,这些品牌的价值观其实很简单:"它们有自己的节奏,在保证自己活着的同时,绝不会把节奏打乱。"

但刘洋也清楚,如果让这些品牌在中国现有的电商平台上开店,它们马上会被带入"促销—卖货—加大生产—促销—卖货"的节奏中,这种做法是对一个品牌最大的伤害:"当你忙于卖货,就没有精力再去做品牌的人文关怀和深度维护,顾客也不可能会有很好的用户体验。"

这些感性的体验,最终成为刘洋做繁星优选的初衷,他要创造一个在国内电商平台上不存在的世外桃源:"一个安静的地方,让品牌按照自己节奏走。"以日本为第一站,他有意识地选择那些"不是什么大牌,但非常懂得节奏和建设"的品牌,让它们把店开上自己的平台。在让消费者便利快捷地购买到海外品牌的同时,也提供给品牌本身新的线上生存模式:不用促销,不用打折,唯一需要的是做好人文关怀。

所以繁星优选只是要做一个简单的跨境电商吗? 刘洋不这样想。他还有更深一层的思考:希望通过海外品牌的进入,反向影响中国商家,告诉它们本土品牌该怎么做。

"经历了最早的红利期之后,在传统电商平台上厮杀的中国品牌,近年也慢慢陷入'商家太多,资源紧缺'的困境中,这些商家开始思考:促销和卖货都没有意义,品牌才是唯一有价值的东西。"刘洋认为这是一件好事,"其实中国人很聪明,但是这个环境太浮躁了,导致大家不知道到底什么节奏才是正确的,希望将海外品牌引进后能对他们有所启发。"

刘洋将繁星优选的这种方式称之为"给电商平台做减法",某种程度也是"降低信任成本",但归根结底还是最本质的四个字：尊重品牌。

"只有从内心尊重品牌,才能让品牌在你的平台上开店,只有保持它的节奏,它才愿意跟你合作。"不只是为了吸引品牌,也是出于对用户体验的考虑："只有当商家保持它的节奏,保持它的逼格,它才能把所有精力都放在维护消费者身上,它的产品品质才是最佳的,才能提供最好的服务体验和用户关怀,这个品牌才值得信赖。"

作为一个年轻的85后创业者,刘洋并非从一开始就具有强烈的品牌意识。

"其实我第一次创业很简单,也是卖货思维,为了卖更多的货,赚更多的钱。"从南京航空航天大学的国际贸易日语专业毕业后,刘洋在一家"一半日企、一半美企"的电商公司里工作——这是他的第一份工作,也是唯一一份替别人打工的工作。一年后,他辞了职,开始创业,做的是对日跨境电商,只是把中国的服装卖到日本去,丝毫没有意识到"品牌"的价值。

虽然做的是对日贸易,但刘洋此前从未去过日本,直到2011年,挖到了人生的第一桶金之后,他才到福冈一家语言学校读书。在语言学校待了半年,他成功申请到京都大学的研究生(日本的"研究生"相当于中国的"硕士预科"),学习MBA课程。

至今,刘洋仍把在京大的日子视作人生的转折点："那时候经常和各国同学一起探讨经营理念,自然而然会聊到一些品牌案例,你会发现发达国家的学生对品牌的认知非常成熟,他们的思维角度处处都充满了尊重。这对中国人惯性的自我中心思维方式是一种颠覆。"聊得越多,刘洋越发感觉醍醐灌顶,到最后他终于发现:"我再也没有兴趣卖货了。"

在京大待了一年半,刘洋退学了,专心做自己的创业项目。2013年4月,他在日本成立了一家公司。此前,他曾以京大学生的名义,在大阪市一个留学生创业比赛拿到了二等奖,得益于此,他的这次创业非常顺利:"一个年轻人是很难拿到投资签证的,相当于开了一道绿灯,政府还有奖励,办签证和注册公司的费用全都免掉了。"

彼时正值日元猛烈贬值,刘洋很自然地想到:日本的东西太便宜了,一定要把它们卖到中国去。2013年9月,刘洋开始实验这个想法,他首先找到微博上的几位大V,通过名人电商的方式,把日本好的产品推荐给中国的消费者,但一切均有前提:做品牌,不比价。

这次实验很成功,刘洋坚定了自己对品牌的理念可以更深入。2014年4月,他正式成立了繁星优选,在谈了十几家风投公司之后,终于拿到了来自北极光创投的第一笔机构投资。"其实那时候我还没有产品,也没有自己的电商品牌出来,只是开了几家淘宝店而已。全靠一张嘴在说我要做什么,我想他们应该是听懂了。"

在品牌的选择上,刘洋有一套自己的标准。

比如产自北海道的"白色恋人"巧克力,他选择它倒不是因为它在中国人气有多高,而是因为它所坚持的节奏感。刘洋在朋友圈分享过一个故事:"我的日本公司专门找厂家谈过,它们每年定量生产,不放海外代理,采购也是原价。不是它们代理店的很多日本地方特产店也是原价采购,为的就是店里有它们的产品。"

比如产自宇治的"三星园"抹茶,刘洋曾经好几次前去走访茶园,对这个延续了职人精神的百年老牌深感"羡慕嫉妒恨"。曾有一些中国大型电商平台找到茶园,开口便是:这一季的茶我们全包了,剩下的事情你别管,该卖多少该怎么卖由我们来定。刘洋深感这是对品牌的不尊重,当他再面对茶园继承人时,更愿意跟他们一起协商:如何在打开中国市场的同时,把品牌建设得更好?

并不是只有GUCCI和LV之类的国际大牌才能称之为"品牌",像"三星园"这样在本土有一定知名度、在中国尚未烂大街的品牌,才是刘洋的最佳选择。事实上,他早就替这些品牌想到了清晰的"中国式传播模式"。

"我敢保证所有到宇治的中国人,都会路过'三星园'的茶店,要么进去喝杯茶,要么买些抹茶或茶点才离开。"刘洋的设想是:只要在店里消费过,得过很好用户体验的中国人,都是"三星园"的潜在粉丝群体,他们都是这个品牌的最佳传播者。

理想的模式是,当一个客人在"三星园"店里购买了产品,店主会告知他:我在繁星优选上开了一家旗舰店,未来你可以在中国实现直接购买,由我们店里直接发货。回到中国,客人可以通过手机上直接实现购买,若他分享给朋友购买,还可以获得一定佣金。"这个时候,粉丝就成了这个品牌的分销商,所有去过这家店消费的人都可以成为它的代理。"刘洋说。

在繁星优选上,店铺分为三种:品牌店、优选店和达人店。品牌店是由品牌直接开设或授权开设的旗舰店,优选店是由经过验证的名人或代理开设的店铺,达人店则是由普通粉丝开设的微店。品牌店和优选店可以直接销售产品,达人店则只能分销前两种店铺里的产品。

"这也应了我们这个平台的名字,其实粉丝也是'繁星'。"在刘洋心中,粉丝是多元的,可以根据自身专业属性和擅长领域,对产品进行优选和组合,再通过分享经验

组图：刘洋在日本看到许多百年品牌和新兴潮牌，觉得"日本是世界上最会做品牌的国家之一"。他现在的工作就是把日本的好品牌卖到中国来。

和生活方式的形式传播出去。"如果他是一个时尚达人，他就可以将他喜欢的衣服、帽子和鞋进行优选组合，组合之后再进行分享。只要东西通过他卖出去，他就可以同时拿到好几家佣金。"

在繁星优选上，不仅优选产品，也能优化生活。刘洋无数次目睹那些在日本商场和机场里拖着行李箱的中国游客"爆买"的场景，也目睹了日本商家由喜转忧的复杂心理变化：喜的是销售额上去了，忧的是糟糕的购物环境影响品牌体验。

"我们这个平台能帮他们解决问题,游客可以悠闲地旅游,代购也不用拎着大包小包来排队,他们可以成为正式的代理和分销,直接通过网上下单,该买的东西都能买到,该赚的钱也都能赚到。"

如此一来,品牌不会受到打扰,店铺氛围也能维持得很好,刘洋有一个感受：所谓的品牌,就是要一个服务员对一个顾客,店里同时不能超过三个顾客,这才叫体验。

让海外品牌进驻中国电商平台,最忌讳是一厢情愿认定"我们中国市场大,你们一定要按照我的方式来",某种程度上,如果不按照中国的方式来,海外品牌会遇到很多障碍,比如支付手段,比如运营模式。

刘洋要做的,是保证品牌在没有任何变化的情况下,入驻自己的平台。"首先,在支付方式上,不能很霸道地强制他们使用某种支付平台,而是要与他们本身已经在使用的支付平台对接,消费者买了东西,钱还是直接打到他们以前的账户上；其次,他们不需要再专门配置运营人员,只需要在闲暇时把产品挂到这个平台上,或是我们直接帮他们把产品目录上的资料导入,接到订单之后,他们只需要把衣服拿出来打包好,我们每天定时去店里取货,帮它们送到客户手里,交易就完成了。"

海外独立品牌很难在中国做运营,它们比不过已经在"卖货"的那些大商家,但在刘洋的构想中,繁星优选平台上的品牌只要有粉丝就足够了,粉丝可以做运营,同时还能得到回馈。

"欧洲和日本的品牌化比我们早几十年,那时候互联网还不像今天这样普及,但其实都一样：品牌之所以能够做起来,都是因为粉丝经济。我成为你这个产品的粉丝,成为你这个产品理念的粉丝,我愿意帮你去传播,口碑相传,你慢慢就做起来了。"在刘洋心中,任何一个品牌都是因

刘洋的猎物清单

北海道白色恋人巧克力
日本和果子文化代表
宇治矢野园抹茶
游客最爱带回国的日本产品
御釜屋南部铁器
日本茶文化代表

为粉丝经济做起来的,绝对没有一个品牌是靠促销、扩大生产做起来的:"如果说互联网来了,颠覆了做品牌的方法,那是悖论。互联网可以加速传播,但肯定代替不了用户体验,也代替不了服务和关怀的深度。"

刘洋很清楚,自己做的是一个孵化品牌的服务性平台,它既不靠卖广告赚钱,也不靠卖流量赚钱,只靠卖服务赚钱。就像做水电煤气供应商一样,在"流量端去中心化"的同时,他也坚持"服务端中心化",比如建立自己的云仓储系统"云货栈",统一帮商家解决问题。

"服务没办法去中心化,就像水电煤气没法去中心化,你难道让每家每户自己去发电吗?这些东西必须中心化。但是,当水电煤气都有了之后,你自家想装修成什么样,想做成什么样的风格,想招待什么样的客人,那是你自己的事情。"刘洋深信,用基础的服务帮品牌做好以后,品牌自然有精力去传达情怀,按照自己的节奏把品牌建设起来。

刘洋并非刻意要和大的电商平台抗衡,只是想做些不一样的事情:"他们是比赛卖货,我是让大家做品牌。"他对这件事情很乐观:"在美国所有电商的销售额里,亚马逊占据的比重不到30%,但在中国,阿里占据整个电商比重的70%。随着中国信任机制不断提高,'去中心化'趋势肯定会越来越明显,圈子和社群文化肯定会越来越明显,到那个时候,大家不再需要一个巨无霸做背书,就是我们这种'去中心化'平台的机会。"

诚品书店
天堂应该是书店的模样

文／陈婷婷　图／由被访者提供

从阅读出发，诚品书店的经营内容扩及画廊、讲堂、表演厅、电影院、旅馆……阅读的内涵从书本延伸到生活的所有面向，不变的，是诚品书店26年来对好生活的推荐和好空间的营造。

诚品信义店，2006年1月1日开业，每年超1200万人次进出，全年有超过上百场的新书发布会、文艺表演、文化讲座。

不知何时开始，诚品书店成了101大楼之外，人们对台北最大的想象。

日本作家新井一二三曾在她的书中写道："我曾经有一次认真地考虑搬到台北，为的是一家诚品书店。我坐在东京的书房里，想象台北有家诚品书店，感觉犹如奇迹一样。"

诚品书店不只在台北。从台中、台南、台东、高雄、桃园、宜兰等台湾县市到香港的铜锣湾，诚品足足开了42家实体书店，其中仅台北就开了19家。今年夏天，诚品将第一次进驻内地城市——苏州。

创办至今，诚品书店一直坚持着创办人吴清友的宗旨：人文、艺术、创意、生活。2004年，诚品被《时代》杂志评选为"亚洲最佳书店"；十年后，诚品入选CNN评选的"全球最酷书店"。在华文地区，诚品早已是书店的标杆。

"你不在家时，就在诚品；不在诚品时，就在去诚品的路上。"很多人去台湾只是为去一趟诚品书店，在他们心中，那里不仅是台湾的文化地标，更是一个可以触摸到城市灵魂的地方。

1989年，第一家诚品书店在台北仁爱圆环诞生。26年来，诚品书店吸引了一批又一批的朝圣者。据统计，2014年诚品书店的造访者高达1.44亿人次。要知道，台湾人口仅有2300万。

在诚品书店总经理李介修看来，诚品是一个能够让人心灵沉静的地方。这里提供21万种书目、850万册书籍，涵盖人文、艺术、创意、生活、经济、历史、哲学等领域，更有每月5000种中、日、英等世界各地的当期杂志。一不小心，你很可能就此扎进星辰大海，乐而忘返。

相比起其浩瀚的书海，诚品书店尽可能在设计上照顾读者的需求。店里一个贴心的细节是：书柜特意保持15

度角倾斜,从而让书架最下层的书伸手可及。书店内干净的实木地板、柔和的灯光、优雅的音乐、免费的桌椅,更是为读者提供了舒适的阅读体验。

然而,从一开始,诚品就不只是一个书店。第一家诚品书店诞生时,结合了花店、咖啡店、画廊与艺文空间,还发行了自己的杂志《诚品阅读》(《诚品好读》前身)。在诚品,你可以买书、买文具、买衣服、买食物、喝咖啡、看表演、听讲演、看展览、品葡萄酒。诚品有一个愿景,就是希望书店能够满足人们生活上的精神与物质需求。

李介修介绍,诚品全年不间断举办各式主题策展和艺文活动,如暑假期间的Summer Reading、每年年终的诚品Top 100畅销榜推荐等。单在2014年,台港两地的诚品就举办了超过5400场活动,其中包括艺文展览、音乐演出、戏剧表演、主题讲座、新书分享、工艺实演、烹饪教学等,甚至邀请了小野、陈绮贞、刘小东等名人合作选片,放映了120场精选电影。

"我们认为阅读应该是开阔的,除了文字和书本,也可以阅读音乐、阅读电影、阅读绘画、阅读美食、阅读设计、阅读舞蹈、阅读旅行,所有的生活面向都能够成为阅读的素材。"李介修说。

他认为,书店是一个城市的灵魂,映照着该地的市民精神与气质,而诚品对书店的期待则是一处体现城市生活美学的所在,是知性而感性的,也是人文而友善的。

为此,诚品把书店开到了你能想象到的任何地方:地铁、大学、医院、闹市……对于各店的定位,诚品依循"连锁不复制"的精神,为各店设置不同的营业内容:敦南店有24小时不打烊,信义店有简体书区,松烟店有上百家台湾本土原创品牌和传统工艺,等等。

正如吴清友曾说,诚品一开始就不是为了卖书,而是

组图（从左至右，从上到下）：诚品生活松烟店设置了许多阅读桌椅。/诚品知味严选台湾食材,细品时节好味。/诚品生活自营品牌AXES创意时尚平台,集结20多位台湾新锐设计师。/诚品店内的灯光、材质、色调、陈列等都经过精心的规划和安排,装修多采用石材、木质等天然材质,希望传达温暖而稳重的感受。店内书柜最下层的15度倾斜处理,让书架最下层的书籍低头可见、伸手可及。

要推广阅读。在书与非书之间,诚品将阅读的意义外延至全方位的生活面向。

电影《一页台北》中,男主角小凯在夜里流连在书店,为远赴法国的前女友神伤,却和书店店员Susie日久生情。故事发生的地方,就是诚品敦南店。

1999年,诚品敦南店开创"24小时不打烊",成为全球第一家24小时营业的书店。从此,深夜的诚品不只有文化精英,还有更多寂寞的人群。他们是夜猫子学生、单身OL、潮男潮女。通宵来看书的不少,更多人半夜来到这里,期待一场聚会、一段恋爱、一次休憩。后半夜的故事就此

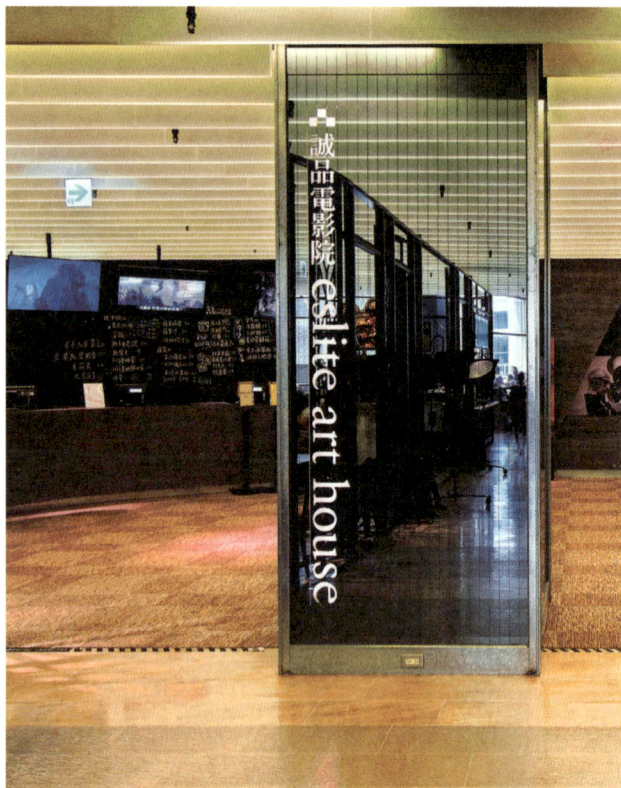

诚品生活松烟店电影院。

诚品书店的猎物清单

最值得读的书

2014 年，诚品 25 周年推出"经典共读计划"，以人文思辨、经典文学为核心阅读主张，推荐四本经典书籍。由创办人吴清友先生邀集长期关注社会发展的贤达人士，以"青壮年世代身处于这个时代之必读经典"为选书方向，书单如下：

1. 《爱的艺术》，作者：弗洛姆
   推荐理由：跨越本能的情感练习，思潮混沌世代的必修课。
2. 《弘一大师传》，作者：陈慧剑
   推荐理由：从阅读中观照自我，回归生命原有的清明与澄澈。
3. 《寂静的春天》，作者：瑞秋·卡森
   推荐理由：时代正义之声，维护美好生态。
4. 《民主与教育》，作者：约翰·杜威
   推荐理由：躁动不安的本我社会，再探公民行动的本质精神。

最推荐的书店

诚品书店苏州旗舰店，体验诚品式的阅读与人文生活。

发生。

诚品一个重要的概念是"场所精神"：一个场域内的"人、活动、空间、商品、服务"交互激荡而成的空间氛围与气质。李介修将诚品定位为一个动态交流的空间，将其视作城市人的集体创作。"在诚品，有人读书，有人聚会，有人分享自己的生命经验，他们是诚品空间里独具一格的人文风景。"

李介修说，诚品从不把自己定位为一个书籍交易的场所，而是重视对人、书、空间、心情的款待。"诚品有 3000 多位同仁，每位诚品人都有专业职人的独到经验与眼光，我们在不同的业态中，体现对于美好生活的向往，希望带给人们物质与精神皆富足的人文生活。"

因此，诚品的推荐，可能是有形的一本书、一个对象、一份飨宴，也可能是无形的一场电影、一段音乐、一次难忘的体验。诚品团队定期推出的"诚品选书"与各类主题策展，就是最典型且最易了解的好书好物推荐。

"透过诚品画廊、电影院、表演厅、音乐馆，我们推荐好艺术、好电影、好音乐；透过 Living Project、Blackpages CAFé、诚品知味等自营品牌，我们推荐优质的生活物件和饮食；在诚品自营餐厅，以及书店烹饪实演的 Cooking Studio，我们推荐优质食材和健康概念；在诚品行旅，我们则向旅人推荐亲近自然和台湾文化的旅行体验。"

这正体现了诚品书店的"复合式经营"模式——将文化内涵注入不同的空间经营。这种经营模式不但多元化了书店的样貌，更向人们推荐了一种具有文化意涵的生活方式。"诚品期望成为一个人与知识、人与艺文、人与人、人与生活的对话空间。"李介修说。

享受者

他们是生活家中的生活家，格物、致知、诚意、正心。这群最会享受生活的人，在私家园林中雅集宾客，在吃吃喝喝中况味人生、体悟世界，在「装腔」与「装×」中蹚出一条回到生活本身的道路，在喧嚣与骚动中始终保持着「优雅而节制」的姿态。

李健并不打算成为全能音乐人，他喜欢音乐、旅行、木头、咖啡、茶、黑胶唱片和小古董，最欣赏那些具有家族传承和匠人精神的手艺人，在他看来，"好的匠人就是艺术家"。

李健并不想成为像工程师一样的全能音乐人。

音乐诗人

文／杨杨 图／阿灿（新周刊）

李健 除了音乐和旅行，浅尝辄止就是最大的快乐

故乡、音乐、旅行、咖啡、木头、表……这些李健钟爱的元素，可以随机组合出多少生活的模样？

比如年幼时，用一把小刀，慢慢在铅笔上打磨出比转笔刀削过还要圆滑的表面。

或者，一面说起正在定制的屏风，一面说起儿时关于刷房子、改家居布置的事。"哈尔滨人好像都很喜欢布置家，桌子上都要铺个花边帘儿，有点像俄罗斯的传统，很多母亲会亲手织出来。"虽然现在回去不多，故乡的房子大多时候都空着，但这座生活了近20年的城市，带给李健的记忆包括：叔叔们制作家具时刨花的气味、东北菜的口味和一些俄罗斯音乐、绘画、文学的浸润……

还有一种情形会是这样：一个寻常的夏日下午，李健拎着一块新得的菜板走进常去的咖啡馆，这块朋友的朋友亲手做的菜板长约半米，边缘是不规则的波浪形，胡杨木，适合切cheese或火腿，放几天，和火腿混合后气味更佳。

李健喜欢木头，着迷于某些木头（比如桧木）的气味；木的纹理，在他看来，有的像波浪，有的像涟漪，他的一把吉他，面板用的是"虎爪木"，纹路像老虎的爪子。

李健属虎。在《我是歌手》中，李健弹过一把特意定制的Taylor吉他，琴身有他的名字缩写，琴颈上则有只老虎。背板用的木材是cocobolo，像虎皮纹，还有香气；木头有部分是巴西玫瑰木——大家公认吉他用的最好的木头。"其次是马达加斯加玫瑰木、洪都拉斯玫瑰木和印度玫瑰木——最好的就是玫瑰木。"说起木头和琴，李健如数家珍。被纳入吉他木头挑选标准的还包括气味和是否容易变形，对乐器来说，最重要的还是声音。"因为声音在不同密度的木头中传导速度不一样，传导速度越快，音色消耗越少。"

李健有10把琴，这把价值10多万元的Taylor是较贵的一把,在他看来,名贵绝不是衡量吉他的唯一标准。"吉他也是因人而异,最贵的不一定最适合。比如,需要弹奏巴洛克作品,可以选择那些音色柔美的吉他,而演奏吉他协奏曲,最好是用那把Smallman,经过改良,音量较大,足以与乐队抗衡。"

"物质也是一样,有名的不一定适合你;只要你喜欢,它对你来说就最珍贵。"这是李健在吉他中悟出的道理。"得到一些,失去一些"——经过改良的现代吉他,因为添加了科技手段会产生更大的共鸣,却也失去精细的音色。

在李健看来,那把等了一年的Taylor定制琴,期待它的价值远在其价格之上。

技艺高超的制琴师,一年最多做10把琴,售价一万到两万美元。"他可以把琴价提高到5万美元,依然会有人趋之若鹜求之不得;或者量产,上流水线——但他们不这么做,他们并不这样追求利益最大化。"在李健看来,这是一个有关"价值观"的问题。

另外一次被这种价值观打动是在瑞士的汝拉山谷,一个在李健看来遥如仙境、晚上万籁俱寂只听见牛铃声的地方。

2014年秋天,李健来到这里参观宝珀工厂,看手表制作的整个过程。"最复杂的手表有700多个零件,工厂里有两位顶级制表师,可以把这些零件制作出来并组装在一起——他们天天在放大镜前专注制作,好的匠人就是艺术家。"

像这种顶级制表师,一年做的表并不多。"他们当然有能力做更多赚更多的钱,但他们没有,也不上市,就是有传承的家族企业。"

李健喜欢那些有历史感的物件和旧旧的味道。在欧洲,他喜欢去逛小古董店,在这里挑上一些喜欢的银器,包

李健的猎物清单

书店 | 万圣书园，心目中北京排第一的书店。书全，且有品位。

咖啡 | 上海有家小店叫"芦田家"，日式家庭工作室，他总在这家买各种咖啡豆，有牙买加蓝山、有马赛、有耶加雪菲，特别好。旅行时，会带上台北"湛卢"咖啡的挂耳包，他们对烘焙和制作咖啡抱有专业精神。

表 | 宝珀，它像法拉利，小厂大品牌。一年制作的数量有限，而是在品质上追求极致。

文具店 | 芝加哥交响乐团音乐厅旁边的文具店，可以买到五线谱本、谱夹，带有音乐元素的书签、铅笔、钢笔（比如，笔头是个小提琴）。还在那里买过一根指挥棒。

旅行地 | 意大利有最好的时尚、美食、建筑和音乐。他很喜欢一部电影《托斯卡纳艳阳下》，托斯卡纳地区的佛罗伦萨，每个房子都像童话里的房子，随便一栋房子都是一六几几年或一五几几年甚至十三世纪的，你会觉得很穿越。

酒 | 意大利有些葡萄酒，有旧图书馆、旧报纸的气味。

衣服 | 平时穿的衣服不需要那么贵，但面料要好一些。别太夸张，也别太简约。特别喜欢具有独立设计精神的品牌，比如 Paul Smith 和 Maison Margiela。度假首选 Vittorio Di Giacomo，非常舒适而且注重细节。

括盛面包的容器、一对咖啡杯，或者一枚带有测量温度和气压功能的怀表。

这两年，李健开始恢复听黑胶唱片。"黑胶唱片即使放到很大音量也不会刺耳，因为 CD 是数字信号，而唱片是模拟信号。"挑选唱片的地方包括台湾的诚品书店和香港中环一家小店，去欧洲旅行时，他也会千里迢迢背回一些并不轻便的唱片，"遇到了就买，没遇到也不用主动去找"。至于播放的器材，李健也并不刻意要求，"我以前弄过一段时间发烧音响，一段时间以后，发现这变成物理，跟音乐没关系了。"

比起囿于器材的工程师，大学学电子工程的李健更愿意选择做音乐家，而那些安静阴凉的雨天尤其是适合创作的日子。这种转变可以追溯到他早期的编曲过程。"弄很多器材，音源、放大器、功放，最后发现，热情会被那些线、软件和弄不明白的技术问题消解。后来觉得这样得不偿失，被音乐之外的东西弄得情绪不好——其实，去一个专业的录音棚就可以了。"

这也是这么多年李健没有去讨论"录音问题"的原因。"很多音乐人最后会变成全能音乐人，在我看来，不是好事，因为你钻研的很多是工程师而不是音乐家的工作，在这部分你又比不过专业的工程师。"

同样，李健喜欢茶、咖啡、吉他，但并不打算做专业茶人，一间小小的茶室和一张楠木的茶案就很知足，他也不打算成为需要将每个指甲都修剪到最适合弹拨状态的职业演奏者。

"我总觉得，这些都是学问很深的门类，浅尝辄止就特别好。要深入的话，一是没时间，二是没必要。因为我觉得我有更重要的事：做音乐，去旅行——去增长见识和智慧，然后体会更多。"

大半生下来,蔡澜一直研究人生的意义,答案还是吃吃喝喝。这其中蕴含的一个简单道理是：吃好了,把自己的胃照顾好了,才会心情好,活得开怀。

美食家

文/陈婷婷

蔡澜

人生不过吃吃喝喝

人称"猪油佬"的蔡澜,最爱往虾面里加一碟猪油渣。（图一李伟/新周刊）

　　蔡澜最近到国外玩了一圈。从北非、威尼斯、希腊、土耳其到迪拜,他一路微博直播沿途美食:土耳其的咖啡、海鲜,威尼斯的焗乳羊、焦糖雪糕,还有当地新鲜的鱼市场和水果市场,目之所及皆是美味。

　　当被问及这么多天下来对异国美食的印象时,他想了一想:"那边当然有独特的调味和烹饪方法,但是自己始终是中国人,所以吃来吃去还是中国的东西好吃。"

　　这话不假。采访结束后的第二天,蔡澜就飞往北京,品尝了卤煮、皮冻、麻豆腐和酱肘子卷饼。"到北京不吃这些简直对不起自己。"他在微博上写道。

　　正如蔡澜在微博上的个人简介:因为名字听起来像菜篮,买菜的篮子,所以一生注定得吃吃喝喝。他将自己的好吃秉性归结于父亲起名的"不慎"——大哥名蔡丹,侄子名蔡晔,"于是一家人正好拿着菜单(蔡丹),提着菜篮(蔡澜),去买菜叶(蔡晔)",不爱吃,可能吗?

　　年过七十的蔡澜,丝毫没有停下寻找美食的脚步。因为整天脸红红,别人以为他喝了酒,甚至劈头一句:你血压高。蔡澜哈哈笑答:这叫红光满面。但他打趣自己的血型是 XO 型,因为"酒喝得多"。

　　蔡澜爱吃的本性,大概一出生就开始了。"生下来刚好是打仗,母亲营养不够,没有奶。战乱时哪里买得到什么奶粉?只有一罐罐的米碎,用滚水一冲就变成糨糊状的东西,吃它长大的,还记得商标上有一只蝴蝶。"

　　最早给香港《壹周刊》写美食专栏时,蔡澜把栏目取名为"未能食素"。未能食素即想吃荤,蔡澜说,这代表自己欲望还是很重,心还是不清。爱吃肉的他,后来甚至一连出了六本"未能食素"系列丛书:《未能食素》《又系未能食素》《再是未能食素》《肯定未能食素》《乐得未能食素》《绝对未能食素》。

在蔡澜心中,猪油是至高无上的美食。人称"猪油佬"的他,最爱往虾面加一碟猪油渣。他开过一家餐馆,名字就叫"猪油捞饭"。蔡澜说,年轻人对猪油唯恐避之不及,都是因为没有洗过碗。"如果洗过碗,就会发现用普通油盛过的碗碟很难洗,用猪油的话一下子就冲掉了。所以猪油并不特别肥腻。"

蔡澜说过,一碗猪油跟两个鸡蛋的胆固醇是一样的,不了解的人整天吃鸡蛋,不敢吃猪油,是很可惜也很滑稽的一件事情,"完全对食物不了解嘛"。

如果实在觉得油腻,蔡澜还有一个推荐:餐后一杯普洱茶。"它的确能消除多余的脂肪,吃得饱胀,一杯下去,舒服无比。"也因此,蔡澜甚少喝咖啡,喝茶必喝普洱。

蔡澜曾将自己的饮食历程分为六个主要阶段:第一是童年时,在家里吃妈妈、奶妈煮的菜;第二是出国留学时,穷得要命,整天拾些猪脚、鱼头之类的便宜食材;第三是大学毕业后,一边工作一边旅行,尝试不同地方的食材;第四是在香港,什么餐厅都去,吃得多学得也多;第五是去日本,任烹饪节目主持,再往欧洲去拍电视,大开眼界,大开胃口。

现在是第六阶段:体会食物的原味。蔡澜说,以前什么都要试,现在依旧对新奇的美食怀有好奇,但更加喜欢简单、传统的饮食,一日三餐也尽量简单。"我会很用心地去煮一碗很好的白饭,配很简单的食材。简简单单,最平凡的东西最难做。"

金庸曾评价蔡澜:"他是一个真正潇洒的人,见识广博,懂得很多,人情通达而善于为人着想,琴棋书画、酒色财气、吃喝嫖赌、文学电影,什么都懂,于电影、诗词、书法、金石、饮食之道,更可说是第一流的通达。"

确实,蔡澜不仅会吃,更会玩,会享受人生。2007年,蔡澜成立了以美食为主打的旅游公司。直到现在,他还会亲自带着同样爱吃的团友全世界品尝美食,去日本、法国、意大利、匈牙利、捷克……身为美食家的蔡澜,至今名片上仍然只印着"蔡澜旅游公司"的头衔。

每到一个新地方,蔡澜都尽可能去逛当地的菜市场,因为"菜市场一定可以看到当地的民生如何"——如果菜洗得干净,就表示这里的人很勤快;如果食材丰富,就表示这里的生活水准很高;如果肉很贵,就表示这里的收入"很厉害了",消费很高。

吃了这么多年,蔡澜并不挑剔。他唯一的要求是食材够新鲜、够时令。在他的笔下,有大酒家、大餐厅,也有大排档式的食肆,写得让人直流口水。别人问他如何做到这点,他答道:很简单,写稿写到天亮,最后一篇才写食经,那时候腹饥如鸣,写什么都觉得好吃。

他有一句名言:人生不过吃吃喝喝。"洗脸刷牙一天两次,吃饭一天三次。一天要做三次的事情,为什么不去做好它?"蔡澜说,既然比做任何事情都要多次,不去研究,不去欣赏,那就吃亏一点了。

为了美食牺牲一点健康,蔡澜觉得完全值得。事实上,至今他的身体依旧硬朗。他不排斥美食中可能有的高胆固醇,他拒绝的,是任何以"养生"思维思考的人。这样的人,都不是他结交的对象,他避而远之。

在蔡澜眼中,人的健康有两种,一种是精神上的健康,一种是肉体上的健康。"这样不吃那样不吃,这样怕那样怕,精神就会有毛病,就会长癌症,影响肉体。精神如果很健康,这样不怕那样不怕,那什么病都没有。就这么简单。"

因此,他绝对赞成美食对一个人的治愈作用。"年轻人心情不好去吃东西,这是个很好的办法,一定会吃得很愉快,好过你去跳河自杀嘛。"

蔡澜家中摆设。(图—马岭/新周刊)

但他很快又笑着补充："我很少心情不好,因为吃得很好。"

因为吃得好,蔡澜自觉一直很快乐。"吃了好东西,人自然就快乐,把生命中的事情都简单一点考虑,生活就会比较开心。"

蔡澜的猎物清单

最近吃过的美食
威尼斯的冰淇淋
最近吃过的好吃的店
威尼斯的安缦酒店
值得推荐的关于美食的电影
《深夜食堂》电影版

花总的"装腔指南"反讽两种人，一种是特别物质、特别装腔的人，另外一种，是出于酸葡萄心态鄙视、吐槽物质的人。

网络时代的生活家

文/赵渌汀 图/阿灿（新周刊）

花总 借『装腔』外壳端平物质态度

花总认为，好物质能减轻一点生活焦虑。

"@花总丢了金箍棒"（以下简称"花总"）是网络时代的生活家。

当年曾有记者问花总，为什么关注官员戴豪表。他的回答是：最主要原因是——无聊。当我问他，写"装腔指南"的初衷是什么？他哈哈一笑："因为当时特别无聊。"

他的无聊是生活无忧的余裕。

从小学开始，花总就对表感兴趣。他只要看到课外书籍都拿来看，翻到书上的钟表原理和机芯构造，一知半解，只当科普阅读，"最早的时候，对表的喜欢是无意识的"。20世纪80年代，还没有太多人讲究名表，国内真正有名表文化这件事，要到改革开放之风兴起的20世纪90年代。当时，丁之方和丁之向两位老师在上海《科学画报》杂志上写手表专栏，向内地读者介绍名表，报纸上也开始出现瑞士表的广告。花总还记得："当时的大款标配，是厚如砖头的移动电话'大哥大'，以及一块雷达表。"

20世纪70年代，中国人的三大件是手表、自行车、缝纫机，这意味着，如果拥有一块上海表，就具备把姑娘娶回家的资本，它是评判个人生活条件的硬指标之一。一表风行之时，人们不惜以当时一两个月的工资购买一块北京表、上海表，或者几个月工资购买一块瑞士表。

说起自己的第一块手表，花总也有穷其所有入手一只入门级劳力士手表的经历。"那是刚刚工作那会儿，办了第一张信用卡，额度还不到一万，加上两个月工资，买了最便宜的劳力士入门款，接下来吃了一个月的泡面。"花总笑说。

"官员戴什么表不重要，重要的是经得起监督。"花总曾说。近两年，由于国内反腐力度加大，瑞士高端腕表销售下滑明显，瑞士表商反而淡定地说：我们吸引的，将会是真正懂表的生活家。

也许你会惊讶于一个人全年住在酒店,以酒店为家。最近四年,花总就是这样生活的。创业时,花总想离公司近一点,图方便住在酒店,当时还不是豪华型酒店,多以中端酒店或酒店式公寓为主。后来不上班以后,基本习惯以酒店为家。"最开始住酒店,只是一个普通住客,没什么感觉,不会那么讲究。住多了以后,会对酒店有感情,有更多的认识和体会,会想去体验不同类型的酒店,慢慢地成为一种生活习惯了。"花总说起开始频繁住酒店的缘由,"好奇心强一点的时候,会再去了解它的设计,观察它的服务,后来就成为酒店奖的评委。"

由于大部分时间都是在形形色色的酒店中度过,花总将酒店评论添加到自己的"装腔指南"系列里。与大多数写酒店评论的人不同,花总完全自费入住,对时下流行的"试睡员"不以为然:"我特别讨厌'试睡'这个词儿,我看到真正靠谱的试睡员,都是给酒店服务做搜查的人,这些人基本很少出现在媒体上,现在媒体上比较多的所谓试睡员,就是写软文的。"

选择高级酒店入住,花总的理由很简单:"有钱为什么不住好一点?"在花总看来,物质不是不好的东西:"开好车,并不是说我开一辆好车马上就成为一个怎样的人,而是因为我开这辆车的时候感到舒坦,不会因为油钱和停车费焦虑,放轻松了,生活品质就会上去。在不用贷款的前提下,假如你能开一辆好车,可能相对而言会更从容一些。这跟能住高级酒店的时候选择高级酒店,是一个道理。"

当年开始写"装腔指南"时,花总准备要卖掉公司,因为特别无聊,同时有一种焦虑感。适逢微博火热之时,他准备写点什么,十来年的职业生涯里面看到很多好玩的人和事,于是"装腔指南"诞生了。花总说,它不是一个计划出来的东西,开玩笑说是为了装X,其实是为了反装X,当然那个时候只是想调侃一下,并不是为了揭露什么。

在这个没有安全感的时代,走向职场的白领,总是担心自己跟不上时代的脚步。花总认为,好物质起码能减轻一点生活焦虑症,"物质为他们带来了某种程度的存在感"。如果能够带来更好的生活,有什么值得鄙视的呢? 花总甚至说:"我觉得自己是一个物质的人,起码物质多一点,我自己会心安一些,从容一些。"

中国存在这样一种文化心理:如果你特别关注物质,那么你一定是特别俗气的人。"鄙视物质是不对的,如果你能够放平心态去看它,能够欣赏好东西,不要看售价后面有多少个零,这也是精神生活的一种。"花总对物质的看法中肯而靠谱。他在"装腔指南"里面反讽的,其实是两种人,一种是特别物质、特别装 X 的人,另外一种,是出于酸葡萄心态鄙视、吐槽物质的人,这两种心态都是需要被纠正的。他说,"装腔指南"所做的,正是借"装腔"外壳,端平物质态度,传播好的物质与生活方式。

花总的猎物清单

DJI S800 EVO 六轴航拍无人机
更长航时、更稳定的拍摄。

Zero Halliburton 28 寸经典款合
金拉杆箱
坚固、低调的旅行装备。

AKG K3003 耳塞
三频均衡入耳式耳机,用来欺骗自己听得出火电和水电的声底。

松赞系列精品酒店
不是特别有名,却是特别喜欢的酒店。

好的生活方式
不心慌,没有人逼着做什么事情,活得舒坦。

各种各样的人兴高采烈到黄家,对他们来说,不过是生命中的一个片段,对黄珂来讲,却是"生活在很多人的生命中,体悟到虚构之美和他者之乐"。

文/杨杨 图/由被访者提供

黄门流水席发起人

黄珂 体悟他者之乐

黄珂的豁达与下围棋的"全局观"有关。

黄珂的住址不是秘密。在望京一个小区,抵达他所在的楼层,循声音走去,房门大敞的就是黄家。在客厅,你可能同时会听见大提琴和四川话的声音,黄珂钟爱大提琴演奏,四川话来自客厅的交谈和里屋斗地主的牌局。牌桌旁有两个满装食材的大冰柜和七八只大大小小的泡菜坛,这是以川菜为主的黄门流水席的底气。

前晚,家里来客超过四十,有不少来自美国、德国、格鲁吉亚的外国面孔,是朋友的朋友。只好把桌子拼拼凑凑,大家挤成三桌,吃吃喝喝各聊各的。有人觉得猪肉好吃,有人觉得牛肉做法奇异,至于那个鱼,大家普遍认为:辣。

要是人再多,像前几日老友杨炼呼啦带来一大群朋友,黄珂干脆招待他们去自家开的川菜馆"天下盐"。"天下盐"灵感源于《圣经》中耶稣对门徒说的"你们要做天下的盐",在黄珂这里,意思又多一层:"四川人是天下的盐嘛。"

"在不在?"开饭前一两小时,可能有老友发微信来问。

"在,在,在。"黄珂答,一问一答都是蜀音。

"他也不说是否来,我也不要求来不来,爱来就来。"黄珂的客厅里,最大的特点就是"随意"。"之前有朋友开玩笑说,该送你块匾'四川会馆',我说,错,第一不叫'会馆',这里分明是我的家,第二那也是'四海会馆'——希望面向所有人。"

从1999年搬家到这个小区,开始办流水席,十五六年间,粗略估计下来,平均每年有一万人次在这个客厅来来去去。除了朋友,还有朋友带来的朋友,还有好奇的陌生人。"有一次,一个小伙子,大家都不认识,坐下来吃饭,吃完才说自己好奇找过来的。"

他的朋友说,黄珂没有"分别心"。"我恰好不是那种心思细腻的人,比较粗放,无所谓,大家能成朋友,大家能愿意来,就欢迎。"或许,他的豁达与常年下围棋有关。"下围棋不是落一子就只盯一子,而是需要全局观——这种'全局观'也会潜移默化影响自己为人处世的视野,不是从局部来看问题。比如,来一个客人,也许他的言行你不喜欢,但总有喜欢他的人,不能因为你的好恶去评判别人——也许是你的偏见呢。"

偶尔也有实在不合眼缘的人,或者有客人失态喝多了红了脸,或者,有人对美食并不在意,觉得就像汽车加油,吃这样一餐饭和一顿洋快餐区别不大,黄珂也不恼,"能不能欣赏美食,就是你自己的造化了"。

随着各色人在此流转的,还有各色特产或时令食物。国外的朋友下次再来,会带来葡萄酒,海南的朋友会捎来几箱芒果。更常见的,还是一些好友的馈赠,譬如夏天,有朋友会在四川藏区的山区挖一保鲜盒的松茸,快递到北京,黄珂就迅速召集懂美食的朋友来尝鲜。"松茸清香鲜美,有独特的菌香,一般的处理是'轻做',清炖老母鸡,或者只是烤一下就很好吃,有的还可以切片生吃,有很浓郁的菌香——但你要做成四川那种麻辣的味道,那就糟蹋了。"

黄珂的好友、诗人二毛是出现频率相对高的一位。二毛有时会带着一串香肠前来,径自进了厨房交给厨师再交代一番,然后出来和黄珂继续谈事儿。在黄珂眼里,二毛既是工作上的亲密搭档,也是亲如兄弟的志同道合者:"他经常跑到四川乡下找好猪肉,看到好蒜苗也要想办法带一把回来;我到了海边,看到咸鱼,也会想办法带回来——这里的咸鱼和那里的咸鱼,质地都不一样,鱼里边有很大的区分。"

"对于喜欢美食的人来讲,寻找食材就是猎物吧。"对黄珂来说,有一项"猎物"是固定的:每年黄珂都会杀两三头猪。猪是提前一年就委托重庆山区的农民饲养,不喂饲料或生长素,而是坚持用当地的红薯、玉米饲养。"用配方饲料,三个月就从小猪长成大肥猪,味同嚼蜡;用传统方法饲养的猪长得慢,皮层也厚,口感更绵实。"到冬至就杀了,做成腊肉、酱肉和香肠,运送到北京,而后,以各种菜式出现在黄家的流水席上。

为什么能坚持办流水席这么多年?黄珂有三条标准答案:"单身(客人不必看女主人颜色),自己心态包容,川菜好做又好吃。"

早些时候,黄珂跟好友张枣有过一次对谈,把自己温和又爱张罗的性子,一部分归于自己在家中排行老二的缘故。"因为老二往往是受忽略的,大的事儿有比你大的扛,而娇生惯养的部分,又有小的去代替你,所以,夹在中间比较尴尬。久而久之,据我观察,老二一般比较能受气、能担当,做事也最多。"

"画、音乐、书,这些我都没有刻意收藏。"背景音乐是他最喜欢的罗斯托罗波维奇的《德沃夏克大提琴协奏曲》旋律,隔壁房间是堆满书籍和碟片的高层书架,坐在挂着或摆着多幅画作的客厅里,黄珂说:"我反倒是收藏了很多友谊。"

"黄友会"是座上客自发的组织,放眼过去,组织里一片耳熟能详的名字,有时,你也会在流水席上看到这些面孔,未出席的人,也会以种种形式不经意地在场,比如,特制餐具上的"黄珂"二字,是某次贾平凹在此饮后所题。

6月14日是黄珂的生日,每年这天,除了吃吃喝喝,"黄友会"的成员总要聚在一起做些什么,有表演才艺的人很多,简直可以凑台晚会。2006年,他们做了一台话剧《茶馆》,从此一发不可收拾。"现在,除了每年的话剧演出,我

黄珂的猎物清单

好味｜台湾有种乌鱼子，切片，煎一下或用喷灯，味道咸咸的，很鲜美。

好书｜喜欢汪曾祺。淡白如水又意味深长，写吃是一流的高手。

好碟｜唯一有目的地收藏的唱片是安德烈·波切利的唱片，他所有的唱片都有。20世纪90年代初在音像店听到，大吃一惊，此后慢慢了解、收集。有句话说得很好，大意是，假如上帝开口，就是这个声音。

们也会做做公益——我也不希望大家都把我看成一个单纯的吃货。"黄珂说。

和"友谊"同时收藏的，还有很多奇妙的缘分。比如，同座的客人，说起住址，发现是一栋楼里的邻居，或者，十多年、二十年，甚至三十多年未见面的人，在黄珂的客厅遇见了。"会相拥大哭吗？"黄珂摇摇头，笑道："生活并没有这么戏剧化。"

黄珂眼里的生活是什么模样？他的朋友张枣说："就像小说家的创造，生活在很多人的生命中，体悟到虚构之美和他者之乐。"而黄珂更愿意称之为"生命中的片段"，在他看来，各种各样的人到这儿来，兴高采烈的，但是对他们来说，不过是生命中的一个片段。"对我来讲，这也是我生命中的一个片段，我只是在每个片段中看到有趣有意思的事情。"

特制餐具上的"黄珂"二字，是贾平凹所题。

园林赋予了叶放物质与精神的生活之道，"当它成为你生活中的一部分，你看到的就不只是物质，还有它背后的精神内涵和处世哲学"。

文/宋彦 图/阿灿（新周刊）

南石皮记园主
叶放 不出城郭而获林泉之怡

叶放深得园林生活的精髓和处世哲学。

几天前,叶放刚从日本回来。

每次去日本,叶放都有新发现。这次,他又带回两件"重要的古董"。日本的古董店以东京车站站前的日本桥一带最为繁盛,每年7月,东京国际展示场都有一次全国规模的古董展销。叶放说,逛日本,挑对时候很重要,每月的21日,京都的"冬市"上有很多"尖货",25日是北野天满宫开市的日子,许多中国失传的老物件都会出现在这异国他乡的集市上。

"淘的乐趣多于收获的乐趣,你会看到很多意想不到的东西。19世纪中国热时的物件,中国与日本的文化渊源,中国和欧洲文明的关系,都藏在这些茶具、香道具和花道具里。"作为标准的苏州文人,叶放的旅行总有古人云游的气质,他偏爱那些古老而厚重的城市,喜欢古董市集和旧货市场,他谋划着重走歌德之路,德国的文化遗产小镇,他游览了其中的90%。上次去欧洲,叶放带回一个扬州剔红的漆盒子,这次在日本买了一套茶具,这些外传的中国古老物件让他着迷。

这些年,叶放云游四方,带回不少好东西,它们都在"南石皮记"安了家,成为叶放丰富园林气韵的宝贝。

十四年前,叶放怀着"不出城郭而获林泉之怡"的士大夫之心建造了"南石皮记"。在不再静谧的苏州城里,叶放"隐于市",每日饮茶、听曲,操办文人雅集,在园林山水间享自然之气。

叶放把他所独享的这份"自然之气"称为"二元自然"。"野生的自然是'一元自然',我们在城市里,在钢筋水泥的丛林中,用艺术和人工来营造自然,这个自然是艺术自然,是'二元自然'。"叶放说,他的这处"二元自然"有强烈的物质性,所有山水花木、亭台居所都被赋予了人的理想。

园林和自然山水的不同在于,"人"是园子的主角,园林的意义不止于观赏,更重要的是,它能养人。

叶放生长在曾繁荣一时的毕园,祖辈的基业和底蕴把他熏染成一个"老派"的文人,也注定了他与苏州园林解不开的缘分。

"文革"后,毕园没落,叶放进入画院工作,画院位于苏州名园听枫园之中。上班时,叶放享受着听枫园的供养,闲来无事,他会背上画板去写生,找个经典名园,一坐就是一下午。这些"偷来"的时光,殷实又安逸,叶放就这样沉迷于园林构建的小世界。

从毕园到听枫园,再到真正属于自己的南石皮记,园林影响了叶放的世界观:"为什么要叠山?为什么要做水?山不能光秃秃的,要有花木,还要有观花的亭台。花木会引来鸟鹤,活水有鱼丛安家,人与自然的和谐就在这些前因后果中实现了。表面看,园林是一种物质形态,当它成为你生活中的一部分,你看到的就不只是物质,还有它背后的精神内涵和处世哲学。"

南石皮记的戏台子为外人称道。闲来无事,叶放会请来昆曲戏班,唱一出《牡丹亭》,体验明朝有"家班"待命的园林生活。"昆曲、评弹这些珍贵的传统艺术不是大剧院里的遥远艺术,它们本来就是生活的一部分,这也是园林的高明之处,它让艺术自然而然地与人发生关系。"

园林也是叶放艺术创作的灵感来源。在第55届威尼斯双年展上,叶放展出了装置作品《墙上的风景》和《船上的风景》。作品中有叶放的忧思:"船就是漂泊和流浪,墙是面壁和反思,当我们没有立足之地时,我只能带着园林去流浪。"

园林和"雅集"有天然的联系。南石皮记以精致的园林景观而闻名,主人花样迭出的"文人雅集"也是园子最吸引人的内容。

在没有园子前,叶放已经热衷于组织"雅集"。随便一山一水一室都可以雅聚,关键在于主题和形式,当然,哪些人来参加也很重要。"雅集是一种生活方式,是西方沙龙和派对的结合体。"叶放说。派对有交际和应酬,沙龙有争论,有思想的交锋,"雅集"恰好将二者结合。

叶放有一个长长的单子,上面列出了几百种雅集。有些因节气、典故而设,有些为器物而设,有些是临时起意,每场雅集都有由头,也有各自的规则和形式。

春天万物复苏,要办"寻竹雅集",夏天临水乘凉,宜设"访荷雅集",秋高气爽有"问菊雅集",数九寒冬有"谈梅雅集"。元宵、冬至、端午……每个传统节气都值得呼朋唤友聚一场,或高谈阔论,或低吟品茗,总能有所收获。

把玩、会意、兴境是"雅集"的三重境界,翻译成俗语就是玩、吃、乐。"把玩"就是触碰器物,在赏石头、观花等雅集中,这是必不可少的仪式,在触碰中去寻找感觉,理解物与人的关系。"会意"指饮食——考究的饮食,像如意的黄豆芽,鸡丝、鱼丝、笋丝、芹菜丝组成的"万事如意"……摆盘有意境,每道菜都要有来头。"兴境"是雅集的核心,大家畅所欲言,引经据典,每个人贡献几句话,诠释对雅集主题的感受和理解。

生长于园林,又由着性子建了属于自己的园林,并非所有人都有叶放的幸运。如何在喧嚣的俗世生活中得到"林泉之怡",叶放亦有心得。

在画院工作的那些年,叶放的私人生活中是没有园林的。开窗有梅菊、晨起听鸟鸣的园林日子对当时的叶放来说是种奢望。"哪里去找这份园林的情景呢? 我开始养盆景。"叶放说,当时的盆景有两种,一种是花布盆景,用泥、青苔和小花木造出园林的缩影。另一种是由小石头组成的水石盆景,也有园林的意境。"哪怕你没有露台、阳台,书桌案头总有吧,一碗莲花也可以养得很考究。潦倒的古代文人总喜欢养碗莲,养的是种心境和情操。"

开门七件事,柴米油盐酱醋茶,只要稍花心思,平凡的生活也能"雅"起来。

园林里都是细碎事,叶放每天琢磨的都是一枝一叶的生长和走势,雅集也是优雅的俗世,无非是吃喝中多几分思辨。"所有的形而上都落实到形而下了,我们今天总喜欢讲一些大道理,讲一些哲学,但人不是活在哲学里的,人是活在一个哲学状态中的。"叶放觉得,人们所得到的道理不应全是书本上的,道应是生活之道,由器而道,由物质到精神,"园林恰恰赋予了物质与精神的这种道,这就是园林生活的精髓"。

叶放的猎物清单

最喜欢的馆子
新聚丰——最地道的苏帮菜,幸运的话还能吃到老板亲自下厨的手艺。

最喜欢的食物
秃黄油拌饭——极精致与极素朴的结合,不可思议,醉生梦死。

最喜欢的茶
五十年以上老茶。无论品种。

愿意推荐的一本好书
《逍遥游》——读了才知道。

最近经常把玩或者最感兴趣的物件
怀袖雅石——一块大自然唾手可得的石头,竟可以成为美学符号哲学象征,个中奥妙,其乐无穷。

推荐一处苏州的好去处
艺圃——可与晚明邂逅的古典园林。

观园、画园、造园,园林影响了叶放的世界观。

猎物天下

美国 Yuneec Q500 专业航拍无人机。

兰博基尼盖拉多跑车。

十个

对物有态度的

老师

工业设计大师 Dieter Rams 设计的 Braun SK4 点唱机。

芬兰设计师 Harri Koskinen 设计的冰块台灯。

巴拉莱卡琴,俗称三角琴,是俄罗斯独有的民族弦乐器。

瑞士军刀已经成为这个国家的符号之一。

绝对伏特加产自瑞典南部小镇 Ahus，品牌核心是"纯净、简单、完美"。

正如艺术史学家张道一所言："人类的发展是一部伟大的史诗，而造物活动犹如一根贯穿始终的琴弦，弹拨出美妙的乐章。在人与自然的关系中，表现出人的能动性；在人与物的关系中，表现出创造性。"

人类文明史上，不同国家各擅胜场，于千百年的造物实践里形成了各具地域和民族特色的对物态度。只有找准位置，人才能成为物的尺度。一个关于欧洲的段子是，如果意大利人是工程师、法国人是银行家、英国人是厨师、瑞士人是情人、德国人是警察，那就是欧洲的地狱——而当意大利人是情人、法国人是厨师、英国人是警察、瑞士人是银行家、德国人是工程师，那便是欧洲的天堂。

在各自擅长的造物领域，每一个国家，都是一位值得学习的老师。

红色电话亭已经成为伦敦的标志之一。

外星人榨汁机。

日本设计大师柳宗理作品。

意大利
一把扶手椅也有文化说服力

文/韦坤劼

"我们去参观普鲁斯特曾经生活和写作的地方以寻找灵感。当时的想法是从文学出发,来发现一个物体的表面图案和形式。阅读和了解普鲁斯特后,我独自想到做一个他的扶手椅的可能性……我想达到的效果是从一个假的东西着手来使一个物品拥有文化说服力。"

——著名扶手椅Proust的设计师亚历山德罗·曼迪尼

将但丁、薄伽丘和邓南遮连接起来,是接近意大利的途径。意大利文学都表明了这样一种线索:在意大利式狂热和不靠谱表象下,藏着某种肃穆的悲剧性。当这种理念反映在他们的物质生活中,那就是意大利式的制造——既继承了古罗马人重视现实生活的特性,又有着根深蒂固的精神信仰传统。这种矛盾性组成了意大利人的特点,也构成他们对待物的基石:物质既呈现出现实主义观念,又必须是隐喻与象征的,通向至高无上的美。

意大利并不是一个以大型跨国企业为主的国家,其经济支撑多为中小型企业。跟德国不同,意大利技术能力一般,但充分发挥了审美上的优良基因,我们星球上最豪华的跑车和最奢侈的服装绝大部分来自这个国家。这是一个奇特的民族,他们对天国的爱和对肉身的狂热同时刻在骨子里,然后将这种特性泄露在方方面面。意大利奢侈品的丰盛表明意大利人对现实生活的重视程度,他们对美的天生敏感和热爱必须倾注在具体的事物里。美不是凭空产生,美这个特性必须有一件具体的、可供雕琢的物体来承载。Armani、Versace、Dolce&Gabbana、GUCCI、PRADA、FENDI是意大利的,法拉利、玛莎拉蒂、兰博基尼、帕格尼也是意大利的,能看出当代意大利对

由曼迪尼设计的Cappellini彩色沙发。

1. 米兰大教堂,世界最大教堂之一,建筑风格包含了哥特式、新古典式、巴洛克式。
2. Dolce&Gabbana2014秋冬女装发布秀。
3. 1955年,佛罗伦萨彼提宫内的 Sala Bianca 时装秀。

如何创造和发掘物质之美拥有的惊人天分,意大利时装和跑车以无可匹敌的气势征服了世界。

但它美得惊人的一切设计到了顶点,都难以逃脱宗教藩篱。意大利物质生活的那一面就像是其神圣宗教崇拜的绝对镜像,它甚至甘心被此束缚。这使得意大利的"物质主义"一直拥有一种奇特的悲剧感,它存在于此身,为此刻而存在着,狂热地把握着今天——一切显而易见的现实器物都必须越美越好。然而这极美的事物到了头,便会成为非人间的东西。

于是,意大利的教堂上方到处飘荡着圣洁的钟声,而那理性的广场上游荡着只把握今朝的男女,这些令人着迷的特性与无法解脱的命运都被它们的精神写作者和造物设计师注入自己的作品里。意大利如此热烈地赞颂肉身的欲念与放纵,是因为它过去,现在都一直望向末日。

芬迪黄色小怪兽皮草包。

法国
信手拈来的造物灵感

文／韦坤劼

"有时候你必须选择设计的目的——这玩意可不是为了柠檬汁……在某个夜晚，一对新婚夫妇邀请新郎的父母来家做客。父子俩去看电视足球比赛了，新娘和婆婆头一回单独在厨房，气氛有点抑郁——这个榨汁器就是为了起个话头而设计的。"

——法国设计大师菲利普·帕特里克·斯塔克

　　法国人虽然天生就是制物、爱物、尚物的高手，他们待物却有一种自由态度，法国风尚在某个方面意味着举重若轻。洛可可时期是形成今日法国风尚的一个重要转折点。路易十五上台后在个人趣味上的推波助澜，让法国人在精美、奢华、极尽香艳这件事情上，做到了极致。

　　早期席卷欧洲的巴洛克风格，基本上已经将人们对高大、华美、庄严的胃口吊到最高点，接下来只有对细节进行精雕细琢，于是甜美明快的洛可可才能提起人们新的兴趣。洛可可不是一件凭空产生的事情，它是从巴洛克庞大的身躯里伸出的一支，只不过它愈加将眼光集中在身边可见的普遍的事物上：它坦白地赞扬美酒、女人们滑腻丰腴的躯体、丝绸裙摆上的闪光和今日的欢宴。洛可可首先发生于法国，并且成为席卷欧洲的风尚，似乎是一件必然的事情—— 当一个具备高度艺术敏感的民族将所有的精力放在享乐这件事情上时，享乐变成了一件艺术，一套与自身密切相关的生活哲学，生活里所有方面只要精细对待都可以成为风格。

　　洛可可在细微方面为法国打开了一扇门，以雅致、细腻、轻盈的情色触觉，来设计豪华、奢侈、高尚的物品，这尤其体现在室内装潢与奢侈品设计上。在法国的传统观念里，建筑、家具、生活用品、交通产品和室内设计都是为上

洛可可风格的彩绘漆家具。

1. 巴黎卢浮宫博物馆，收藏目录上记载的艺术品数量已达40万件。
2. 法国国王路易十五。他在位时法国流行洛可可式家具，这一时期被视为法国家具史上的巅峰。
3. 巴黎香格里拉酒店窗外的埃菲尔铁塔。

层权贵服务，这导致它很少将眼光投放在普罗大众的消费上，它与德国或北欧不同，它缺乏一种入世精神，但这反而成就了法国那种精致巧妙的生活哲学。

菲利普·帕特里克·斯塔克作为法国当代首屈一指的工业设计大师，在各个产品行业涉猎众多，其设计风格强烈地体现了法国工业设计的特点，就是充满信手拈来的灵感，他最广为人知的"外星人榨汁机"是一个绝佳例子。然而法国人缺乏德国那样的功能主义设计思路，法国欣赏曲线、漩涡的婉转之美，不太欣赏结构坚硬的几何造型趣味。法国的设计具备创造性与戏剧性，但缺乏功能性，这跟它自洛可可、新古典主义一路发展而来的审美趣味密切相关。近观法国自20世纪20年代以来流行的时装或家居设计，经历过反反复复的风向转变，其核心仍能读出俏皮二字。

菲利普·帕特里克·斯塔克设计的椅子。

英国 生活充满妥帖优美的细节

文/韦坤劼

"不要在你家里放一件虽然你认为有用，但你认为并不美的东西。"

——英国"工业设计之父"威廉·莫里斯

英国人骨子里非常类似住在袋底洞（Bag End）的霍比特人——他们的生活充满妥帖优美的细节，而这些细节依赖于外观精细、功能适宜的物件来实现。英国人强调实用性和美观性的结合，而在他们眼中达到这个目的的最好方式是手工。

"每个人都是小店主。"拿破仑曾如此评价英国的民族形象，指出人们对待生活的小心谨慎和步步为营的态度。英国人偏好小玩意，这其中透露的造物思想，就是一切美的生活细节都值得细致对待、精心陈列，尊重传统是一件体面的事情，所以回顾、传承、制造那些传统物件，就是英国人审美体系的框架。

英国在很长时间内并没有自己的审美法则，孤悬于欧洲大陆之外的英国，长期被认为是荒蛮和粗糙的，它没有自己的艺术传统，所以长期只能对欧洲主流传统亦步亦趋。直到工业革命一声炮响，为世界托起一个大英帝国，它的眼睛开始重新打量这个世界，一方面强大的经济基础呼唤一套属于自己的、可以媲美他者的艺术法则，另一方面维多利亚时期已经陈腐的风尚，以及工业技术带来的粗制滥造与批量复制，都在催促着英国发生一种新的艺术与设计革新。

拉斐尔前派（1848年在英国兴起的美术改革运动）

Burberry雨伞。

英国奢华汽车品牌捷豹深受王室青睐。

成员之一的威廉·莫里斯和他引领的工艺美术运动,让英国第一次在生活与设计方面向全世界提出主张。莫里斯最著名的观点之一是产品设计和建筑设计是为千千万万的人服务的,设计不是为少数人而存在的活动,这一点切中英国人的七寸:现实生活就是每一个个体的生活,它必须具备某种温度,日常的家庭用具、衣服等最好价廉而物美,手艺应当尽可能地讲究,好的工艺美术应当改善普通人的生活。

英国人的死磕精神全方位无死角地展露在他们的一切工业设计里,但时不时,他们会蹦出一些古灵精怪的想法,可是他们也总能用传统而体面的方式将这些新玩意包装好。对于他们而言,物质生活有一种思辨性存在,就如同他们自己总是一方面古板得要死,一方面压都压抑不住地要冒些邪恶搞怪的泡泡。

双层巴士驶过伦敦大本钟前。大本钟又称伊丽莎白塔,是世界著名的哥特式建筑。

美国 实用 硬朗 抛弃『无用』

文/韦坤劼

"致疯狂的人：他们特立独行。他们桀骜不驯。他们惹是生非。他们格格不入。他们用与众不同的眼光看待事物。他们不喜欢墨守成规。他们也不愿安于现状。你可以认同他们，反对他们，颂扬或是诋毁他们。但唯独不能漠视他们。因为他们改变了寻常事物。"

——苹果创始人史蒂夫·乔布斯

纯粹的物质之美是社会技能发展到一定阶段的产物。美国没有经历过漫长的各种思想互相绞杀交织的时期，相比别的国家，它有的是一套简单明晰的历史，这让它在对待物的态度上也直接明了——合理、实用、时髦。

当代美国距离原始积累财富的时期并不太遥远，在早期荒蛮艰苦的开垦历史中，美国文化就是生存文化，因此美国的物质实用主义没有老牌资本主义国家的那一类包袱，美国对物质的态度向来坦然：所谓物品，就是要实用、实用、再实用，如果在效用与美化之间产生了矛盾，牺牲哪个？不，美国式的思路是既然我不符合旧有的审美，那么我就创造一种全新的设计体系和用户体验。美国率先在当今的世界范围内确立了一种新的物质精神，简洁明快，强调效率，所以明确的几何直线必须取代暧昧的曲线。

追溯起来，Art Deco（装饰艺术）风格对美国工业设计的影响是启发式的，虽然 Art Deco 建筑风格起源于1925年法国巴黎举办的国际装饰艺术与现代工业博览会，但却真正兴盛于美国。法国博览会向人们展示的 Art Deco 建筑风格，在思想与形式上明确反对古典主义的矫饰，主张机械之美的现代设计，在造型与色彩上进行

主打更轻薄更高清的 iPad Air 2。

了新的革命。而当美国摩天大楼飞速出现，建造出一片都市丛林，新的法则随之诞生。摩天大楼象征着资本，而Art Deco的硬朗几何形态和充满现代主义的风格在美国如同资本的完美代言，这股潮流蔓延到手表、珠宝、时装、家居等各领域。Art Deco一度成为美国审美核心，至今是美国当代设计理念的根本框架。

美国这位新世代的资本家，曾快速地迎接第一轮对物、对美的渴求，在纯粹的享乐主义气氛中追逐强烈的美感。菲茨杰拉德的小说是美国物质精神的最佳写照，它写出美国骨子里对财富的信奉与追逐——这曾经将美国绑上火箭，平步青云，也让它抛下许多无用之事。但有时候，却也正是那些"无用"之事让人们具备情怀——显然，美国不太在乎这些。

1950

1951

1952

1953

20世纪50年代，凯迪拉克汽车经历了不同的车型设计。

纽约克莱斯勒大厦，高318.9米，共有77层，是纽约摩天大楼的代表作之一。

文／邓娟

德国
在有限制的自由中挖掘美感

"物的本质由其用途决定，设计时应当注重功能的发挥，无论一个容器、一把椅子还是一栋住宅，实用是第一位，实现功能性前提下才能兼具经济和美观。"

——德国包豪斯学校创办人瓦尔特·格罗皮乌斯

如同温带海洋性气候催生了法国人的浪漫，多山、干燥的自然环境造就了严谨的德意志民族。即使这个民族不仅出爱因斯坦和马克思，也出尼采、歌德与贝多芬，仍然无法让世界对它有浪漫的认知。德国性格举世皆知，它的理性有时被视为教条，但也正是教条式的苛刻让德国人制造了杰出的德国品质。

"德国制造"起初是耻辱性的标志。在工业化完成前德国一直属于落后农业国家，被认为生产劣等产品。"二战"后，英国要求德国人在产品上注明这四个字以示区分。然而，德国人以理性、计划性以及对精确度的执着，扭转了这个标签的口碑，在英国人几乎放弃制造业的今天，"德国制造"成为信誉和质量的代名词。

提德国不可不提包豪斯，这个名字已不仅仅代表一所学校或一种风格，它在全世界范围影响了现代设计运动。包豪斯是德国人对物态度的精粹。如格罗皮乌斯所说，"艺术家与工匠没有什么本质上的不同"，德国的设计师们把自己看作工业生产的一环而不是艺术家。这种实用主义反映在德国产品中，明显特征便是不会采用太无用的设计，比如繁琐的花纹或暧昧的曲线。他们花大量精力反复验证，以期生产出耐用的物品。作为德国品质代表之一的保时捷，是跑车迷心目中"速度与激情"的化身，而在德国人那里，保时捷的设计初衷是"有限制的自由，有机遇的责

HK P7系列手枪安全性好、精度高，被军警部队广泛采用。

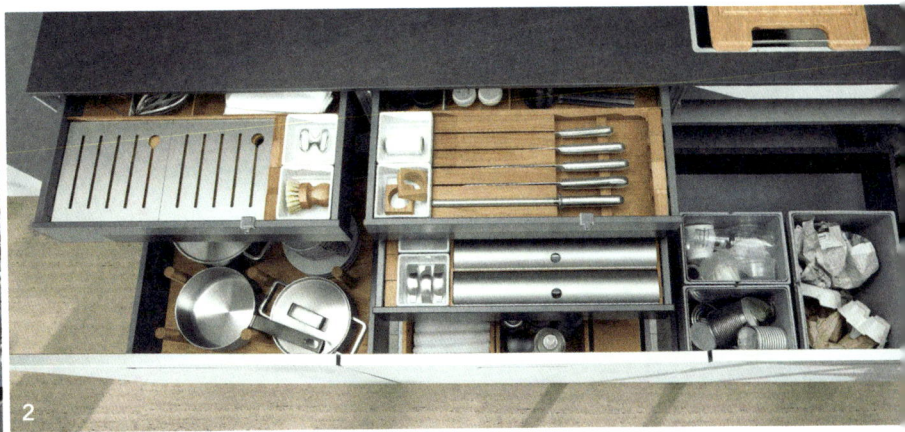

1. 德国沃尔夫斯堡的大众汽车城,有一座供参观的汽车工厂和两座20层的立体车库——"汽车筒仓",买家可以直接选择喜欢的汽车。
2. 德国旭勒橱柜,规模和产值在世界橱柜行业位居前列。

任",工程师们付出心血,挖掘美感,最后提炼成简单而经久耐看的外形。

　　理性只是包豪斯的一面,它的另一面是兼具感性、童心未泯,正是包豪斯首先提出技术与艺术相结合。除了被意大利人赤裸裸嘲笑为难看至极的德国时装,德国其实充满惊喜,如今有"设计界奥斯卡"美誉的德国红点设计大奖,贡献了许多品质与外观都妙不可言的精品。

　　这就像德国人的性格一定也有另一面,否则无法解释克制的民族如何在"二战"时受希特勒蛊惑。他们是理智与疯狂的集合,服从但不缺少浪漫,残酷中带有温柔。写《德国人》的艾米尔·路德维希说:"促使他们拼命的不是追求更多的财富和生活享受。一个好战的民族从来不会在假日或周末闲情逸致地享受一番,相反,他们希望剥夺别人这种享受。德国人认为,轻而易举获得的东西都是没有价值的;他们认为通过千辛万苦、征战攻取而获得的才是有价值的。"

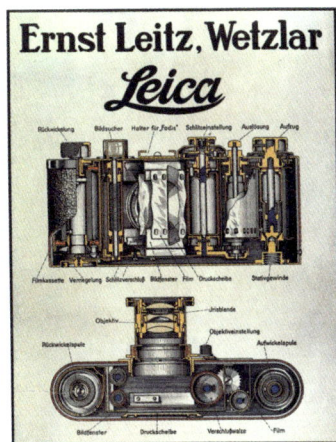

莱卡相机的极致与专业,是德国设计的经典体现。

"相比于对鲜艳与明亮的强调,我更震颤于旧书褪去之色、混入日本和纸的纸板上的灰色,以及锈蚀的雅致之色。从植物种子和沙子那时尚、自然的色彩中,我发现了真实。"

——日本设计大师原研哉

文/邓娟

日本
素到极致开出花朵

对于把美学渗透进生活细节的方方面面,没有哪个国家能做到像日本一样极致。日本人对物质的态度几乎接近他们对精神的追求。从着眼于物然后产生联想的"物哀",到更偏向精神层面的"幽玄",最后发展为只能凭空想象的"侘寂",这三个美学词汇,代表了日本物质生活与精神生活的变迁。

日本首先是学习外国经验的最好学生,从幕府时期它就对唐文化顶礼膜拜,起源于印度的禅宗被当作中国传统文化的一部分引入日本,便如日本人所说,"禅宗在中国开花,却在日本结果",它被吸纳并发展为日本自己的、内涵丰富的文化形态。京都虽是仿造长安而建,但柔婉、纤细、含蓄、空灵这样的形容却只属于前者而不适合后者。宋元时期中国山水画出现的"荒寒"画风,在日本与"物哀"、"幽玄"结合,影响了日本的造园活动,孕育出中国没有的枯山水艺术。

日本当然也走过弯路,在现代设计史上它曾经照搬欧美,一度被国际嘲讽为抄袭大王。日本人最终认识到民族传统文化才是造物基石,于是提出了"和魂洋才"的设计准则——"才"是西方的技术,"魂"是大和民族的精神。今天的日本是最西化的东方国家,筷子和刀叉、和服与西服和谐存在。

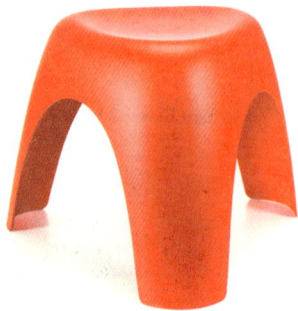

1. 日本陶瓷器。日本文化在历史上深受中国影响，制瓷业也不例外，有些造型与中国瓷器相仿，但也有明显的日本民族风格。
2. 日本铁壶从明治时期随着茶道流行成为日常用品。

日本人保持着对自然和神灵的敬畏之心，他们的生活习惯干净、整洁，仪式性、程序化的茶道如同他们对世间万物的思考与整理过程。

由茶道伴生的侘寂美学认为，残缺是美，简朴是美，即使外表斑驳或黯淡褪色的旧物件，也蕴含震撼之美。但崇尚简素并不意味着日本人牺牲了视觉美感，它素到极致会开出花来，无论是日本文化所迷恋的"雪吹樱花"的瞬间伤感之美，还是日式插花的宁静恒久之美，决绝的日本人简直"不美则死"。

既可能简朴也可能精巧，既严肃又怪诞，既有深受禅宗思想的抽象一面，又受限于岛国资源处处体现现实主义精神，这就是日本式的设计。

从千利休到柳宗理，从三宅一生到原研哉，日本涌现出多位美学和设计的大师，民间亦不乏匠人精神。而今天，世界各地的人在生活中对日本的物的感受，更多来自无印良品。这个品牌名字的含义是"没有商标，并且优质"，它鲜少鲜亮的颜色和突兀的线条，不做过度包装，倡导删繁就简、以人为本，是自然、简约的日本生活方式的物化。

"一粒沙里看出一个世界，一朵野花里一座天堂。把无限放在你的手掌上，永恒在那一刹那珍藏。"这是英国人威廉·布莱克的诗句，却更适合概括日本人的造物美学。

日本设计大师柳宗理的作品。他将民间手艺的温暖融入冰冷的工业设计中，被称为"日本工业设计第一人"。

瑞士
以器械表达理性之美

文／韦坤劼

"建造一所房子要像设计机器一样考虑结构和布局，功能要明确，不能太浪费空间，必须把住宅当作一架居住的机器或工具对待，按实际需要和造价来解决问题。"

——瑞士"功能主义之父"勒·柯布西耶

浪漫和诗意不属于人们对瑞士的印象，很恰恰相反，它构建的是一种精密、严谨和强调功能性的"瑞士风格"。

瑞士相当富有，作为一个稳定到变态的经济体，它打败了一众欧洲国家，人均收入在全球一直位居前列。它的金融体系安全，银行保密制度完善，税收政策合理，在国际事务保持政治与军事上的中立。谁不喜欢瑞士呢？尤其是有钱人，瑞士人就有一种让你安安心心地将财富放在他们手里的能耐，这一切根源于这个国家有一种坚决的现实主义态度。

重视现实生活的人大多有个特征就是看重结果，瑞士的生活哲学就是精明、务实、强调资本。16世纪爆发的宗教斗争功劳之一便是促进了这个联邦国家的资本主义发展，资本主义意味着对物质生活的重新改造，瑞士的方式便是明确地以商人逻辑囤积财富。瑞士人由日耳曼瑞士人、法兰西瑞士人、意大利瑞士人、雷托罗曼人组成，这四个民族在这块土地上融合出一种新风格——理智冷静、善于对付规则，也因此创建了一套瑞士特色的经济体系，吸引大量跨国公司在此设立总部。

这种国际性也体现于它的艺术。20世纪50年代在瑞士和德国形成的"国际主义平面设计风格"，是现代设

瑞士法郎，是瑞士平面设计的典范。

1. 奢华的阿罗萨图亨酒店坐落在阿尔卑斯山区。
2. 贯穿阿尔卑斯山的冰河列车途中会经过著名的朗德瓦萨桥。
3. 百达翡丽的"喜鹊聚宝鸟巢"座钟。

计的重要风格之一，整洁、严谨、工整、理性化。这些特征强烈地注入瑞士的工业设计和生产。在瑞士，工业产值约占国内生产总值的50%，包括钟表、机械、化学、食品等，其中瑞士的钟表简直就是这个星球上的特色产品。这个由人创造出来的精密艺术品，某种程度上可以比拟造物主的思路，是小型奢侈品的唯一选手。

如果上帝要在人类社会中选一个当代物质主义者，瑞士可拔头筹。从它的现代设计我们可以观察到它的物质态度：目的明确，过于冷静。在制造精细机械方面瑞士人发挥了自己的特长，理性的美透过器械表达。这是一个脚踏实地的民族。你能说它不热爱物质生活吗？它明明最擅长制造与物质生活密切相关的事物，但是物质似乎在某个方面只是它的手段，它借以确立自己的地位，并达到目的，瑞士欢迎一切可以赚钱的机会，但是也同样与世界保持距离。

我们不太听闻瑞士这个国家关于文学艺术的贡献，尽管从中世纪晚期以来它并不缺乏这方面的人才，却一直难以和欧洲其他艺术大国比肩。不过，若是涉及巴塞尔艺术博览会这类跟艺术市场经济相关的行为，瑞士立刻组织得有声有色——这就是瑞士的风格与哲学。

2011年巴塞尔艺术博览会展出的作品。

芬兰 大自然的感性 北欧式的理性

文/邓娟

"芬兰的家应该有两张面孔。一张朝向外部,它与世界有着美学方向的关联;另一张朝向内部,体现在内部装饰上,强调室内的温暖,它是冬天的面庞。"

——芬兰设计大师阿尔瓦·阿尔托

了解芬兰精神首先从理解sisu开始,这个芬兰词汇近乎中文的不怕苦累、坚持、谦虚、坚毅之意,但任何别国语言都似乎难以穷尽它的意味。

这片临近北冰洋的苦寒之地,冬天最低气温达到零下40℃至零下50℃,沼泽占土地的比例世界第一。生活在这里的民族苦难深重,漫长历史时期分别经历瑞典和俄国的统治。但芬兰人为自由进行的抗争从未止息,直到20世纪初获得独立。

sisu精神也凝结着芬兰人对待物质的态度。从冰河时代末期他们的祖先搬迁到此开始,芬兰人就在恶劣的极地环境与丰厚的森林和湖泊资源中,逐渐发展出人与自然的共处之道。

芬兰的设计简约而纯粹,既包含大自然的感性,也透着北欧人的理性。漫长冬季让芬兰人更注重生活细节,蓝白两色国旗所透露的极简主义融入芬兰人的产品,Arabia瓷器、费斯卡剪刀、诺基亚手机,它们造型简洁优雅,品质坚固耐用。

设计是生活态度的表达,而芬兰人的态度显然是轻松愉快的,毫无恶劣环境和沉重历史最可能产生的苦大仇深之感。生在冰雪王国的芬兰人喜欢明快的颜色,比如芬兰时装的奠基者Marimekko的特征是缤纷色彩和绚丽

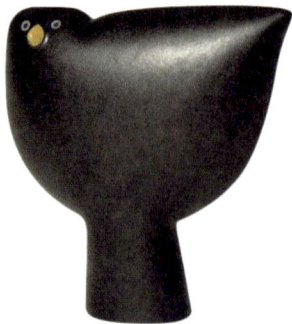

Arabia 瓷器造型简朴,但做工精细。

1. Kakslauttanen 酒店有着芬兰独特的冰屋村落。

2. 身穿传统服装的萨米人。起初萨米人占据大部芬兰土地,后来被移居来的新人口将他们推回北极圈之内。

印花,这个诞生于"二战"后萧条时期的品牌,以帮助人们在幽暗、阴冷中重拾生活阳光为设计目标,它某一季的灵感可能是非洲图腾,也可能是热带海滩。

"设计师的任务是在地球上创造一个天堂。"这是芬兰著名设计师阿尔瓦·阿尔托的名言。1937年巴黎博览会上他带去的阿尔托玻璃花瓶,由不规则的弧线组成,造型像是从空中俯瞰的湖泊,而透亮的光泽仿若冰雪。这个玻璃制品得到设计界异口同声的赞扬。

玻璃是芬兰人钟爱的材质,阿尔托花瓶的产地伊塔拉村落,成为"芬兰设计"的概念诞生地。

在伊塔拉,低矮的厂棚和自然美景融为一体,这里没有现代工业的恼人气息,作坊里的工匠们沿袭传统的手工方式,他们手下诞生的每一只玻璃鸟都独一无二。

不奢侈也不简陋,不肤浅也不沉重,芬兰的物质主义就像它的天空和湖泊,简洁、纯粹、优雅,照亮了芬兰人的生活细节。

费斯卡剪刀。费斯卡是世界著名的剪刀和斧头品牌。

文／邓娟

瑞典
拥抱自然　体贴入微

"我们的经营哲学事实上也在为民主化进程做着贡献。为大多数人生产他们买得起、实用、美观而且廉价的日常用品，在我看来就是一种体现实事求是的民主精神的行为。"

—— 宜家创始人英瓦尔·坎普拉德

　　"在造物主完成创造世界工作之后，恶魔便出来观看他的劳动成果。面对年轻而富有魅力的地球，恶魔大怒，将一块巨大的石头掷向人类崭新的家园。石头坠于北冰洋，变成了斯堪的纳维亚半岛。那里异常贫瘠荒凉，完全不适于生命生长。"房龙写道。

　　事实并非如此。设计领域的斯堪的纳维亚通常包括瑞典、丹麦、芬兰和挪威。作为北欧王国的中坚力量，瑞典既比芬兰接地气，又比挪威摩登。和芬兰钟情小型工作室的工业模式不同，豪气的瑞典更欢迎大公司和大卖场。宜家是世界人民了解这个国家的入口。在中国，新兴中产阶级曾对这个品牌趋之若鹜，一边乐此不疲地追逐它那照顾到日常细节的家居物品，一边怀着对遥远北欧生活的想象。

　　"选家具就像选结婚对象一样"，瑞典人就是如此烟火气地将对物的态度融入生活情感。宜家卖场产品目录上那些女性设计师自信、明朗的笑容，一定唤起了购买者对美好家庭生活的信心。其实宜家的诞生地斯莫兰是瑞典南部一片贫瘠的土地，人们必须艰苦劳动，千方百计地将资源通过巧妙设计进行最大化利用。这种务实精神是宜家走出北欧、深入全球家庭的利器。

沃尔沃FMX型卡车。

1. 隐形在森林里的瑞典"树屋"酒店。
2. 瑞典第三大城市马尔默的恩波里亚购物中心,海对岸就是丹麦首都哥本哈根。
3. 斯德哥尔摩地铁中央站。这个地铁站被称作世界上最长的艺术长廊。
4. 用冰雪打造的瑞典"冰屋"酒店。

　　在写作《北欧瑞典的幸福设计》的日本人山本由香看来,幸福感正是瑞典式设计的关键词。从日常衣着、办公用品、生活杂货、家具家饰,到地铁站、医院、图书馆甚至墓地的公共空间设计,瑞典都洋溢着拥抱自然、体贴入微的幸福况味。

　　瑞典艺术史学家格里戈尔·保罗森关于设计的构想是民主、非精英的,他的"应该让更多的人享受美的东西"理念影响了20世纪的瑞典设计界。瑞典人对物的要求是好看、好用,并且是人们用得起的。无论宜家还是H&M,都贯彻着这种亲民态度。

　　瑞典人欢迎平价物品,但这不等于为了低价降低品质。他们同样看重价值。畅销世界的日本汽车在北欧卖得不好,瑞典人更喜欢自己的沃尔沃,他们认为汽车最重要的品质是安全。三点式安全带、后向式婴儿安全座椅、侧向安全气囊都是沃尔沃为汽车安全贡献的里程碑式发明。

　　邈远、空灵,如神话一般的静谧,这就是瑞典,"文化的积淀犹如万年的冰河、千年的森林一样沉静和稳健"(王受之语)。从这样美好地区输出的物品,舒缓了现代都市生活的沉闷气息。这就是幸福瑞典设计的成功之义。

瑞典设计师Bruno Mathsson
设计的椅子。

文/邓娟

俄国
实用简洁 大巧若拙

"我们构造自己的作品,就像宇宙构造自身,像工程师建造自己的桥梁一样。在创造事物时我们摒弃所有偶然的和局部的,只留下其中力的永恒节奏。"

——俄国构成主义代表人物之一嘉博

俄国哲学家恰达耶夫称自己的国家是"学不好历史的学生"。这同样适用于俄国的设计。除了伏特加、人造卫星和那些具有苏联时代粗暴外观的武器,俄罗斯的物品很少产生什么深入人心的美妙印象。比起欧洲国家那些造物高手,俄国就像单调乏味的后进生。可是,在现代设计史上,也是这个后进生贡献了不逊色于德国包豪斯的构成主义运动。俄国提供的是一个后进生如何追赶并找到定位的范本。

俄国人对物质的含混态度,和矛盾、复杂的民族性格有关。一座乌拉尔山将这个国家劈成欧洲和亚洲板块,既不是纯粹的西方,也不是纯粹的东方。俄罗斯地广人稀,"大自然经常让俄罗斯人最谨慎的盘算落空,变幻莫测的气候和土地经常欺骗对它们抱有最微小期盼的人民,于是,习惯了这种欺骗、有所图谋的俄罗斯人便立即鲁莽地做出了未经深思熟虑的、最没有希望的决定:把其勇敢的任性与大自然的任性对抗起来"——历史学家克柳切夫斯基这样形容俄罗斯人的任性、鲁莽。

中世纪的俄国历史是灰色的,蒙古人的压迫长达240年,与西方文明阻隔的俄罗斯人,这时期几乎没有值得自豪的技术和艺术成就。直到彼得大帝打开通往欧洲的窗口,实施了暴风骤雨的改革。强大起来的俄罗斯人开始侵略别国,体验过外族统治屈辱的他们也享受占领者的狂

俄国著名珠宝工匠法贝热制作的彩蛋。彩蛋对俄罗斯人象征着健康、美貌、力量和富足。

套娃,俄罗斯特产的木制玩具。

傲。女皇叶卡捷琳娜放言"如果我能活上200岁,整个欧洲必将置于俄国统治之下"。

她的身上正暴露了俄罗斯人对物的贪婪态度,这位欧洲最慷慨的收藏家开俄国对油画、家具、银器等收藏的先河。她大手笔地买入欧洲油画,1764年更不问价钱地买下普鲁士国王因财力不足放弃的255幅绘画作品,使冬宫成为媲美卢浮宫的百科全书式博物馆。她说:"这不是爱好艺术,而是贪得无厌。我不是风雅方家,而是饕餮之徒。"

这种极尽奢华之能反映在俄罗斯的设计里,最具代表性的便是华丽雍容的建筑装潢,充满浓郁的宫廷风格。但浮华并不长久,十月革命的爆发带来了世界上第一个社会主义国家,苏联外交内困之际,艺术运动开始探索新形式来支持革命,实用而简洁的构成主义应运而生。

俄国构成主义者高举反艺术的立场,号召抛弃传统物质,使用金属、玻璃、纸板或塑料这些现代元素,要求艺术家必须成为技术纯熟的工匠,学习用现代工业的工具和材料生产。

尽管俄国人后来转变了政治阵营,构成主义运动也随之落幕,不过它传播到欧洲,并与德国的包豪斯和荷兰的风格派结合,直接影响了战后美国的国际主义风格。对于在物质文明方面比其他欧洲国家一直相形见绌的俄国来说,这是一次逆袭。

1. 圣彼得堡地标建筑冬宫前涅瓦河上的宫廷桥。
2. 瓦西里升天大教堂显示了16世纪俄罗斯民间建筑的艺术风格。
3. 沙皇下令建造的圣彼得堡清真寺是欧洲第一大清真寺。

自由孕育出的巅峰

文／唐元鹏

唐宋文明：既是精神的，更是物质的

唐宋，这段被称为中华第二帝国的历史，有一种不易察觉的精神层面的变化——自由，这个时代被那看不见、摸不着的自由空气孕育着，感染着，推动着，走向了辉煌的巅峰。

北宋神宗熙宁年间某个清明节，汴河与黄河水闸处人声鼎沸，在一系列仪式感十足的过场之后，水闸轰然而起，黄河水如脱缰野马湍急而下，大水咆哮着穿过西水门进入东京汴梁，又从东水门喷薄而出，不久即灌满了汴河。

在汴河下游等候已久的舟船，满载着来自南方的谷物、丝绸、布匹、漆器、木料，还有来自海外的象牙、犀角、宝石、香料等物，迫不及待地拔锚启航。河岸上的纤夫摩拳擦掌，拖拽着各式舟船鱼贯而行，仲春的四月，汴河之中千船涌动，百舸争流。

汴梁城东水门周围人声鼎沸，上至官家、下至黎民百姓等来了渴望已久的东南漕运，汴梁城中各种因为冬天漕运不通造成的涨价，如米粮、酒类、茶叶等的价格应声而下。这个刚刚从沉闷的冬天中苏醒的帝国都城重新焕发出勃勃生机。

814个各色人物，73匹牛、骡、驴等牲畜，20多辆车、轿，29艘大小船只，张择端将东南漕船在清明时节进入汴梁的情形描绘下来，自唐而始到两宋达到极致的中国古代物质文明巅峰，永远凝固在了画卷之中。

唐朝、宋朝，在中国古代史断代中，通常被凑在一起，将两者统称为"唐宋"，史学家黄仁宇称之为中华第二帝国。它被认为是中国最繁华昌盛的时代，符合所有中国人的梦想，强大的国势与高度发达的物质文明兼而有之。

　　在这段让人梦萦魂牵的历史中,有些细节往往为人忽略——"生产力""物通天下""城市化"是由唐及宋,物质文明步入巅峰的三个关键词,但仅有这三个关键词是不够的。

　　在物之上,它还有一种不易察觉的精神层面的变化——自由。当唐代都城的坊市围墙被拆毁之时,当宋朝初年政府垄断海贸政策废止之时,当来自西域的阿拉伯人可以出任大宋市舶司长官时,这个时代便被看不见、摸不着的自由空气孕育着,感染着,推动着,走向了辉煌的巅峰。

生产力:江南经济大爆发,物质走出了土地的束缚

　　谁也不知道曲辕犁的发明者是谁,只知道在唐朝初年,一种被称为"江东犁"的种田工具悄然在苏州周遭的农田上普及开来。这种由11个部件组成的新式耕作工具,实际上就是为江南水田而生的。它符合美学上均衡而稳定的原则,让土地跟随犁的运动产生了神奇的物理作用,犁身可以摆动,富有机动性,便于深耕,且轻巧柔便,利于回旋。

　　虽然它不能直接让水稻增产,但因为省时省力,可以节省农夫与牲口的工时,从而使更多的农田得到开垦。

　　曲辕犁的诞生是必然的,当南北朝分治之后,较少遭受兵灾的江南地区,更多的荒地被开发出来。唐朝的耕地达到5亿至6.6亿亩,在江南得到更大开发的宋朝,即使全国国土面积缩小了,它的耕地面积仍然达到7亿亩以上,无论哪个数字都大大超过了前朝。

　　江南的开发还为帝国带来了意想不到的收获,因为南方气候较为温暖,让一年两熟的复种制得以施行。唐代就有记载岭南地区"稻岁再熟",而到宋朝,一年两熟的复种制已经在南方相当普及。到了南宋,当北方人因为躲避战

北宋张择端《清明上河图》（局部），藏于北京故宫博物院。北宋的汴梁是世界最繁华的城市，运河与货物流通为它带来了物质的繁荣。《清明上河图》生动地记录了中国 12 世纪城市生活的面貌，这在中国乃至世界绘画史上都是独一无二的。作品以长卷形式，采用散点透视的构图法，将繁杂的景物纳入统一而富于变化的画卷中，画中主要分为两部分，一部分是农村，另一部分是市集。画中有五百五十余人，牲畜五六十匹，船只二十余艘，房屋楼宇三十多栋，车十三辆，轿十四顶，桥十七座，树木约一百八十棵……

汴河是北宋国家漕运枢纽，商业交通要道。这幅画描绘的是汴京清明时节的繁荣景象，是汴京当年繁荣的见证，也是北宋城市经济情况的写照，栩栩如生地描绘了北宋都城汴京的日常社会生活与习俗风情。

乱大批南下时,稻麦复种又满足了对小麦的大量需要。

复种制的推行,是让土地利用率增长的魔术棒,加上为人熟知的宋朝期间引进的耐旱、早熟的"占城稻",让粮食产量爆炸式增长。根据《宋代经济史》作者漆侠的计算,宋代垦田面积达到了7.2亿亩,南方水稻亩产约353市斤,北方小麦亩产约178市斤。

粮食增产,首先带来人口的变化,盛唐天宝年间人口突破5000万,而北宋末年人口已经超过1亿。人口增长带来的还有赋税的增长,唐朝时朝廷收入约3000万贯,而到了北宋神宗年间,朝廷收入超过1亿贯。

天宝年间,秦岭淮河以南的户数占全国的45.5%,到北宋初年,这一数字完成了逆转,达到59.1%,5万户到10万户的州,北方有5处,南方达到了17处。这说明经济中心已毫无疑问地转移到了江南。

江南的粮食越来越成为尚在北方的朝廷倚重的根本,唐朝便有"天下大计,仰于东南"之说,韩愈说:"当今赋出于天下,江南居十九。"到北宋神宗年间,每年有超过500万石的粮食由汴河输入汴梁,"国家于漕事最重最急"。江南已经成为国之根本。

除了人口与赋税,还有一只看不见的手搅动了唐宋的各行各业。

粮食增产让其他作物的扩大生产成为可能,棉花在北宋到南宋初年从海南岛、新疆、云南等地开始北伐,到南宋后期植棉业已经扩展到江淮和四川,棉花种植的普及曲线正好与粮食增产的曲线重合。

除了棉花还有茶叶,在唐以前,史籍中尚无人工种茶的记载,而唐朝不仅出现了人工种茶,还出现了陆羽的《茶经》,对相关栽培技术进行了初步总结,唐朝产茶的州郡已经有了50多个,基本都在南方,到了晚唐,集中种植的茶园已经相当普遍。

农业劳力也可以从粮食生产中分离出来，专门从事其他作物的种植，"例如唐后期到五代，南方出现了密植的专业化桑园，种植密度达到每亩50株。有的农户种桑达3000株"。除了桑、茶，许多水果、蔬菜、花卉、药物都出现了专营的情况。

这些形态，对物质文明的进步带来革命性影响，只有当农人脱离了专注的粮食生产时，才可以让基于其他农作物的深加工物质，诸如丝绸、布料、漆器、木器等得以专业化生产。

唐宋物质的极大丰富，不是偶然的，生产力发展起搏着帝国的心脏，还有一条大动脉为帝国运输血液。当大量的粮食、货物被生产出来之后，便需要强大的物流体系让物质得以通行天下。

物通天下：贸易四海，让享有天下万物成为可能

隋炀帝杨广的结局非常悲惨，公元618年4月11日，一伙叛乱的禁卫军冲入了杨广的寝宫，校尉令狐行达动手用练巾勒死了这位曾经叱咤风云的皇帝，这里是烟花三月的扬州。

这时的扬州叫江都，是隋炀帝下令开凿的贯穿南北的大运河长江北岸的起点，这条大运河以洛阳为中心，北起涿郡，南至余杭（杭州），全长两千多公里，沟通了整个中国最富饶的地区。虽然隋炀帝死得很不光彩，但他留下的这条运河却给中华第二帝国疏通了血脉。

无论唐、宋，朝廷最关心的是漕运，运河里运输着唐代都城长安洛阳、北宋都城汴梁所需的粮食，唐开元二十一年（733年）后的三年间，共转运了700万石粮食入长安，北宋大部分时间输入汴京的漕粮每年高达700万石。

粮食是农业帝国的命根子,对于宋朝而言,粮食不仅仅是养家糊口的必需品,它的背后还牵扯着另一个由国家专控、带来极大财政收入的行当——榷酒。

榷是专卖之意,榷酒就是酒的专卖。在宋朝,酒和盐、铁、茶一样是国家专卖,当然专卖并非国家酿酒卖给百姓,而是由国家提供酒糟给商家酿酒。酿酒需要粮食,基本等于一斤粮食酿一斤酒,对于北宋朝廷来说,这需要大量的粮食,元丰二年(1079年)更是规定汴梁销售的酒糟限额是120万斤,每斤250文铜钱。

但酒的产业从销售酒糟到收税,是北宋朝廷一笔巨额收入,在庆历八年(1048年),酒课收入达到1710万贯,占总财政收入的两成。

因此,在《清明上河图》中,我们看到了四通八达的街道、穿梭往来的人流、布满了酒馆饭铺的城市和迎风摇曳的酒招,这里有汴梁公酿作坊七十二家之一的孙羊店,也有打着"小酒"幌子的王家纸马店;有普通家酿的稚酒,也有当时的知名酒酿美禄。

除了以粮食为基础的酿酒业之外,漕运还带来了天南海北的货物。特别是南方的茶叶,此时经过几百年的发展已经成为人们日常不可或缺的产品,来自江南、荆蜀地区的茶叶制成茶饼,输入到中原。同时,茶的专卖也给北宋朝廷带来巨额收入,政和二年(1112年)到政和六年(1116年)的5年期间,朝廷得到了1000万贯的收入。这便是"百货随潮船入市,万家沽酒户垂帘"的壮观情形。

于是彩帛行、丝棉行、绢行、米行、面行、生铁行、炭行、磨行、肉行、油行、屠行、果子行、靴行、杂货行、染行等应运而生,北宋汴梁城至少有160多行,南宋临安有414行。

贸易的发展还带来了某种新生金融行业的萌芽,唐朝时,商人在长安把钱交给地方驻中央的机构进奏院或某军、某使、某富家,然后带着当事人付给的文券,到目的地凭文券取钱。这种文券类似于后世的汇票。腰缠万贯是不可能的,但人们可以把价值万贯的汇票缠在腰中。

除了内河的漕运,海运、海贸的兴盛为帝国带了天南海北的货物,以及大笔的财政收入。

唐朝与西方贸易还有陆上的丝绸之路,由骆驼驮着的货物走过千山万水抵达长安,海贸此时尚未成为帝国的命脉。

到了宋朝,因为西域商路被西夏、吐蕃等敌对国度隔断,海上丝绸之路遂成了沟通外国的重要通道。根据史料,当时从广州到波斯湾的航程,大约需要90天。

于是在南宋时,马可·波罗在都城临安(杭州)看到了这样的情形:苏州的丝绸、温州的漆器、经由海路远来的福建和广东的罐装茉莉花、产自鄱阳湖西南城市南昌的扇子、产自江浙一带的著名米酒充斥市场……

那些令人眼花缭乱的东西,还有犀角、象牙、珊瑚、玛瑙、珍珠、水晶、檀香木、沉香木、香料、樟脑、丁香、豆蔻……

正是物流业前所未有的发达,让唐宋——中华第二帝国的物质文明高潮迭起,就如《东京梦华录》里所说:"辇毂之下,太平日久,人物繁阜。……八荒争凑,万国咸通。集四海之珍奇,皆归市易,会寰区之异味,悉在庖厨。"

城市化:孕育出辉煌的物质文明

英国学者米勒曾提出一个"有机会进行买卖活动的地域范围"的概念,他的研究称:"市场之间的距离不超过1至7英里的界限。"7英里折合11.76公里,他认为人在这样一个距离内可以有效地进行商品交易。

而在宋朝时期的江南地区,这个距离被确定在17.8公里(《北宋中期东南地区城镇的数量、商税与空间分布研究》),其意义在于：如果某一区域内城镇分布密度达到每一千平方公里有一座城镇,则区域内大部分人可以进行日常交易活动。

根据研究,1080年北宋两浙路城镇空间分布密度为1.42(城镇数/总平方公里,下同),江南东路为1.17,福建路为0.89,江南西路为0.85。按照这个水平,浙江、苏南、江宁附近大部分地区都被纳入了这个范围。这说明在这个当时中国最发达的地区,城市化程度已经相当高。

在中国古代,城镇是由贸易市场发展而来的,唐朝以降,在城市之外开始出现定期的集市贸易,南方多称草市,北方通常称为集。这类集市往往产生于交通要道、关津渡口或城市边缘。

唐宋时期的商路,特别是水路的畅通,让这种集市的发展愈加迅速。北宋真宗末年,开始在草市收取商税,并在草市设置监税专官,草市升级为镇。康定元年(1040年)至元丰三年(1080年)之间,两浙路城镇数量从142个增长到175个,江南其他三路的城镇也有显著增长。

熙宁十年(1077年)前后,东南地区共有户数523万余,按照5人一户计,人口达到2600余万人。城镇人口114万余户,人口达到570余万人,城镇人口占到20%。

南宋城镇化进一步发展,随着人口增多,造成商税大幅增加,以江西路的景德镇为例,从北宋熙宁年间只收了3337贯税收,到了南宋时的38400贯,这种增长幅度在东南地区是普遍现象。

城镇为商品找到了会聚的地点,也为城市中的人享受奢华物欲提供了可能。

临安城中一场婚丧嫁娶,店家负责宴席所需的全部细节,"花、酒檐、首饰、衣服、被卧、轿子、布囊、酒器、帏设、动用、盘合,凡吉凶之事,自有所谓'茶酒厨子'专任饮食请

随着棉花种植的推广,到南宋末年,棉布成为江南一带较为普遍的纺织品。图为南宋楼俦《耕织图》。

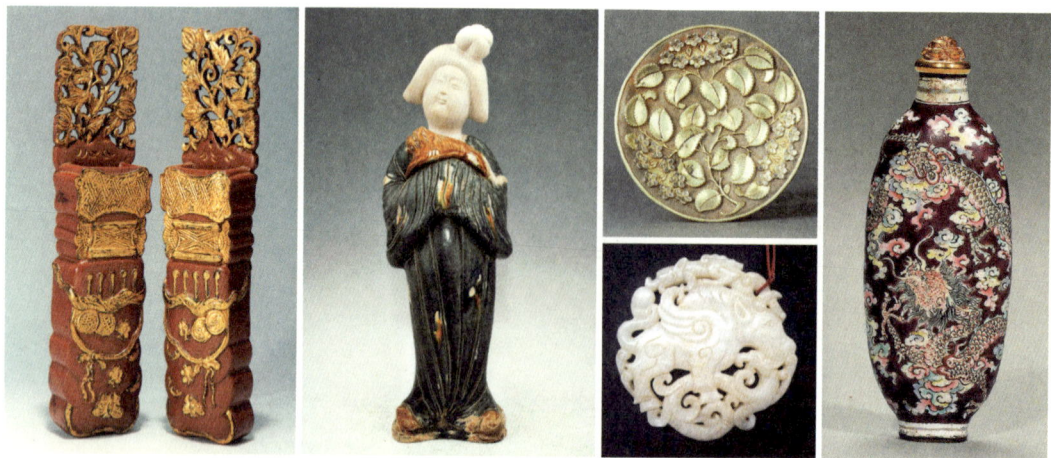

组图（从左至右，从上至下）：清代，潮州贴金雕苦瓜纹筷子筒。/唐代，唐三彩仕女雕塑像。/宋代，镀金绣球花银盘。/战国、汉代，龙凤伴呲铁玉佩。/清乾隆，铜胎画珐琅苍龙教子鼻烟壶。

客宴席之事。凡合用之物，一切赁至，不劳余力。虽广席盛设，亦可咄嗟办也。"（《武林旧事·卷六·赁物》）

这本书还提到过一次盛大的宴会，其中有200多种菜肴。41道菜用鱼、虾、蜗牛、猪肉、鹅、鸭、羊肉、鸽肉做成，烹调手法则有煎、烤、炸、煮等。另有42道菜为水果和蜜饯、20道菜为蔬菜、9道菜为用各种材料熬成的不同粥品、29道菜为干鱼，还有17种饮料、19种糕饼、59种点心。

临安城中还有各种稀奇古怪的东西，有化妆品（油膏、香水、睫毛膏和假发），有小猫和用作猫食的鱼及猫窝，有蟋蟀笼子及其饲料，还有金鱼、浴巾、钓具、游戏用的飞镖、棋类、糊窗户的油纸、蚊香，等等。

宋朝的审美情趣虽然仍是简单、雅致、枯淡，但对于生活的讲究已近极致。花园中的自然景色全由人工造成，小小的假山，弯弯的溪流跌落成瀑布，金鱼在池塘中游来游去。这种鱼，"钱塘门外多蓄养之，入城货卖，名鱼儿活"。

在这座万花筒一般的城市中，马可·波罗如是说："谓其为世界最富丽名贵之城，良非伪语。"

自由缔造物质文明，第二帝国是中华民族的精神家园

蒲寿庚这位有着阿拉伯血统的商人在南宋淳祐十年（1250年）达到了人生的最顶峰，成为泉州市舶司的提举。这不仅是他个人的顶峰，也是整个唐宋自由精神的顶峰。

以唐宋为核心的第二帝国所建立起来的物质文明正是来自于自由的创造。在东南沿海的港口城市里，唐宋两朝皆建有外国商人居住的"蕃坊"，每处置"蕃长"一人，由外商中有声望者充任，代表官府管理坊内事务。

外族人出任朝廷官职在唐代相当普遍，无论是李光弼还是哥舒翰都是外族中出将入相的佼佼者。这说明在唐宋时代，华夷之分并不明显，在华的外族人享有与中国人平等的地位。

商业方面，第二帝国走过由封闭到开放的自由之路。唐朝的长安由坊、市组成，坊者居民区，市者商业区，而此时的市是封闭的，筑有围墙。

到了宋代，这道围墙被拆除了，在东京汴梁之中，商业区是开放的，店铺不再限定在有围墙的市内，而是分散在坊中，位于沿街、沿河之处，形成了人潮涌动的商业街。

还有就是对各种贸易限制的解禁，比如海贸，宋初进口商品仍是严格专卖，但收入甚少，只有每年50万贯，导致进口专卖到淳化二年（991年）结束。一旦放开，市场给了朝廷满意的回报，市舶税在宋徽宗年间达到100余万贯，到南宋时已经达到年收入200万贯。

两宋的空气如此自由，这是"月上柳梢头，人约黄昏后"的时代；这是妇女可以外出打工、可以平等继承家产的时代；这还是朝廷不能予取予夺，皇帝一件快意事都做不得的时代。

自由的空气在帝国四处蔓延，由盛唐开始，至两宋为最，为中华民族创造了前无古人甚至后无来者的大场面。

20年中国家电进化史

从『价格』到『价值』

文/邓娟

不同于1996年那场让家电进入更多中国家庭的"价格战"，新时代浪潮下的家电变革，关键词是"价值"——这是在"赴日抢马桶盖"暴露国人痛点后的反思，更是重塑自我的一种选择，一种物质之上的精神格调的提升、对更高级家居艺术的要求。

科技的日新月异，归根结底都是为了让生活更美好和精致。"除了艺术之外，没有更妥善的逃世之方。"的确，当阿尔法狗战胜了李世石，在科技之外，不能复制的唯有人类闪光的情感和艺术。

回顾1996年，任谁都会感慨万千。

那是一个充满故事细节的起点，上演了大大小小的告别与出发：中英达成香港交接仪式协议，安南出任联合国51年历史上第一位黑人秘书长；缴纳80英镑的手续费后，英国王储查尔斯结束了和戴安娜的婚姻，这一年举世瞩目的离婚事件主角还有曼德拉与温妮；深受中国读者喜爱的，写《情人》的法国女作家杜拉拉和画《机器猫》的日本作者藤子不二雄，在这一年先后去世；第一只名叫多利的克隆羊诞生，物理学家"首次发现时光可以倒流"，这一年的科学界闪烁着惊奇与浪漫；春潮涌动中，在媒体的前沿阵地，香港独家24小时普通话播出的电视台凤凰卫视启播，中国最新锐的时事生活周刊《新周刊》、中国都市报的先驱《南方都市报》先后创刊……

在时间的河流上，每一个开头都别具意味。不过，对亿万中国家庭来说，1996年与日常生活关系最密切的变化来自家电市场——那年3月国产彩电业率先拉开"降价大战"，在销售上首次超过进口彩电——虽然这把双刃剑也

时代变化日新月异,但不变的是家电的家庭角色,它依旧承担着营造温馨氛围、让生活更舒适的职责。人们选择一台家电的原动力,永远是出于对自己和家人的关爱。

令企业元气大伤、利润锐减,埋下了后来家电业从高峰滑落的伏笔,但在那个中国人刚刚解决温饱的特定年代,至少让更多家庭用上了彩色电视机。

家庭生活从此越来越有声有色了。紧随彩电,空调、电冰箱、洗衣机以及传递着流行歌曲的卡拉OK机……过去的奢侈品进入寻常百姓家。20年后,回顾一台台添置到家中的电器,仍然有一种伴随着幸福欢笑、成长记忆的温度。

相当长的时期里,添置电器成为一个家庭在国家飞速发展背景下积累财富的象征。一台台电视机、冰箱、空调,

20世纪80年代，Macintosh plus型苹果电脑

20世纪80年代，燕舞收录机

20世纪80年代，容声牌BYD-103L型电冰箱

承载着家庭成员的记忆和情感，也凝聚了开放时代第一批家电人对家国的责任与承诺。

1996年那场"价格大战"，最初就是在一种"产业报国"的氛围中拉响的。因为本土彩电业境况艰难，而4月1日起进口彩电关税又将下降。3月26日开始，国产彩电企业相继宣布大幅度降价，市场占有率大为上升，开始与外资品牌分庭抗礼。

其他国有品牌纷纷跟进，进退两难的小厂家只好向大企业请求收购，彩电业自发整合，中国经济史上，人们第一次看到了市场这只"无形之手"的力量。一年后，长虹董事长倪润峰当选中央候补委员，这是绝大多数中国企业家难以企及的高度。

1996年成为中国家电一个辉煌的起点，这一年国家经贸委宣布6个重点扶持公司，包括宝钢、江南造船、华北制药、北大方正，家电独占两席，除了长虹，另一家是海尔。

"一旦汇入海的大家庭中，每一分子便紧紧地凝聚在一起……随着海的号令执著而又坚定不移地冲向同一个目标，即使粉身碎骨也在所不辞。因此，才有了大海摧枯拉朽的神奇。"这是二十多年前张瑞敏写下的《海尔是海》，吐露着90年代的朴素价值观。张瑞敏早在1985年就成名了，他砸冰箱的行为艺术比罗永浩早了26年，老罗砸西门子，而张砸的是自己厂子里的76台问题冰箱，要知道，那时一台冰箱等于一个职工两年工资。吴晓波评论张此举"成为这家日后中国最大的家电公司的第一个传奇，在企业史的意义上，表明了出现于商品短缺时期的第一代企业家的自我蜕变正是从质量意识的觉醒开始的"。

风云际会的开放浪潮缔造了一个个品牌领导者。期间还诞生一段佳话，创维、TCL、康佳这占据当时中国彩电

1958年,中国第一台电视机——
北京牌820型35厘米电子管
黑白电视机

20世纪70年代,红灯牌收音机

20世纪七八十年代,黑色胶木
拨盘电话机

业半壁江山的三家企业,掌门人黄宏生、李东生、陈伟荣系
出同门,都是华南理工大学无线电1978级学生。同学少年
皆不贱,正是无数"华工三剑客"式的人物,以大刀阔斧
式的推进,引领了中国家电业第一个辉煌的十年。

20年间,从温饱进入小康的国人逐渐意识到:优化生活从优化家电始

"突然他们可以拥有以前想都没想过的东西,他们简
直无法相信自己如此幸运。那时人们的愿望也非常简单,
拥有烤箱或威化饼烘模就会欣喜万分,可惜后来此情此景
不再。如果买了大件家用电器,你会邀请周围邻居过来看
看。"非虚构作家比尔·布莱森在《闪亮的日子》回忆童
年,买回冰箱的至少半年内,每有客人来访,父亲总会故意
问冰箱里是否还有茶,然后意味深长地对客人说:一般都
会有的,这可是某某牌冰箱。

这个场景描述让我们如此熟悉,许多在20世纪90
年代拥有家电的中国人都能够心领神会。但无论是又添
置一台家电的新鲜感,还是对外显露了财富的满足感,
或是家电业那些传奇人物带给国人的感动,都不足以使
一个品牌常青。

解决了买得起的问题后,人们对家电产生了更深层的
要求。女作家西西曾写那些吵闹的家电,一是空调:"有时
候像火车奔跑一般,简直吵得不得了。不过,我发现天井四
周吵闹的冷气机不下七八部,都吵得比我家的那部还凶。
我和我的邻居,谁也不能埋怨谁了吧……"

另一个是洗衣机:"机器起先文文雅雅,轻轻转、细
细声,可到干衣的时候,竟杀猪一般狂喊起来,地动天
摇,简直像疯子。最奇怪的是家里的冰箱,突然也会哗哗
叫喊一阵,像个发疟疾的病人摇晃发抖,使我以为它中

20世纪80年代，小霸王红白游戏机

20世纪五六十年代，FHT1型华生电扇

了邪了。"

"大吵大叫的电器是在抗议什么? 想得到应得的劳工假期，要和我对话吗? 冰箱是否也需要一段休憩时光? 我不大了解冰箱和冷气机的工作，但我从洗衣机联想到辛劳的家庭主妇，每天面对那么多家务，真够折磨女人一辈子。"

空调外机要安静，这不但关乎家庭成员的心情，还关乎邻里关系的和睦; 洗衣机要智能，这不只是关爱家人的问题，往大了说还牵涉女性主义……电器被人们嵌入家庭生活，也反过来构成了生活本身。从温饱进入小康的人们意识到，优化家庭生活，首先需要优化家电。

市场同样瞬息万变，成也萧何，败也萧何，价格战的恶果浮现，家电业利润断崖式下滑，行业性危机在2001年爆发。这一年的大事还有中国"入世"，首席谈判代表龙永图透露，谈判中要保护的行业太多，而在国家眼中家电业已是皮实的孩子，所以干脆不保护。

进口家电携着全新卖点卷土重来。大浪淘沙，亦有昔日弄潮儿从潮头跌落。"英雄的时代已经过去了，现在工业化时代的企业已经进入了一个必须依靠国际化团队的时代。"2003年黄宏生感慨，两年后，这位"华工三剑客"之一因经济犯罪入狱。

穷则思变，正如1996年是家电从稀缺走向普及的拐点，10年后，家电业站在了从大众化走向高端化的拐点。

20年后，"价值"取代"价格"成为关键词

20年前，就在彩电、冰箱等传统家电叱咤风云之际，Internet时代已经初露端倪。1994年，国家开通了互联网。一位叫廖小湄的广州建筑工程设计师花三万多元人民币购买了一台美国486电脑——这个"家电"的闯入者如

20年家电大事记

此昂贵，绝大多数中国家庭只能望洋兴叹。

然而20年翻天覆地，20年后互联网已经彻底刷新了人们的生活方式。台式电脑或许还值得商榷，但很少有人会把数码产品纳入"家电"的概念。手机、平板电脑攫取了家庭成员的注意力，家电的存在感看似越来越弱。

但这只是表象。当一对对男女决定组成家庭，他们仍然需要营造一个共同空间，为这个空间添置一台电视机、一台冰箱、一套厨电——这当然不只是为了收看节目、储存食物和偶尔做饭而已，它们承担着营造家庭氛围的责任，让家人一进门就有个回家的样子。

不变的是家庭角色，变化的是生活方式。电视机越来越轻薄了，从大块头瘦身成平板；冰箱的肚量却越来越大，分区更加齐全；洗衣机从暴力的波轮到温柔滚筒，还提供烘干和熨烫的暖心服务。"大"也不再是一味追求，小家电概念进入生活，细微到加湿器这样的小细节，令家庭空间更为人性。

所有细节处的用心都为了给家人营造更舒适的生活。譬如自制面包、蛋糕已经是许多家庭日常内容。当新手还在研究说明书与食谱大全时，智慧烤箱的用户已在享受与面包房手艺无差的美味。

价格不再是决定因素，时尚、环保、智能显然更符合中产阶级的需求。但是这还不够，因为中产阶级早已摆脱了必需与焦虑。当精神追求不再只是实用之物的附加价值，人们应该对家电提出什么更高的要求？

"除了艺术之外，没有更妥善的逃世之方，而要与世界联系，也没有一种方法比艺术更好。"这是歌德提供的答案。第三次家电与生活方式的浪潮正在酝酿。在中国人的文化里，20年这样的整数年，倍具总结和纪念意义，并且通常会成为某种转变的时机。

哲学家"论家用电器"

口述/汪民安　采访/曹园

汪民安
首都师范大学教授

　　把住宅理解为机器,它会有各种各样的零件,有下水道和窗户,也有洗衣机和冰箱,它们都是家庭空间的必需配件,是整个住宅的有机部分。现代住宅不能和家电分开,住在家宅之内,在某种意义上就是住在电器之中。

　　家庭是生活场所也是劳动场所,把住宅处理干净的家务活是劳动的一部分,洗衣机、吸尘器和微波炉等家电在某种意义上也是劳动工具。一类家电专门对付人,一类家电专门处理物,还有一类家电通过处理物来对付人——比如空调,它的目的是把空气降温或加热,但最终是为了让人感到舒服。有些家电针对人的精神生活。形成安全感不再是房屋的全部功能,可供消费的电视机和音响等娱乐家电相继出现,住宅变成了一个娱乐空间。

　　我把家电留在家中,是因为它们完全满足了我的需求。有了可以洗衣、做饭、上网娱乐的家电,我在家中完全自给自足,不需要和外界有过多的交往。我写《论家用电器》的初衷是想讨论自己在家的经验,试图把家电的发生机制和作用尽可能地揭示出来,展现电器在家庭生活中的空间权力结构。为什么现在的住宅能够让人一直在家里待着? 这和家电有很大关系。家电原本是人类的使用工具,但反过来,人类在某种程度上也被这些家电所束缚控制。

　　家电也已容纳到社会之中,和社会节奏、休假制度息息相关,它已被社会所包围,或者说社会已经渗透到家电当中。冰箱看上去就像一个通过冷藏或冷冻来处理食物的机器。上班日被掏空,周日得到彻底的补给,这是冰箱的轮回法则。但冰箱的容量设计都有讲究,储存食物的天数与人们上班的作息也有关系。

所以，家电和人们互相影响。所有机器本身都不是单纯的机器，它们深深地被社会、被生活、被我们的工作节奏感染。但家电似乎都有一个生命周期，我们见证了收音机的衰落，电视机的影响也已经明显萎缩，面临着被人类抛弃的风险。我去年在英国的出租房里待了一个月，但从来没想到要去打开电视。以后将会有更多的家电被淘汰或者进行不断的升级换代。

我在《论家用电器》里提到，电灯让月亮黯然失色，灯光吞噬了月光。事实上，人工物的确大大地包围了我们的感官系统。以前的人们处在自然之中，与自然的关系更为亲密直接。随着技术和工业的发展，人和自然之间发明了各种各样的东西，以致我们的目光被这些发明物和人工物包围，离自然和原初的大地越来越远。

或者说，我们和自然之间有一个中介，我们认识了一个新的"自然"，由人工物构成的自然。原始人住在山洞里，即住在自然当中。现在我们大多住在城市的楼房里，鳞次栉比。城市本身就是一个巨大的人工物，我们和大地、天空、星星、月亮的关系似乎疏远了。我整天待在家，把窗帘拉紧，也可以很自在地过上一天。以前人们必须按照大自然的节奏日出而作、日落而息，现在根本不用考虑这些。

我对现代技术并不排斥，只是客观地去谈论它们的功能和作用。正如当娜·哈拉维所说："我们的机器令人不安地生机勃勃，而我们自己则令人恐惧地萎靡迟钝。"你赞美也好，拒绝也罢，实际上没有太大的意义，技术就这么发生了，身体和大脑的进化一直是在使用工具的过程中发生。技术对人的控制和改造，使得任何人都无法逆而行之。人们紧跟着技术的步伐。家电不断进化，将越来越方便，功能越来越多样，使用价值也越来越高。

培根君emo的创意插画《百货系列》描述了"家电们的故事"，在插画师的笔下，人们生活中习以为常的电器显得萌萌哒。

未来家电畅想曲

文/曹园

在家电生活里,价值更深远的含义,不仅限于当下,更包括畅想未来。未来永远充满可能性。回头看这样一幅设想——在法国富豪的客厅,钢琴置于角落,大型盆景点缀着门廊,女佣熟练地操控着"吸尘器"——一个由多条金属手臂忙碌清洁地板的玩意儿。这样的画面在今天绝不稀奇,然而,它诞生于1900年,是法国艺术家简·马克对2000年天马行空的畅想,他的脑洞大开,至今令人惊叹。

更妙的是,虽然洗碗机和吸尘器已经成为现实,但马克所期待的更多"神器"——比如化妆机、自动理发机和量体裁衣机,即使过了100多年,依然有待我们实现。

过去,家电首先让生活变得轻松。借助家电,美国人每周做家务的时间由1900年的58小时减少到了2011年的14小时,可以更自由地在休闲和工作上"浪费"更多时间。爱迪生曾说:"未来的家庭主妇将不会再是个做苦工的人,她将在家庭上花费很少的精力。有了佣人和电的帮助,她们会成为家庭工程师而不是家庭苦力。"

未来,家电还会让生活更加优化。生活方式的改变也是影响未来家电的驱动元素之一。更多的人生活在城市中,拥有更小的空间和更少的空闲时间,也有更多单身住户产生。家电将小巧便捷的极致追求提上日程,可以直接加热马克杯的便携式电磁炉可能成为爆款。

不远的未来,全透明电视机、在厨房栽培蔬菜的机器、没有噪音的吹风机、可爬高的章鱼清洁机器人,以及脑洞更大的自动卸妆机、自动洗澡机……没有什么不可能,只要保持创意和执行力,生活总是会陆续迎来惊喜。

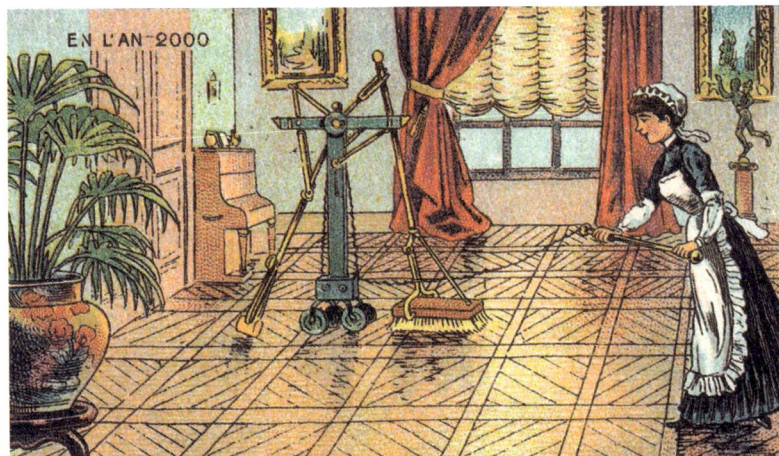

组图：法国艺术家简·马克等人在1899年、1900年、1901年和1910年创作了一系列绘画，描述了他们想象中的2000年的生活。其中有些在今天已经成为现实，比如清洁机器人、直升机。

马扎

春运期间,北京西站最畅销的商品是马扎。每一个小小的马扎,都是悠久历史与实用主义的结合体。

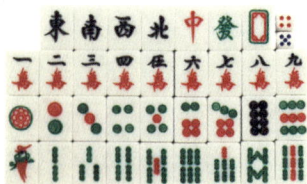

麻将

中国最流行的娱乐用具,被戏称为"第五大发明"。从娱乐角度来看,影响之深远,无它物能及。

万金油

也叫清凉油,是老百姓的"居家旅行必备良药"。

貔貅

传说中的一种颇受人欢迎的吉祥动物,现在人们喜欢貔貅,不是因为它勇猛而是因为它旺财。

暖壶

曾经每个家庭里都有的印花铁皮暖壶,当年还是很体面的陪嫁。

关老爷

除了遍布全国的关帝庙,很多商店也供奉关老爷,以求财源广进。

在现代消费社会里,日新月异的全球性商品不断为我们构建一种生活的习惯和依赖性。新商品令人眼花缭乱的同时,日常生活中仍然存在着大量能够体现国家个性的普通物品。

我们有可能对中国普遍存在的日常『东西』作筛选、记录,进而完成一个展示和描述的体系吗?这像是一次社会学意义上的考察。我们并非重复性地展示已归入历史范畴和民俗标本的东西,我们关注的是中国人日常生活中正在使用的、涉及人民的衣食住行的物品。

这像是一场求证,帮助我们从这些具体事物中发现中国社会的日常生活的审美。

红灯笼

如今大城市的年味越来越淡了,红灯笼在普通人家中也遭到冷落。它逐渐被赋予了一种官方色彩,只在公共场所出现。

蚊香

蚊香是人类发明的攻击蚊子的化学武器,远在南宋就已出现,不过当时的蚊香呈棒状。这种螺旋状的蚊香何时出现已无法考稽。

痒痒挠(不求人)

一项聪明的仿生发明,让老外百思不得其解。

公章

贵州圭叶村的村民们将这枚财务公章交由五个人分管,村里的开销须经其中至少三人同意,才可合并起来盖章。这枚代表民间淳朴智慧的公章被网民称为"史上最牛的公章"。

长命锁

锁上一般会刻有"长命百岁"、"长命富贵"、"福寿万年"等字样,寄托着长辈对孩子最美好的祝福。

毽子

踢毽子是中国民间的体育游戏,真正老少咸宜。

中国东西

图、文/波普客团队
(吴学夫、李日松、黄云蔚)

搓衣板

洗衣机普及之前它是洗衣服的好帮手。现在它作为天下女人的惩罚手段,成为怕老婆的人经常遭到的调侃。

鞋垫

人们会评论一双鞋,但很少关注一双鞋垫。鞋垫本身毫不显眼,但绣花鞋垫的生意做得很大。

小二锅头

中国著名烈酒,能迅速让人喝高或喝趴下。二两装的扁瓶二锅头,被亲切地称为"小二",对喝酒的人来说是一个合适的量。

痰盂

典型的中国产物,最常见的痰盂是牡丹花图案,烙着时代的印记。

红蓝白编织袋

中国最平民化的大袋子,由红蓝白三色编织而成,这个经典图案竟然入了LV的法眼,原来普通与时尚只有一念之差。

从物产馆看日本生活美学

万物有灵 敬物之心

文／唐辛子（发自大阪）

"万物有灵"的思维方式，令日本人赋予所有物品以生命，敬物之心也由此而生。因为"万物有灵"，所以也心怀惜意，所以"不要浪费"。这种惜物敬物之心，便是日本这个民族的生活美学。

凡是来过日本旅游的人，一定见过日本各地的"物产馆"，在高速公路停车休息处、在大大小小的电车车站内、在不同旅游景点的道路边，物产馆无处不在，抬眼可见，数量多到无法确切统计，可谓"车到山前必有路，有路必有物产馆"。

虽然物产馆里摆放的东西也可称为"商品"，但它不同于普通商店、超市。商店、超市只负责兜售日常用品或流行时尚，物产馆则担负着更多重任：它不仅仅是推销当地传统工艺与乡土特产的场所，更是宣传当地风土人情、文化传承、自然环境的一个窗口。

目前日本的实体物产馆主要分为两种类型：一种是建在地方自治体当地的"家乡物产馆"，另一种则是开在东京、大阪等繁华都市中心地带的"Antenna Shop"。"Antenna Shop"与"家乡物产馆"功能相近，是地方自治体或地方企业延伸到大都市枢纽中心的一个触角。根据财团法人"地域活性化中心"所做的统计，仅仅在东京首都圈，来自日本各地的"Antenna Shop"目前就有52家，且数量逐年增加。

日本各地的物产馆如此之多，与日本的地方自治体对于家乡传统的守护、日本政府支持地方品牌开发的政策密切相关。现在日本的47个都道府县，都拥有不同的地方名特产，如秋田的"秋田米"、博多的"博多明太子"鱼子酱、

飞驒物产馆陈列着超过
7000种以上的商品,在这
里,日本的土特产应有尽有。
(图一阿灿/新周刊)

京都的"京蔬菜"、爱媛的"爱媛橘"等。所有这些冠以地
名的特产,都在日本有口皆碑,拥有稳定的"粉丝群"。

日本人内心深处强烈的家乡物产情结

地处日本中部山区的岐阜县高山市,在古代被称为
"飞驒国",因此,日本人说起高山市时,都会习惯地称之为
"飞驒高山"。"驒"指呈麟状斑纹的青黑色骏马。据《续日
本记》与《万叶集》相关记载,大宝二年(702年)"飞驒
国"曾向当时的文武天皇进献过神马。神马祥瑞,天下大

飞驒物产馆不仅商品齐全,还开设体验课程,人们可以在这里以传统手工烘仙贝,在乐趣中品尝美食。

赦,"飞驒"的地名便由此而来。

　　飞驒属于日本的内陆地区,地形多为山林与盆地,因此生活在当地的人,主要是从事林业的山民和从事耕作的农民。而丰富的山林资源,令飞驒能工巧匠辈出。奈良时代,日本大兴佛教,广建庙宇,飞驒地区因此每年派遣百名左右的工匠前往当时的首都奈良。从圣武天皇的甲贺宫,到日本全国各地的国分寺,甚至到后来室町幕府第八代将军足利义政的东山银阁寺,都由飞驒工匠建造。除此之外,飞驒地区至今保存完好的世界遗产"合掌造"民居和拥有300多年历史的高山江户街,都是"飞驒工匠"的杰作。

　　因为这样的匠人历史渊源,飞驒地区的观光产业极为发达。而带动飞驒观光产业繁荣的,除了飞驒山区丰富的森林环境、几百年来保存完好的日式建造群,还有飞骝匠人心灵手巧的遗传基因。漫步在高山的江户街区或市街,满目都是制作精湛、匠心独具的手工艺品。这些手工艺品既充满飞骝的传统文化,又拥有现代的审美情趣与个性,因此极受游客的青睐。

例如飞骝地区最具代表性的吉祥物"猴宝宝",是飞骝从过去一直流传于民间的传统布艺娃娃,飞骝方言称为"さるぽぽ"。"ぽぽ"是飞骝方言"宝宝"的意思。而"さる"的发音,在日文中则具有双重含义:一指"去る",是除厄去灾的意思;二指"猿",代表"家庭圆(猿)满"。"猴宝宝"的造型也极为讨好:双腿前伸、两臂高举,仿佛一个猴小孩正在高呼"万岁"的坐姿造型。传统的"猴宝宝"全身为红色——这是自古以来表示辟邪消灾的颜色。而近年在"猴宝宝"被指定为"岐阜县乡土工艺品"之后,又开发出绿色、蓝色、黄色、黑色、金色、银色、粉红等各种不同颜色的"猴宝宝",分别代表着健康运、金钱运、恋爱运、学习运等不同的运气,满足现代人各种不同的心理需求。

若仅仅如此,"猴宝宝"在人们心目中,仍然只是一个玩具性质的吉祥物。因此,飞骝人还通过传统信仰赋予"猴宝宝"更深层的含义:在飞骝高山有为"猴宝宝"专门建造的"猴宝宝神社",并一年一度地举办猴宝宝供养仪式。作为飞骝地区的吉祥代表物,飞骝人通过宗教式虔诚,赋予"猴宝宝"以意愿与灵性,在这份感召之下,"猴宝宝"不再只是被游人当成某种玩具带回家,而是作为一种守护带回家——玩具吉祥物会很容易遭人冷落,而带有灵性与意念的守护物则会被永远珍藏。

除了"猴宝宝",飞骝还拥有传统的"一位一刀雕"("一位"是产于飞骝山林的一种紫杉,800年前曾由飞

日本陶器之美吸收了日本禅文化特点,蕴藉而雅致,简约而大气。

飞驒匠人制成笏板敬献给天皇,并深得天皇喜爱,因此赐名飞驒紫杉为"正一位"。而"一刀雕"是日本传统的雕刻工艺,飞驒匠人的"一刀雕"所使用的材质,为"正一位"飞驒紫杉,因此被称为"一位一刀雕"。)除了手工木雕工艺,还有从大正时代开始创业的飞驒西洋家具、飞驒刺绣、传统地酒、高山拉面等丰富繁多的地方特产。似乎没有人能说得清楚飞驒高山详细的物产数目。仅仅在"飞驒物产馆",从土特产到工艺品,就汇聚了超过700个以上的品种。例如特产"高山拉面",就超过12个品种,而特产地酒则有30种以上——所有这些地方特产食品,都是免费供游客试食的。据"飞驒物产馆"的西野馆长介绍:节假日期间,在"飞驒物产馆"购物的游客每天多达上万人,光是"高山拉面"试食专柜,一天下来用来提供试食的就要用掉500多份。

试饮试食是日本人推销家乡特产最常见的手法,日本人性格普遍内向,不擅长开口做广告,于是让食品直接进入客人的口中,让客人自己去感受和比较,这样的销售手法建立在绝对的产品自信之上,也令人踏实放心。除了试饮试食的食品体验,飞驒物产馆还提供各种制作体验:爱吃仙贝的孩子,可以在物产馆内自己动手烤出喜欢的仙贝;爱做手工的人,则可以在物产馆内自己动手缝制"猴宝宝",又或者体验陶器制作、玻璃器皿制作——因为含有自己的亲手劳动,这些所有体验制作出来的土特产,在由游客们带回家之后,都会成为独一无二的"飞驒记忆"而得到保存。

"飞驒物产馆"的经营方式非常活泼多样。但实际上,"飞驒物产馆"只是高山一家名为Green Hotel的酒店所经营管理的酒店商场,是遍布日本的众多"家乡物产馆"之一。它的经营方式在日本司空见惯,极具普遍性,并不存在特别之处。窥一斑而知全豹,我们可以通过了解飞驒人对家乡物产的推广与开发,了解日本人对于家乡传统工艺的传承发展所付出的努力,一窥日本人内心深处强烈的家乡物产情结。

日本人传统教育中有"乡土之爱"与"场的教育"

日本人这种强烈的家乡物产情结,源于日本人传统教育中的"乡土之爱"。

日本的社会人类学者中根千枝认为:日本社会是一

种"纵向社会"构造。以"家"为生活原型,以"场"为自我认知。强调"场"的内外有别。而"场"对于地方自治体而言,就是赖以生息的乡土。因此日本人的"乡土教育",也可称为"场的教育"。

"场的教育"是日本人的传统教育方式。即使日本在经历过明治维新脱亚入欧之后,"场的教育"也从未中断。这种"场的教育"并不是指拥有一套正确答案的理论,然后去传授给后人让他们记住,而是指通过对于身边事物的发现与挖掘,而产生对于自己所生活的环境的热爱。日本明治时代著名的学者新渡户稻造,就曾极力倡导"地方研究"。呼吁日本的教育要从"身边"着眼,从"小事"着手。要从了解自己身边的事物开始,了解所居住的环境,了解赖以生息的乡土历史与文化,最终引导出人们内心的"乡土之爱",并从"乡土之爱"开始,扩展到"国家之爱"。

这种"场的教育"至今仍是日本教育不可或缺的一环。例如我家小朋友所就学的日本公立学校,社会课时老师会组织孩子们去居住社区的垃圾回收站、净水场、超市、工厂等各处参观,让孩子们从小了解自己所生活的环境、了解居住地的产业以及历史传承。通过这样的现场主义教育,培养孩子们对于自己所生活的环境的爱与珍惜,从而伴随着成长,对家乡的传统文化产生守护之心。

而另一种"场的教育"则来自于家庭。日本的匠人家庭,几乎都是代代相传的。例如飞騨高山从事"一位一刀雕"的"铃木雕刻",由"铃木雕刻"的第一代铃木一晃创办于日本战败的1945年,至今已有70年历史。如今铃木一晃的儿子铃木一英子承父业,每天坐在作坊内一刀一刀地专注于雕刻工艺,而与铃木一英一起从事雕刻工艺的,还有他的儿子铃木雄大。铃木雄大将是"铃木雕刻"未来的第三代传人。

对日本匠人文化有所了解的人,经常会感叹日本人对于传统工艺的传承与守护,但这些对于日本匠人而言,并不是一件多么不得了的难事：他们从小在匠人气质的家庭氛围中目染耳濡,能够自然而然地接住上一代传下来的接力棒。

而从前面所提及的日本人的社会构造来看,日本匠人家庭的代代相传,传承的不仅是以家为原型的生活方式,还同时传承着以"场"为自我认知的乡土传统文化。这种传承是维系家族与乡土之间的羁绊,它们互利互惠,繁荣共存。

"勿体无"（"不要浪费"）是母亲教育孩子最常用的口头禅

除了乡土文化"场的教育",日本人所固有的"万物有灵"的思维方式,也孕育着日本人的敬物之心。

研究日本的学者都会提到"万物有灵"属于日本的神道信仰。而实际上,接受日本式教育的人,即使并不信仰神道,也会相信"万物有灵"。我家小朋友是出生成长在日本的华人家庭孩子,她的父母并不信仰日本神道,她也没有接受过任何有关神道的知识说教,但是,在她开始上中学后,准备将使用了6年的小学书包收纳起来时,会双手合掌,对着她的旧书包虔诚地说："这6年来一直承蒙关照,非常感谢！"说完这句话,再认认真真地给旧书包鞠躬,然后才小心翼翼地将她的旧书包装入纸板盒子里收藏起来。

我想,孩子的这种做法,源于她所生活的环境。例如她去学习小提琴,小提琴老师会告诉她说："小提琴就是你的手臂,就是你的身体的一部分,你与提琴拥有共同的情绪和心,就能拉出你心中想要的曲子。"—— 在日本小提琴老师的思维意识中,小提琴是有灵性的。

　　我曾去一家很窄小的咖喱屋吃一份咖喱饭,店主端上一份熬了八天八夜的咖喱,告诉我说:"请记住咖喱是活着的,所以这一秒的咖喱与下一秒的咖喱不一样。"一份熬了八天八夜的咖喱都可以是"活着"的,由此可以想象日本的传统料理——例如用生鱼做成的寿司,它们该会是多么的"鲜活"着。

　　"万物有灵"的思维方式,令日本人在心目中赋予所有物品以生命。有生命的物体,是不敢掉以轻心的。敬物之心也由此而生。

　　而"勿体无"则是日文"もったいない"的汉字写法。"もったい"原本的汉字,写作"物体",但日文汉字写成了"勿体"。"勿体"源于日本的净土宗。日本的净土信仰认为:世间的事物,都是相互拥有与被拥有的关系,自身单独的"我之本体"是不存在的,换言之,"勿体"就是指所有的事物之间都有互为关联的缘分。因此当一样物体变成"无"也即"没有"的状态时,会令人产生惋惜感叹的心情。故而在现代日文中,"もったいない"的词义,是"好可惜"或"好浪费"的意思。

　　"勿体无"完全可以说是日本人的民族特性之一。作为狭长的岛国,日本缺乏大陆地理环境那样富饶丰富的物质资源,这样的环境劣势,带来了日本环保回收事业的极度发达。这一点,从日本严格的垃圾分类就可以看出来——从书籍到电器,到使用过的牛奶盒与罐头瓶,在日本,几乎所有的物品都是可以回收再利用的。这种"回收再利用"事业的发达,与日本人"万物有灵"思想也息息相关:既然物体是有灵性与生命的,那么它们就和人一样,可以"轮回转世",不断以新的形态,重新出现在世上。因此,在日本的超市商场,可以看到许多包装盒上写着"再生纸利用"——那便是物体在日本的"轮回转世"。

日本的枯山水艺术喜用静止不变的
元素营造出使人宁静的氛围。

　　而且，"勿体无"也是日本的母亲教育孩子最常用的
口头禅。日本孩子从小就被母亲教育"もったいないことす
るな"（不要浪费），并且日本孩子从会说话开始，就会被母
亲教育用餐前要双手合十，说"いただきます"；用餐后也
要双手合十，说"ごちそうさま"——这是两句日文敬语。
尽管在中文里这两句敬语被简单地翻译成"我开始吃饭
了"、"我吃饱了"，但在日文原意中，它们所真正表达的，是
"感谢动植物牺牲自己生命，来延续我的生命"，是对自然
的恩赐、对成为自己食物的动植物们的一份虔诚的感恩之
心——这也是一种"万物有灵"。

　　因为"万物有灵"，所以心怀惜意，所以"不要浪费"。
日本人的这种惜物敬物之心，便是日本这个民族的生活美
学。用日本的禅学大师铃木大拙的话来说：禅，就是日本
人的生活本身。

东瀛

猎 物 笔 记

文/库索

古清酒之味

虽说日本文人爱清酒远胜过烧酒,却始终改不了我觉得它是"酒界小鲜肉"的印象,"越陈越香"的铁则偏偏到它那儿就行不通了,人人皆知清酒:尽早服用,疗效好!通常自灌瓶日开始的一年内是清酒的最佳赏味期。

2015年初夏,我和朋友去日本海南边的岛根县参观酒窖。穴道湖畔有一家叫"国晖"的老字号,是旅行手册力荐的酒窖,据说从1874年创业至今,百年来沿袭着出云杜氏的传统酿酒手艺。品尝各种新酒之余,店主岩桥弘树拿出一瓶"古酒",说是自家现存年头最久的清酒,原料采用岛根县山谷间的"改良雄町"特别栽培米,从1996年开始酿制,经过长达20年的熟成,才终于问世。

岩桥桑的推荐语说得轻描淡写:"这瓶一定要留在最后喝。"我自认为是酗酒爱好者,也是第一次见到这样的清酒:开瓶扑鼻便是米香浓郁,颜色是深沉的琥珀色,口感是复杂的厚重感。真正尝了,才理解店主那句话的深意:如果一开始就喝它,别的清酒立即会变得索然无味,就像一个缺乏阅历的肤浅男人。在"国晖"的职人观里,琥珀色意味着被封存的时间,是清酒最正宗的颜色:刚出来的新酒,是带着微绿的淡琥珀色;随着时间变化,琥珀色会越发浓厚;最好的古酒甚至会变成金黄色。

古酒无论是嗅觉还是口感,都穷尽了日本酒的极致,是重口味爱好者的福音。据说古酒不会带来任何宿醉的痛苦,江户时代的文学作品《训蒙故事要言》是这么说的:"新酒,极度头痛之醉;熟成酒,润泽全身般欢心之醉。"

因为比普通清酒的辣味和臭味更重,古酒意外地能搭配很多普通日本酒无法搭配的食物,例如咖喱、牛排、五花肉、鹅肝等。它其实也是最适合中国人口味的清酒,因为可以 hold 得住大鱼大肉的油腻,哪怕就着麻婆豆腐和北京烤鸭喝也毫无违和感。

国晖酒窖现存年头最久的古酒,从1996年开始酿制,经过长达20年才终于完成。(图/初哥)

宇治抹茶之道

京都府宇治市，在面向世界遗产平等院的参道两侧，散布着许多老茶铺。其中一家历史最悠久的叫作"三星园上林三入本店"，已经营近500年。它创业于战国末期，据说第一代主人上林三入和日本茶道之祖千利休是深交。

关于日本茶的流派，一种公认的划分是"三大茶"——"静冈之色，宇治之香，狭山之味"。静冈的茶园面积占全国总量的40%，是日本产量第一的茶叶；狭山茶因为数量极少，被视作珍稀品种；而宇治茶则是高级茶的代名词，是上流人士的御用品种。十六代上林三入说："宇治先天具备茶叶生长的两个优势：一是潮湿，有水流经过；一是兼具阴面和阳面的地形要素。800年前茶叶传入京都时，古人就思考过这个问题，他们认为宇治是最佳地理位置。还有一个因素是采茶方便，无论在静冈还是九州，茶园都是在半山腰，采茶极为不便，水分也容易流失。"

如今日本能称得上"御茶师"的，一家是"三星园"，另外一家则叫"绫鹰"。"绫鹰"是日本自动贩卖机中常见的品牌，早早进行了产业化，瓶装茶卖得极好。上林三入对"三星园"则是另一条准则，他坚持绝不工厂化，绝不大规模生产，要以传统的家族形式制茶："装在茶碗里的抹茶，是自然的茶；瓶子里的抹茶，是加工饮料。三星园的茶，隔夜就不能喝了，而瓶子里的茶，一年后也还能喝。"

对传统的坚持让上林三入拥有了职人的技艺。从18岁继承家业到60岁的今天，他一天都没休息过，每天早上6点半起床，打扫完卫生便开始制茶接客，不抽烟、不喝酒、不打高尔夫，更不用手机和电脑。

"在日本，有柔道、剑道、茶道、相扑道，还有拉面道、足球道。"对他来说，所有"道"都是在学习过程中渐渐拥有并守护专业性。十六代上林的人生即"茶道"，他父亲给他取的名字叫作"田中守"，宇治抹茶之道，正是这个"守"字。

京都府宇治市的"上林三入本店"，是一家经营了近500年的老茶铺。茶铺如今的店主：第16代上林三入。

京都的菊一文字是一家有700年历史的刀店。尽管知道菊一文字在日本刀界拥有江湖霸主一般的地位，当看到上千种造型各异的刀具齐刷刷摆放在一起时，还是会晕菜。这是不少知名料理人常光顾的店，刀具种类细分到了极致：刺身专用的"柳刃包丁"，蔬菜专用的"薄刃包丁"，拆鱼骨和鸡骨专用的"出刃包丁"，烤牛肉专用的"筋引"……

如何鉴定一把菜刀的好坏？第九代店主说："唯一决定要素是刀锋的持久性。一把锋利度好、不易生锈、能够长时间使用的菜刀，必须由职人全手工制作。"锋利度不是一个效率问题，而是工具和食材之间的沟通渠道："不会破坏食材本身的纤维，切完之后仍能保持蔬菜和鱼肉的原味。"在菊一文字的职人观里，菜刀的专一更甚于钻石，一旦卖给客人，便希望他们能够"一生使用"。因此，店里终生免费提供磨刀和保养服务。

店名"菊一文字"其实最早指的是一把刀，完整名字叫"菊一文字则宗"，早在扬名于菜刀界之前，就已经是武士界的传说之刀。随着武士道没落，菊一文字结束武士刀的锻造，转为以料理刀、工匠刀和园艺刀为主的刀具制作。

"菊一文字历经了700年的蹉跎岁月。就700年间一把宝刀毫发无伤这个事实，确实是近乎奇迹了，菊一文字参加了多少战斗，谁也没计算过。但它既没有折断，也没有损伤刀刃分毫，更没有失踪在历史的烟尘中，而是依然锋利无比，存在人世，除了认同这是奇迹之外，实在无法解释。"

今天，在菊一文字，从专业菜刀到家用菜刀，从指甲刀到鼻毛刀甚至刮胡刀，你能找到一切在生活中所需的刀具。店主力荐的"三德包丁"是日本"洋为我用"的绝佳案例。"三德"象征三个用途：肉、鱼、蔬菜均可。对于生活中"和食"和"洋食"已同等重要的日本人来说，它是融合了两方特性的新型刀具，又被称为"文化包丁""万能包丁"。

菊一文字出品的菜刀，提供终生售后服务。

配得上火车的好餐具

2015年夏天，我在有"日本大农村"之称的四国地区来了一趟铁道巡礼，途中搭乘了一班"伊予滩物语"食堂列车。它只在周末运行，沿着濑户内海的海岸线缓缓开过，伊予滩一览无遗。它提供2500日元的早餐：一份用当天清晨采摘的蔬菜和杂粮做成的三明治，一碗玉米汤和一杯咖啡。食材和主厨都有来头，但让我惊艳的却是餐具。

"伊予滩物语"列车的餐具名为砥部烧，这种瓷器已有230年的历史。砥部烧有个别名叫"喧哗器"，"喧哗"在日语里是吵架的意思。砥部烧的纹样则被称为"吴须"，源头是中国明代时期漳州窑生产并销往海外的青花瓷器。

因为必须手工制作，砥部烧无法大规模生产，注定只能是一种小众风雅品，但独特的厚实手感倒也得到了一众粉丝追随。"伊予滩物语"的砥部烧全都出自一个女性团体。铁道负责人要求她们：用女性特有的感性设计，以浅蓝和淡红色花纹为主，制作出符合乡土料理味道和观光列车氛围的餐具。团队的日文名字是"砥部烧"和"手作"的合成词，她们希望守护和传承这项传统工艺，并通过观光列车，赋予古老器物现代生命力。

如同砥部烧的风格，四国观光列车走的是亲民路线。而走高端路线的观光列车在九州，身价不菲的餐具也在那里。虽然风格各异，但是这些餐具职人都有一个共识：高级、高级、高级。其中一个负责人时松辰夫说："列车都造得这么奢华了，'品格'当然是我首要考虑的元素。"

"七星in九州"列车选择的是佐贺县有田町清六窑餐具。清六窑是制作有田烧数一数二的名店，而有田烧被视为日本陶瓷的代名词。清六窑提供共计60组、全部手工制作的餐具。"每一个元素都要严格考虑，希望大家在体会九州美景的同时，也能感受到有田烧和白瓷的魅力。"一手打造这些餐具的中村清吾说。

日本观光列车上的风景、美食和餐具。
（图/库索）

一条毛巾代表的生活方式

去爱媛之前，我问日本的朋友：买点什么伴手礼好？10个人中10个都回答：橘子。在温泉街兜了一圈，"橘子"果然垄断了这里：抛开有着"日本第一橘子"之称的伊予柑不说，橘子汁、橘子酒、橘子咖啡、橘子香皂、橘子唇膏……只有一家大到夸张的门店和橘子没关系，专卖毛巾。

这家店的招牌毛巾名叫"雲ごこち"，大意是手感就像云一般柔软，普通装1296日元。我出于好奇买了两条，后来才知道误打误撞捡着了宝：它叫今治毛巾，是眼下全日本人气最高的毛巾。

如果你去今治，会在车站前看见一块醒目的牌子：欢迎来到今治，毛巾和造船之町。这个位于爱媛东北部的小城确实只有这两样拿得出手。"为什么今治的毛巾好？""因为水好。"这是今治人特有的说法，但也并非毫无科学依据：高绳山上流下的水清冽、极少含有重金属，利于取出棉纤维表面的杂质和污垢，是最利于毛巾漂白和染色的水质。

我偶遇的那家毛巾店名字叫"伊织"，取自爱媛旧名"伊予国"的"伊"字。它不是一个独立的毛巾品牌，而是贩卖所有在今治生产并得到地区认证的毛巾。从2009年开业第一家店以来，如今在日本有22家分店。

"追求毛巾的日常可能性，将它变为一种生活方式。"这是今治毛巾感性的宣传语，因为是每天使用的物品，才更要追求品质。何为品质？今治制定了一个"5秒规则"：将干燥的毛巾放在水面，5秒之内便会沉下去，这是确认毛巾吸水性的基准，只有符合这个标准，才能够快速吸收水分。

今治毛巾根本就像处女座的作品，细节控到无以复加：清洗时不需要添加柔软剂，脱毛率和起绒率的准确界限标准，保证婴儿咬在嘴里也无妨的化学物质含有量标准……所有这些都被称为"今治标准"。

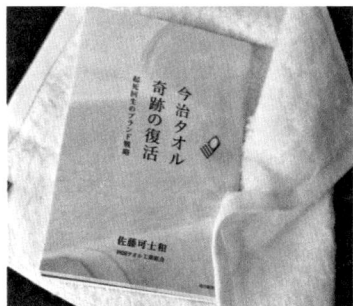

设计师佐藤可士和与日本毛巾工业组织合出一本书，名字就叫《今治毛巾：奇迹的复活》。（图/库索）

从『鸡汤』里喝出幸福味道

小清新啤酒

"总之，先来一杯啤酒。"在日本小酒馆，这是最常听到的开场白，之后无论是清酒、烧酒、红酒还是Highball，如果不先从这杯啤酒喝起，似乎就无法顺理成章。

我一直把这种做法视作日本人爱啤酒的证据，直至身为啤酒控的女友抱怨："你不觉得在喝啤酒这件事上，日本人太可怜了吗？"按照她的说法，日本人对其他酒均精心对待，唯有喝起啤酒完全没有门槛，最挑剔的人也无非问一句：三得利还是朝日？

"猫"是一种啤酒，日文名字翻译过来是"星期三的猫"。和平常的日本啤酒相比，它颜色轻快而明媚，苦味也淡得难以察觉，取而代之的是明显的碳酸味；小清新的浅蓝色瓶身，显而易见是专为年轻女性设计。

连名字的说明都弥漫着浓浓的鸡汤味：一周最中间的星期三，希望能够像猫一样悠闲自在、无拘无束地放松自己，奖励给自己这一杯啤酒。

"猫"的幕后推手是长野县一个叫Yo-Ho Brewing的啤酒公司。凭着不走寻常路的定位，1996年才成立的Yo-Ho Brewing在日本啤酒市场杀出一条血路，成为继三得利、朝日、麒麟和札幌四个大企业和冲绳老牌ORION之后的第六大啤酒商。它虽规模小得可怜，但也有大户人家撑腰：后台是有百年历史的日本星野集团。

据说集团的社长星野佳路在美国留学时，被手工啤酒惯坏了味觉，回国后深深厌倦大型啤酒商垄断的单一口味，想挽救小工坊制作的"地啤酒"。"这些小型啤酒工坊，不太在意业绩，一心一意坚持手工制造，因此价格普遍偏高。"Yo-Ho Brewing有一个理念："品味啤酒的同时，感受人生的幸福。"它希望以此为出发点，"用和大型啤酒企业生产单一啤酒截然不同的方式，以一个个具有人性关怀的故事，向日本人展示啤酒的丰富性，创造新的啤酒文化"。

在日本的超市里，各种品牌的啤酒琳琅满目。虽然不像清酒那样植根于日本的风土，但啤酒仍然是这个国家最受欢迎的酒。
（图/库索）

藏在手账里的人生秘密

一本普通的"HOBO日手账"售价大约5000日元，不算便宜，但只要是设计师合作款，刚上架就会被抢购一空。我今年买到的这款出自大阪年轻绘本家 Miroco Machiko 之手，封面图案是一只风格颇为猎奇的印度犀牛。像"HOBO日手账"一直推崇的那样，这一本亦有世界观：在人类眼中，相貌丑陋的犀牛是凶悍和危险的象征，但 Miroco Machiko 笔下的犀牛却流露出温柔无害的气场。"致那些想要在新的一年里挑战些什么的人，希望这只犀牛能赋予你们一步向前的勇气。"

自2001年诞生以来，"HOBO日手账"连续11年在日本手账部门销量排名第一。它的创始人糸井重里是个传奇人物：开过广告公司，吉卜力、三得利和资生堂等大牌的经典案例曾出自他手；写过歌词，从忌野清志郎到山口百惠到坂本龙一再到SMAP都唱过他的歌；出版过散文集，还拿到了伊丹十三文学创作奖；他给任天堂制作的一款游戏卖到了全世界。1998年，糸井重里开设了专门放送新闻和名人访谈的网站，随后"HOBO日手账"作为周边商品而生，一口气卖出25万部。此后每过一年，它都会发生一些细微变化，全是根据网络留言进行的机能调整——可以把它当作一款根据用户反馈而不断升级的互联网产品。

糸井重里是最早在手账界推崇"一日一页"的先驱。每天频繁翻阅，容易变得破破烂烂，糸井重里因此藏下许多小机关：采用印刷纸 Tomoe River，采用180度开本形式，效仿古代线装书制法，任何一页都能平摊开来。他最得意是内封中的各种小口袋可以插入卡和票据，还有专为保险证和零钱设计的尺寸。糸井重里被粉丝称为"手账相谈员"。他还有一句名言：手账，是人生的补充说明。"HOBO日手账"在每一页的最下方都印有每日金句，所以，这不仅是一本"能写的手账"，也是一本"能读的手账"。

这款"HOBO日手账"新品出自大阪年轻绘本家 Miroco Machiko 之手，封面图案是一只印度犀牛。通常，丑陋的犀牛被视为凶悍和危险的象征，但在 Miroco Machiko 笔下却流露出温柔无害的气场。(图/库索)

一粒治愈系大米的价值观

在鸟取县气高町的偏僻小山村,从1979年开始,梅实一夫种了近40年大米。他的世界观里有一种偏执的热情,认为"人生就是要好玩,不好玩的人生赶紧结束也罢",正如他对于种米这件事也有着的偏执的坚持:"食物有两种,一种是有生命的,另一种是没生命的。"

梅实一夫并非一开始就想做个农民。他虽是家里的长子,年轻时却向往城市的大企业,大学毕业后也果真在丰田汽车找到了一份工作,干了几年,又辞职在市里开起了电器店。直到32岁时,他终于接受父亲的催促回到家。

回到农村才发现,全部的家业加起来是1000万日元的欠债。头四年,梅实一夫栽培菊花的土地像废灰般死气沉沉,农业导师告诉他:把死土换成新土,用原来的方法继续种就好了。他觉得不可行,开始给很多微生物研究机构写信,直到某天无意中从朋友那里拿到一种微生物培养方法,抱着试试看的心态照做了。一个月后,原本完全渗不下水的泥土竟然开始吸收水分,把铺在地面的薄膜揭开一看:死灰都在表层结成了球状,土地被救活了。

微生物环境让菊花长势很好,债务也渐渐还上,正当梅实一夫以为栽培花卉将成为自己毕生事业时,身边的花农朋友却开始一个接一个患上癌症,第四个朋友死去的时候,他年幼的女儿也患上了气喘病。梅实一夫意识到,是农药导致了这一切的发生。

1989年,梅实一夫开始栽培有机米,不依赖化学肥料,而利用动物尸体和粪便、枯枝落叶、米糠、鱼粉、油粕等当地生态系统中的微生物培育出有机堆肥。

他重视自然的力量,不使用农药,除草剂也不用。最开始人工除草很费劲,等到种子扎根以后,杂草长出来,虫子会进来吃,水田会成为一个生态圈。在他看来,所有的东西都要利用太阳、土地和微生物:"有机堆肥不是为了增加

并非一开始就想做个农民的梅实一夫,如今明白了"农业,是神赠予的财富"。

梅实一夫的有机大米不使用农药,连除草剂也不用,他认为自己"只是在做文明高度发达之前,一个最基本农民应该做的事"。

产量,而是为了让土地更加健康,让土地自己长出好吃的大米。大米好不好吃,不是人决定的,而是微生物决定的。"

2000年,梅实一夫成立了"气高Organic俱乐部",最初俱乐部只有他一个人,每年生产30吨大米。2001年,"气高Organic俱乐部"得到日本JAS法(日本有机产品认证法规)的认证。

梅实一夫不追求产量,每年销售额仅有1200万日元。如果一次性预定一整年的米,5kg包装的税后价只要2970日元,每月按时按量发送到顾客手上。为什么不一次性发货?因为梅实一夫要把它们以玄米的状态保存在低温储藏库里,直到客人要吃了,再加工成精米,这可以保持大米的新鲜度,味道不会有一丝一毫改变。

他的大米只有200个顾客,但凡是购买过的人,很少有不成为回头客的。一些居住在大阪的父母,把梅实一夫的米寄给在东京工作的儿子;居住在九州的女子,把他的米送给北海道的朋友。这才是美味大米存在的正确方式:"你觉得很好吃,也会想给你最重要的人吃。"

梅实一夫留着一封"一个女人的来信"。女人被检查出患上了癌症,医生说:"把你每天吃的大米和蔬菜,带到医院来给我看看。"女人把自家种的蔬菜摘下来,和在健康食品商店买的大米一起带去了,结果只有梅实一夫的玄米没有检测出残留农药。后来,女人和丈夫专程从爱知县来鸟取,只为了见梅实一夫一面,只因为想知道:种出这样大米的人,到底长着一张怎样的脸呢?原本被医生宣布只有4个月余命的她,却多活了整整10年。

这些事让梅实一夫明白:"农业,是神赠予的财富;农业,是针对人的产业。首先你得做好一个人,不然这个产业是做不好的。"他不着急让儿子继承他的事业,他觉得儿子应该多体验世界、多了解人生,才会懂得种米这件事。

日本地震避难包里有什么？

并非日本岛国人不恐惧频发的地震和台风，相反，正因为恐惧，他们在日常生活中做好万全准备。比如，在玄关放一个地震避难包并研究清楚其中每一样东西的用途，在灾难来临时懂得自救，不仅是出于惜命，更因为不给别人添乱是救人的第一步。在这样一个国家，"裸奔"显然是不明智的，我打开网站购买了这种基础装备，在日语里它有一个更专业的名字：非常持出袋。

花上19800日元（约合人民币1201元），能买下一个由30种物资构成的非常持出袋，已是价格不菲。次日再看，价格已经变成了28000日元（约合人民币1699元）——不是商家趁势涨价，而是这种东西常年打着折，到紧急时刻才恢复原价。事实上，那之后熊本余震不断，在快递以准时闻名的日本，它拖到10天后才送到我手上——以前只需3天就能送达。

这个重量仅5公斤的地震避难包，受众定位为"女性和高龄者也能背得动"和"最适合有小朋友的家庭"。一旦灾难来临，它至少能维持一个成年人3天的生活。选择带30件救命的物资，并不比选择只带3件东西去荒岛更容易，那它们该是什么？

首先是一个125克的轻量充电器，配有各种手机型号插头，附带手电筒和收音机。不需要电池和电源，单手转动便可即时发电，遇上紧急情况，还可以发送警报信号。

水和食物是首要的必需品，带少了会饿，带多了会消耗体力，量的权衡是一门学问。通常地震包里会放4瓶保质期5年的常存水，每瓶500毫升，能够满足人体3天的基本摄取需求。唯一的食物则是3罐110克容量的饼干，保质期同样是5年，采取易拉罐装设计，让小孩和老人都能轻松开启。除了地震包，大多数日本人还会常年在家里储存一两箱常存水，一旦被困家中，它能让你活下去。

这款由日本职人手工制作的地震包，无论性能还是细节，在日本市场上无出其右。（图/库索）

时常遭遇地震威胁的日本人，对防护用品的准备十分严格和专业。许多家庭都会准备"非常持出袋"。

一个标准的地震包，配备饮用水、罐头饼干、铝箔毯、急救包、暖宝宝、雨衣、防滑手套、瑞士军刀、蜡烛和火柴套装、口哨、充电器等这些紧急时刻能派上大用场的救急物品。

另外，还包括消毒啫喱、免洗洗发水、充气枕头、眼罩、耳塞、拖鞋以及简易厕所等，能在震后一段时间的避难生活里让人们尽可能舒适的日常用品。

即便不缺乏物资，地震后断电的情况仍常见。食品加热袋和发热剂就是为这种时候准备的：把未开封的罐头或速食品和发热剂一起放入加热袋，20分钟后便可吃上一碗热腾腾的食物。据说，这是从日本自卫队那里学来的。

3个简易厕所——经验表明，厕所不足问题一定会在震灾后出现，而这种简易厕所可以将排泄物固化，同时带有消臭功能，化解"三急"带来的尴尬。它还贴心地配上了封口用的夹子和废弃用袋，处理垃圾时也不会成为困扰。

考虑到灾后传染病威胁，需要一瓶酒精消毒啫喱，干洗即可除菌，这也是日本陆上自卫队的经验。免水洗的洗发水在东日本大地震中备受好评，只需轻轻涂抹在头发上，就可以清洁、消除头皮不适。还有湿纸巾1包，不能洗澡时可用来擦拭身体。

野餐毯可以铺在地上睡觉，可以在上面用餐，也能在避难时刻防风挡雨。铝箔毯的专业性更强，银色有反射光热效果，冬可防寒，夏可避暑，因为材质几乎没有重量，遇上天气骤变时很多人直接裹在身上，比毛毯管用多了。地

日本熊本地震后，2016年4月25日，Tasoko 小学首日恢复上课，学生们用书本护住自己的头部，穿过学校操场。（图/东方IC）

震后天气变化无常，雨衣是要有一件的，就算是在夏天，暖宝宝也至少需要2个。

一段时间内不能回家的情况很多，不少人（尤其女性）在避难生活中睡眠不佳，容易引发神经衰弱和精神后遗症，为此，充气枕、眼罩和耳塞是标配。充气枕不占地儿，轻轻吹气即可成形，需要在车中过夜时也能派上用场。能简易折叠的拖鞋需要1双，便于在避难所室内走动。

万能的瑞士军刀1把，4节5号电池足矣，蜡烛和火柴也要配置1套，能满足8小时照明。一个塑料水袋是灭火和取水的良伴，它的尺寸经过精确计算，最大容量3升。一双军用手套可以防寒也便于救助，表面上密集的黄点对于密恐症患者可能有些恶心，却是十分实用的防滑设计。一个紧急用口哨，当身体被困住不能动弹时，可以向外界传达自己的位置。

除了防尘防毒口罩，还有一个标着十字的红色小急救包，包括6片创可贴、6片化妆棉、1卷胶带、1个药盒和10根棉棒——看似日常用品，其实并不欠缺专业性。1卷加宽止血胶布是救急的宝贝，是负伤时的止血利器。

1张紧急联络卡，除了姓名、住所、电话和紧急联络人，还需填写伤病史、过敏史、常备药，方便受伤后得到准确救治。此外，还包括生命保险号、银行账户、驾驶证和护照号等，万一不幸受难，能快速确认身份。

最后是1份防灾建议指南，告诉你携带地震避难包物品的轻重缓急：一次持出品，包括常备药、婴儿用奶粉、紧急联络卡、保存水、保存食、手电筒、口哨、铝箔毯、急救用品、暖宝宝；二次持出品，包括加热袋与发热剂、瑞士军刀、胶布、军用手套、简易厕所、除菌啫喱、野餐垫、口罩、非常用给水袋和雨衣等。一次持出用品是地震来临时的急需物资，建议装在双肩包里，避难时直接背出门；二次持出用品是为一段时间的避难所生活准备的,建议放在车后备厢或自家储物柜。另外,这份指南上还有一些小技巧,例如"在家里遇到地震时怎么办":第1步,躲藏在家中安全地带,保护身体不受伤;第2步,切掉火炉等会引起火灾的火源;第3步,打开门,确保逃离的通路。

日本地震包种类繁多。我买的这个价格相对其他更高,但口碑最好。它的设计方是长野市"防灾防犯direct株式会社",社长塚本祐平曾在高中时经历过水灾避难,又见证了2004年新潟大地震,决定依靠自己的专业知识,设计出"更安全快适的避难生活必需品",2005年上市至2015年发售超过40000套。日本有个设计大奖叫Good Design Award,人称"优良设计奖",而这款地震包曾在2012年出现在颁奖台上,成为迄今为止唯一获得设计大奖的"非常持出袋"。当时评委是这么说的:"在漆黑一片的避难环境中,包上的蓄光材料和反射材料会发挥作用,提示周围自己所处的位置。它同时兼顾耐火和防水性能,并根据人体机能做了细节调整,实现了使用上的舒适感。在日常态势中,它并无特别之处,然而一旦发生特殊情况,就会展现出值得信赖的完美性能。"

它甚至改变了地震避难包的形态,之前,所有同类商品都是拉绳口袋,不利携带,抗压性也弱。自它之后,地震包普遍使用抗压双肩包。最日本特色的是,它不是工厂批量生产的流水线产品,而是找到了兵库县丰冈市经验丰富的职人,一个个用手工缝制而成。

地震包并没有塞得满满当当,最上部留出10厘米空间,让人们装私人物品,例如手机和重要文件。日本红十字急救员的建议包括:个人印章、现金、健康保险证、身份证明书、母子健康手账、银行卡等贵重物品,以及毛巾、塑料袋、笔记等便利品和一个头盔。

物质文明

100

物

辑/谭山山

芭比娃娃

1959年3月9日，身高28cm、三围为38-28-34的芭比娃娃在美国威斯康星州的威劳斯市诞生。今天的芭比不仅仅是一个玩具娃娃，她已经成了美国文化的一个经典符号。反面的例证是，在伊朗，她被比喻为特洛伊木马，是来搞文化侵略的。

蓝山咖啡

产于牙买加岛蓝山地区，1728年传自海地。它将咖啡中独特的酸、苦、甘、醇等味道完美融合在一起，形成强烈诱人的优雅气息，为其他咖啡望尘莫及，是世界上最有名的咖啡。

线装书

线装书出现在包背装盛行的明朝中叶，即14世纪。它代表了典型的中国文化，不乏"读典籍就该读线装"的支持者。有藏家认为，线装书是骨头，平装书是肉，只有肉立不起来，有骨有肉才可能有样，有真本、善本才可能丰满。

蓝纹奶酪

带有蓝色或蓝绿色霉斑的奶酪的总称，可用牛奶或山羊奶制作，据说3500多年前就开始出现。法国罗克福尔奶酪几乎是顶级蓝纹奶酪的代名词。18世纪哲人狄德罗参编的《百科全书》中，称"罗克福尔干酪毫无疑问是全欧洲最优秀的干酪"。

鱼子酱

公元前4世纪，人们已经认识到鱼子酱的魅力——亚里士多德形容它是宴会的重头戏，是由音乐和鲜花相伴进场的重要角色。最好的鱼子酱产自里海。电影《兵临城下》有句台词："伏特加是奢侈品，我们有；鱼子酱是奢侈品，我们也有。但我们没有时间。"

满汉全席

一说起源于康熙年间，另一说则起源于乾隆年间。《扬州画舫录》记录了扬州"所谓满汉席也"的食单，菜品达110种。满汉全席分为大满汉、小满汉，大满汉一般为108碟，小满汉为64碟。民国建立，满汉全席改为大汉筵席，到20世纪30年代又改为八大件。

芭比娃娃

青花瓷

月份牌

中医

月份牌

最早的月份牌诞生于清道光年间,盛行于20世纪二三十年代。月份牌画最初题材丰富多样,进入民国后以月份牌美女为主,意外地在沪上风行一时。它是上海人的一所梦工厂,是浮世中的一幕幕真实幻影。

中医

鸦片战争前后,为区别于西医,东印度公司给中国医学起名中医。1936年,《中医条例》颁布,"中医"成为法定名称。而在此前,中国医学又叫"汉医"、"传统医"或"国医"。中医的最高境界是"致中和",也就是讲求体内和体外环境的和谐、平衡。

大吉岭红茶

产自印度孟加拉邦北部喜马拉雅山麓的大吉岭高原,故名。中国原产的正山小种红茶来到气候得天独厚的大吉岭,可谓适得其所,孕育了大吉岭红茶的独特芳香。最适合清饮,但因为茶叶较大,需稍久焖(约5分钟)使茶叶尽舒,才能得其味。

青花瓷

青花,英文称"Blue and White",日文称"染付",始于唐代,在元代开始绽放光彩,到了明清则迎来它的黄金时代。青花代表的是中国的精神,青是青天,白是天空中的云,就像周杰伦那首《青花瓷》所唱的:"天青色等烟雨,而我在等你。"

西班牙伊比利亚火腿

中国山水画

中国山水画不再是人物画的陪衬而独立出来,始于魏晋南北朝。隋唐时期,中国山水画逐渐形成独立画种。而自宋代开始,直至清末,历代绘画大师都是山水画大师,如宋朝的董源、马远,元四家,明朝的沈周、文徵明、董其昌,清代的四王、四高僧等。

法国鹅肝

2000多年前的古罗马人发现了吃鹅肝的乐趣及美味,他们食用鹅肝时搭配无花果。经路易十五品鉴之后,鹅肝被视为法国国粹。甚至有一种极端的说法：没有吃过鹅肝,算不上真正吃过法国菜。

西班牙伊比利亚火腿

用西班牙埃斯特雷马杜拉自治区特有的伊比利亚黑蹄猪制成,是美食圈中最闪亮的生火腿明星。最好的伊比利亚火腿可以卖到近500欧元一公斤。在西班牙,一个餐厅想大卖,一定要有伊比利亚火腿。

琉璃瓦

琉璃瓦是中国传统的建筑物件,通常施以金黄、翠绿、碧蓝等彩色铅釉,材料坚固,色彩鲜艳,釉色光润。元代时皇宫建筑大规模使用琉璃瓦,明代十三陵与九龙壁都是琉璃瓦建筑史上的杰作。

中国山水画

莱卡M3

乐摸LC-A

20世纪50年代,一种应用于苏联间谍部门的相机在列宁格勒光学机械联合企业诞生。它体积小,操作简单,日夜均可以拍摄,无须闪光,没有光圈,只有简单的B门;由于对红、蓝、黄感光特别敏锐,用正片能冲出色泽异常鲜艳的相片。

老式留声机

世界上第一台留声机于1877年由爱迪生发明。在当时的人看来,这是一台由金属圆筒、曲柄、长轴及一些附件组成的怪机器,但神奇地录下了爱迪生唱的一首歌。它被称为"19世纪的奇迹"。

莱卡M3

莱卡的神话始于1911年的德国,摄影发烧友奥斯卡·巴纳克为携带方便,设计了一种使用35毫米电影胶片、可拍摄 24×36毫米规格底片的小型相机用来试拍。这台诞生于意外中的相机颠覆传统的笨重相机,成为一套全新摄影系统的开端。

派克笔

1888年,派克公司创立,并制造出一支名为"幸运环"的新笔。自派克笔诞生以来,直至圆珠笔全面占领市场,它一直是世界上数一数二的书写工具。它最大的广告卖点是:美国总统用的是派克笔。

老式留声机

玉如意

瑞士军刀

1897年，两个弹簧上面装有6个刀体（包括一大一小两柄刀片、锥子、罐头起子、螺丝刀和拔塞钻）的多功能折叠刀获得专利，这种刀被卡尔称为"军官刀"，也就是后世闻名遐迩的瑞士军刀的源起。

拔步床

花样繁复的架子床、拔步床是在明代发展出来的。架子床和拔步床（又称八步床、踏步床，多出现在南方）是当时的奢侈品，正如马未都所说，在当时有一张拔步床，相当于现代人拥有一辆奔驰。

普洱茶

普洱茶的历史可以追溯到东汉时期，距今已达2000年之久。普洱茶在清朝成为皇室贡茶，作为国礼赐给外国使者。末代皇帝溥仪说皇宫里"夏喝龙井，冬饮普洱"。今日的普洱茶，被称为"可以喝的古董"。

玉如意

"如意"一词出于梵语"阿娜律"，随佛教传入中国，自魏晋南北朝以来得到普遍应用。梁简文帝萧纲有诗云"腕动苕花玉，衫随如意风"，说明那时已经出现玉如意。玉的温润坚贞与如意的吉祥寓意结合，成就了具有中国特色的吉祥器物。

普洱茶

单一麦芽威士忌

龙井茶

龙井是中国第一名茶。而最为人称道的，莫过于西湖龙井。龙井茶是继绍兴黄酒、宣威火腿、贵州茅台酒之后，中国第四种获得保护的原产地域产品。色深碧、茶身扁且直是西湖龙井的特色。

哈瓦那雪茄

一位老派绅士说：干邑白兰地是液体的哈瓦那雪茄，哈瓦那雪茄是雾状的干邑白兰地。哈瓦那牌雪茄曾帮助英国首相温斯顿·丘吉尔度过最困难的日子，现在已成为富人名流的新象征，也是投资大热。

单一麦芽威士忌

据说，在苏格兰，在一杯单一麦芽威士忌中加一粒冰块会被看作比打老婆还要严重的恶行。因为加冰不仅会影响酒香的散发和酒质稳定，也会让人的味蕾麻木，就使一次快乐而充满激情的相遇变成了一场麻木、冷漠的遭遇，让佳酿和享受通通打折。

拉菲红酒

"给我开一瓶1982年的拉菲。"周润发的这句台词，影响了很多中国人对名酒的判断标准，以至于拉菲成为中国人最熟知的法国名酒品牌。拉菲（Lafite）酒庄1354年创立，是法国波尔多五大名庄之一。拉菲酒的花香、果香突出，芳醇柔顺，被称为葡萄酒王国中的"皇后"。

羊皮《圣经》

1844年，德国学者康斯坦丁·蒂斯琴多夫在埃及西奈山的圣凯瑟琳修道院的废纸堆里，发现了残存的800多页《圣经》抄本，又称"西奈山抄本"。这份抄本于约公元331年用希腊文书写在上等羊皮纸上，是现存最古老的完整版《圣经》。

波斯地毯

在《马可·波罗行记》中，马可·波罗记录了他1283年路过赛尔兹克王朝首都科尼亚市（今属土耳其）时的情景：我看到了世界上最美丽、最精致的地毯。收藏波斯地毯绝对物超所值，因为没有两条地毯是完全相同的。

波斯地毯

宜兴紫砂壶

日本浮世绘

日本浮世绘

浮世绘起源于17世纪的日本江户时代。19世纪中期,日本向欧洲出口茶叶,包装纸上绘有浮世绘,西方世界开始认识这种绘画样式,古典主义、印象派艺术家都受其启发。浮世绘因此被视为日本绘画的代名词。

冰箱

1879年,德国工程师卡尔·冯·林德发明家用冰箱。不过,直到20世纪20年代电冰箱发明之后,冰箱才大规模进入家庭。有学者认为冰箱是"家庭总调度师",是"促成以家庭为基地的生活方式形成"的关键因素—— 因此一台有态度、能给人带来美好生活的冰箱非常重要,正如卡萨帝冰箱带给我们的惊喜。

卡萨帝云珍冰箱

宜兴紫砂壶

紫砂壶的兴起,跟由宋入明人们饮茶方式的改变有关 : 由烹茶变为沏茶,对茶壶质地的要求则更高,于是耐热性能好且能发茶之色香味的紫砂壶受到青睐 ; 也跟明清文人的推崇相关 : 正是他们的介入甚至是直接参与,使紫砂壶具备了更多可赏玩可进行美学分析的空间。

黄花梨家具

古董电话机

古董电话机

早年在中国，电话机被称为"德律风"，即英文telephone的音译。第一代磁石电话机或者有特定历史背景如政府机关专用的红色胶木电话、苏联情报部门专用的琴键电话，都是古董电话机收藏者热衷的品类。

黄花梨家具

明式家具以简素空灵著称，而最能体现这一点的，是黄花梨家具。黄花梨家具是素漆，即不施颜色、突出木纹的清水漆，有别样的雅趣，自明代起就受到文人雅士的推崇。素漆法还确保黄花梨特殊的香气不被掩盖。

A 字裙

A 字裙是一种廓型,从腰围或者臀围向下逐渐扩张伸开,形成字母 A 的形状。奥黛丽·赫本的经典造型就包括条纹翻领衬衫裙和高领的宫廷衬衫搭配高腰 A 字裙。它和小黑裙并称时尚史经典单品。

内衣外穿

20世纪80年代,一批前卫设计师颠覆内衣的概念,发明"内衣外穿"。有"朋克教母"之称的英国设计师薇薇安·伊斯特伍德正是始作俑者。内衣外穿并非坏品味,山本耀司早就说过了,还有什么比穿得规规矩矩更乏味的呢?

旗袍

张爱玲说过,时装是随身携带的戏剧。旗袍则是最好的传情达意的方式。旗袍在 20 世纪 20 至 40 年代达到巅峰,成为中国时装史上无可替代的经典。那是近代中国女性时装的黄金时代,旗袍则是这一黄金时代女性时装中的华章。

开司米

15、16世纪,克什米尔地区的居民将羊绒手工制成披肩。阿富汗的克什米尔统治者送给来自巴格达的友人一条,后来这条披肩辗转经过埃及到了约瑟芬王后手上。从那时起,开司米就获得了西方人的心。欧洲皇家及富家女子一度把开司米当作必备装束。

豆豆鞋

Tod's 以创造出被形容为像是走在水床上、完全没有压力的"豆豆鞋",而成为意大利制鞋业的佼佼者。这款舒适的鹿皮鞋,鞋底上有着标志性的133 颗防滑橡胶粒,适合在各种场合穿着。

奢华休闲风

Jet-Set 风格的发源及典型人物,就是倾倒众生达半个多世纪的前美国第一夫人杰奎琳·肯尼迪。这个为她而造的词意为"悠闲的上层阶级"。从杰奎琳时代到现在,Jet-Set 风格历久弥新。

旗袍

吸烟装

巴拿马草帽

小黑裙

牛仔/丹宁

1958年的美国报纸声称：大约90%的美国青年到哪里都穿着牛仔裤，除了在床上、在教堂。如今，从政界名流到电影明星到街头年轻人，人人都穿着牛仔裤，它打破了人们之间的壁垒和界线。

比基尼

法国泳装设计师里尔德1946年推出的一种由三块布和四根带子组成的新式泳衣因太过大胆，被命名为比基尼——同年美国试爆原子弹的一个小岛的名称。比基尼解放了女人的身体，满足了男人堂而皇之的偷窥欲。

小黑裙

1926年，可可·香奈儿设计出人称"小黑裙"的黑色裙装。奥黛丽·赫本在电影《蒂凡尼的早餐》中的小黑裙形象深入人心，以至于每本时尚杂志都宣称"每个女人的衣橱里都需要一件小黑裙"。

吸烟装

1966年，女权尚未启蒙的年代，法国设计师伊夫·圣·罗兰大胆开创中性风格，设计了第一件女性吸烟装。吸烟装的经典元素有：领结、马甲、铅笔裤、粗跟高跟鞋、金属质感配饰、英伦绅士礼帽、修长收身皮草西服、皮手套、褶皱的长丝巾、长筒马靴等。

Polo 衫

原本称为网球衫（tennis shirt），其设计以不用扎进裤子里为前提，后长、前短，且下摆侧边有一小截开口。后来由Ralph Lauren推出的款式大受欢迎成为定式，并借此将此衣型引介到马球界及其他运动界，因此叫作Polo衫。亦称高尔夫球衫（golf shirt）。

巴拿马草帽

巴拿马草帽产于厄瓜多尔，用当地一种托奎拉草茎制作而成，经巴拿马运河上的工人佩戴后得名。巴拿马草帽的爱戴者包括查尔斯王子、丘吉尔、罗斯福等名流和明星。如今，巴拿马草帽早已成为全球男性的经典必备品，而非昙花一现的潮流。

字母押花

爱马仕丝巾

凯莉包

凯莉包

1956年,摩纳哥王妃格丽丝·凯莉为了在媒体面前掩盖自己因为怀孕而走样的身材,用一款红色爱马仕皮包挡住腹部,后来这款包被命名为凯莉包。格丽丝·凯莉用她的个人魅力带动了凯莉包的热卖和经久不衰。

字母押花

Monogram指"由姓与名的第一个字母编制而成的图案"。Monogram帆布诞生于1896年,后来成为路易·威登的经典标志,如今它几乎是全世界最具辨识性的奢侈品图案。与日本当代艺术家村上隆跨界合作推出的彩色Monogram系列,更加深其影响力。

爱马仕丝巾

1937年,爱马仕在品牌诞生100周年之际,印制了由骑师外套引发灵感的第一条爱马仕丝巾。至今已有900款爱马仕方形丝巾面世。近年爱马仕和中国艺术家如丁乙等合作,为爱马仕丝巾增添东方风格元素。

红底鞋

叶卡捷琳娜二世大皇冠

燕尾服

红底鞋

脚底的一抹红色是Christian Louboutin的标志。从诞生之日起,红底鞋就和性感有关,设计师Christian Louboutin表示:"红鞋底就像是给鞋子涂上的口红,让人不自觉想去亲吻,再加上露出的脚趾,更是性感无比。"

连身裤

连身裤源自跳伞装,它自20世纪60年代开始被带到时装界。这种夸张的设计受到巨星如猫王、Queen乐队主音所赏识,改装成花哨闪亮的登台表演服。它还有个美妙的昵称:飞行员服。你可以想象自己穿上它就好像随时要起飞。

燕尾服

燕尾服起源于英国,18世纪时由骑兵服演变而来。到18世纪末,燕尾服已成为风靡欧美的流行时装。歌德名著《少年维特之烦恼》里,男主人公维特在黄背心外罩青燕尾服这一维特式的经典装束,引来读者们的疯狂模仿。

叶卡捷琳娜二世大皇冠

由宫廷珠宝匠波吉耶在1762年为叶卡捷琳娜二世加冕典礼而制作。大皇冠是当时欧洲最贵重的物品,后来传到沙皇尼古拉二世手上。由于它太重戴在头顶不舒适,尼古拉二世因此患上偏头痛,前额还被挤压出一道疤痕。

温莎结

作为经典的领带结样式,这种领结打法复杂,又厚又宽,呈三角形,适合打在分得很开的衬衣衣领上。名字来源于爱德华八世(即威尔士王子,退位后被封为温莎公爵),他曾佩戴这种复杂的领结参加结婚典礼,尽管他自己从来没有学会过打温莎结。

伊朗法拉王后加冕皇冠

1967年,雷查·帕拉菲王储登基成为巴列维国王。珠宝设计师皮尔·雅宝亲自在德黑兰中央银行地下室花费了6个月为法拉王后打造了一顶加冕皇冠。冠重1600克,上面有1469颗钻石、36块纯绿宝石、36粒美玉和105串珍珠,红、绿、白三色宝石即伊朗的国旗色。

风衣

风衣

巴宝莉创办人Thomas Burberry于1914年设计风衣,原用作英军军人服装,它的经典格纹是英伦绅士美学的体现。原创的巴宝莉风衣最初以棉质华达呢制造,这种实用耐磨的质料由巴宝莉发明。

皇家橡树不锈钢表

1972年,爱彼表厂参照英国战舰"皇家橡树"号的八角形窗,设计出一款别出心裁的运动腕表,并用战舰名命名。这是当时爱彼表厂第一款豪华运动表,设计风格前卫,是当时世界上最昂贵的钢表。

陀飞轮怀表

1795年,宝玑发明陀飞轮,并于1801年在巴黎取得发明专利。"陀飞轮"在法语中为"旋转"之意,本质上是一种旋转擒纵调节器,设计重点在于抵消地心引力对钟表精确度的影响。直至现在仍只有极少几家顶级钟表制造厂才能造出陀飞轮。

玛丽·安托瓦内特王后怀表

沙皇复活节彩蛋

希望之星

光明之山

这是世界上最古老而又保存至今的巨大钻石，重105.6克拉，无色，椭圆琢刻形状，原产于印度戈尔康达。莫卧儿王朝开创者巴卑儿、波斯人纳迪尔·沙阿、印度土邦主杜利普、英国维多利亚女王、乔治六世之妻（即2002年去世的英国王太后）先后拥有过它。

玛丽·安托瓦内特王后怀表

1783年由法国一名玛丽·安托瓦内特王后的仰慕者向宝玑定制，要求"极尽奢华、荟萃钟表科学精华"，时间与成本均不受限制。直至1827年，即王后去世34年后，这款命名为"玛丽·安托瓦内特"的宝玑Nº160怀表才得以完工，并被称为制表业的神话。

沙皇复活节彩蛋

1885年，俄国沙皇亚历山大三世委托珠宝工匠彼得·卡尔·费伯奇为妻子制作一个复活节彩蛋。内藏数层"机关"的彩蛋给皇后带来了无比惊喜，亚历山大三世于是要求费伯奇以后每年设计一只复活节彩蛋呈贡。

希望之星

这颗著名的蓝钻似乎与厄运相随，拥有过它的人多遭不测。与它相关联的人物包括玛丽·安托瓦内特王后、英国收藏家亨利·菲利普·侯普、土耳其苏丹阿布达尔二世及《华盛顿邮报》出版商艾沃林·沃尔斯·麦克林等。

纽伦堡蛋

石榴形怀表

一对罕见的、由英国皇室送给乾隆皇帝的御品,约1820年制。外形雕刻成石榴花形,因为石榴在中国象征着多子多孙;红色半透明彩绘珐琅,嵌以金丝,也是特意迎合中国皇室的审美习惯。1924年,溥仪皇帝逃出紫禁城,相传他带走了这对怀表。

蚝式防水手表

1926年,世界第一只防水防尘腕表诞生,命名为蚝式(Oyster)。之所以叫蚝式手表,是因为其旋入式防水背盖的灵感来源于牡蛎的结构,采用完全密封表壳,为机芯提供最佳保护。当时多数人认为防水防尘功效设计多此一举,没想到后来却风靡世界。

山度士飞行腕表

19世纪末,路易·卡地亚为飞行员艾伯多·山度士·杜蒙设计了这款腕表,让他可以在双手操控飞机时还能确认时间,并将之命名为Santos。这是世界上第一只飞行表,也是第一只皮带腕表。

纽伦堡蛋

16世纪时,全世界第一只怀表在德国诞生,由德国锁匠Peter Henlein制作,后人昵称其为"纽伦堡铁蛋"。怀表的发明预告钟表全新纪元的来临,从此不再是时钟的年代,阅读时间成了随手可及的动作。

猎豹胸针

超霸登月表

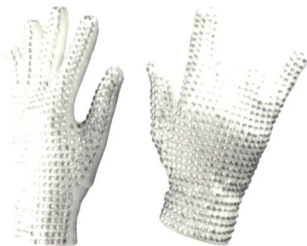

迈克尔·杰克逊水晶手套

猎豹胸针

温莎公爵向卡地亚公司定制的一批共57件首饰中最著名的一件。它是第一款动物造型珠宝,由白金制成,上面镶有刻面型钻石和磨圆切割的蓝宝石,眼睛是一对梨形的黄色彩钻,"猎豹"蹲踞的"岩石"则是一枚152.35克拉的克什米尔磨圆切割蓝宝石。

超霸登月表

1957年首度面世,专为需要精确计时、测速的科学家、工程师和运动员等专业人士设计。1969年7月2日,美国阿波罗11号宇宙飞船登陆月球,宇航员艾德林戴着超霸手表出舱,它成为第一只登上月球的手表。

迈克尔·杰克逊水晶手套

迈克尔·杰克逊的经典造型中,让人记忆最深刻的是他经常单手戴水晶手套。1984年,MJ在Victory巡回演唱会上首度戴上特别定制的水晶手套,这个"配备"也成为他日后MV和演唱会的招牌饰品。

帕提亚拉项链

1928年由印度土邦主Sir Bhupindar Singh 委托卡地亚公司制作,项链上镶有2930颗钻石,总重962.25克拉。5条镶钻白金链叠成几层,华丽而又充满了艺术感。可以说,能拥有Patiala,是全世界女人的梦想,但它却偏偏戴在了一位男性的胸膛前。

创世者之眼

特洛希·勒珍拿

珍珠泪皇冠

这顶皇冠是希腊国王奥托于1825年为妻子阿玛丽亚定做的。因国王不久得了重度精神病,皇冠得名"珍珠泪"。英国玛丽王后有个一模一样的,也叫"珍珠泪",并于1981年作为新婚礼物送给了威尔士王妃戴安娜。有人在戴妃过世后还戏言,都是皇冠名字惹的祸。

创世者之眼

又称"黑色奥洛夫",原是印度教神像"梵天"的眼睛,最初重达195克拉,后来被一名贪财的僧侣悄悄取了下来。据说从此之后,持有这颗黑钻的人被下咒,三名持有人先后自杀身亡。后被分割成三块。

皇家秒表1907

1907年,江诗丹顿推出了第一枚"皇家秒表"(Chronomètre Royal)怀表。这款表为生活在地球极端气候地区的人们提供了极大的方便,它坚固、可靠、准确,运作完全不受环境所影响。

特洛希·勒珍拿

原主人为意大利前法拉利车手卡洛·费利切·特洛希伯爵。特洛希深深痴迷于极速运动,曾是赛车手。1932年,特洛希出任法拉利总裁,并于1947年达到职业生涯巅峰,赢得意大利国际汽车大奖赛冠军。2008年这只表拍出110万英镑,是目前世界上最贵的腕表。

蓬皮杜艺术与文化中心

由法兰西第五共和国总统蓬皮杜提议并兴建的法国国立乔治·蓬皮杜艺术与文化中心,打破了文化建筑所应有的设计常规,突出强调现代科学技术同文化艺术的密切关系,是现代建筑中高技派的经典之作。

蓬皮杜艺术与文化中心

协和式客机

大都会美术馆

占地13万平方米的纽约大都会美术馆与其馆藏超过200万件的艺术品是美国文化博采众长的经典之作。它于1871年落户中央公园东侧，1902年，建筑师亨特父子重新设计并改建了主馆，使大都会美术馆成为纽约市博物馆群中不可复制的经典。

协和式客机

协和式客机曾经是世界上最美丽、飞行得最高和最快的民用飞行物。这款超音速客机由英法两国联合试制，并命名为"协和"。1969年3月2日，协和客机在图卢兹实现了首次试飞，1976年1月12日正式投入航线使用。

圣安德鲁斯老球场

一个标准的高尔夫球场应该有18条球道——因为这是英国圣安德鲁斯高尔夫球场开创的历史。这个可以追溯到1325年的球场，原本是海边一片贫瘠到无法耕种的土地，苏格兰人在这里创造了高尔夫运动，更造就了全世界第一个高尔夫球场——圣安德鲁斯老球场。

百老汇

百老汇是由南向北纵贯曼哈顿岛全长25公里的一条长街，也是美国戏剧文化的代言词。建立于1810年的派克剧院是现今百老汇区域36家剧院的鼻祖，直到1821年百老汇剧院才开张。

阿帕奇武装直升机

1984年1月，最早一架生产型阿帕奇AH-64A交付使用。目前AH-64的用户包括美国陆军、英国、荷兰、以色列、新加坡、埃及、沙特、阿联酋等，是世界上使用最广泛、性能最强劲的军用武装直升机。

流水别墅

纽约巴尼斯时尚精品店

1923年由巴尼·普莱斯曼创建的巴尼斯时尚精品店,经由弗莱德·普莱斯曼推出的一系列包括阿玛尼在内的意大利设计师品牌,一跃成为全球连锁的高级百货公司。它也许不是世界上最贵的时装公司,却一定是最值得回味的时装公司。

流水别墅

建于20世纪30年代的美国匹兹堡流水别墅是现代最经典的私人住宅,在熊溪河畔的瀑布上,建筑大师赖特受别墅主人考夫曼家族的委托,在此实现了"方山之宅"的私人园林式梦想。

老佛爷百货公司

巴黎奥斯曼大道40号,紧邻巴黎歌剧院的顶着拜占庭式的巨型镂金雕花圆顶的7层楼建筑,永远是这座城市最值得人心神向往的地方。每天,在这座宫廷式建筑下来往的人不下8万,他们来自世界各地,只为到老佛爷的圆顶下赴一场与时装的超级舞会。

光之教堂

教堂是人类尤其是西方世界曾经唯一的建筑,20世纪最伟大的教堂却是由日本建筑师安藤忠雄建造的。这座得到罗马教皇赞许的仅能容纳100人的小教堂,却以经典的"光之十字"诠释了现代建筑的神性。

米拉公寓

安东尼奥·高迪不但在没有3D技术的年代创造了建筑史上从未使用过的曲面设计,更把这些元素叠加结合,建造了以米拉公寓为代表的融合伊斯兰建筑风格与哥特式建筑结构的自然主义建筑经典。

光之教堂

米拉公寓

巴黎丽思酒店

哈维·尼克斯时尚精品店

1813年,本杰明·哈维在伦敦武士桥和斯洛恩大街交叉口创立棉麻面料店。1820年,本杰明的女儿与科诺尔·尼克斯合伙,将店铺生意拓展到东方地毯、丝绸和奢侈品。1880年,哈维·尼克斯总店落成,至今保持着百多年前新古典主义和装饰主义完美融合的外表。

巴黎丽思酒店

这里是时装女王可可·香奈儿度过30多年传奇人生的地方,也是普鲁斯特至死怀念的地方,海明威说"我所爱的天堂就如同丽思",而这一切的开始,都在1898年巴黎的凡多姆广场。是凯撒·丽思给予这座宫殿般的建筑不平凡的灵魂。

毕尔巴鄂古根海姆美术馆

由建筑大师盖里于20世纪90年代设计。这座无法用准确词汇来形容的建筑面积达2.4万平方米,它的建成为衰落的城市带来了全新的活力,不规则的外形与时刻变化的光影组成了继高迪以来又一个浪漫主义的艺术经典。

公主P45游艇

戴维·金于1963年创建公主(Princess)国际游艇公司。第一艘公主游艇——31型诞生于1965年。1980年,划时代的P45型游艇横空出世,由世界顶级游艇设计师Bernard Olesinski担纲设计,成为业界的标准。

帝国大厦

建于大萧条时期的帝国大厦地面高度443米,建筑师威廉·拉姆为了满足业主修建世界第一高楼的愿望,特意在102层顶楼增加了一段近60米的尖顶,而这也开创了帝国大厦蝉联40年世界最高建筑的历史。

毕尔巴鄂古根海姆美术馆

帝国大厦

哈雷摩托

伦敦出租车

除了红色双层巴士外,伦敦还有一项为世人熟知的公共交通工具:的士老爷车。伦敦出租车始于1625年。1946年,第一辆奥斯汀出租车问世,此后60多年的运行和改进使伦敦出租车成了鲜明的英伦城市文化的象征。

哈雷摩托

哈雷·戴维森机车公司于1903年创立。1905年的独立日,一位车手骑着哈雷摩托赢得了芝加哥市举办的车赛。"一战"期间,哈雷生产了约2万辆军用摩托。1918年,"一战"停战的第二天,盟军下士罗依·霍尔茨就是骑着一辆哈雷,第一个进入德国领土。

女王马车

在汽车发明之前,马车一直是主流交通工具。精致的私有马车成为王族身份的象征,其中最豪华的英国王室马车是1763年为英王乔治建造的,被称为"历来最壮丽之马车"。

蒸汽火车

1814年,英国人史蒂芬孙发明了世界上第一辆蒸汽火车,但当时它的速度还没有马车快。蒸汽火车通过用煤烧水,使水变成蒸汽,从而推动活塞,使火车运行。1865年,英国人在北京宣武门外铺设了长500米的中国第一条铁路,但这个庞大的怪物把居民吓坏了。

女王马车

包豪斯校舍

法国 TGV 列车

温布尔登网球俱乐部

1873年,英国人温菲尔德开创了现代网球的历史。这项于夏天在户外草坪上进行的"草地网球"立刻博得了英国王室的喜爱,也由此,在温布尔登诞生了世界第一个网球场地。全球第一个网球赛事——温布尔登网球赛亦在这里诞生。

萨伏伊别墅

勒·柯布西耶于1928年设计、1930年建成的萨伏伊别墅依旧是无数建筑师与年轻人梦想的经典。这幢使用钢筋混凝土结构的白房子表面看来平淡无奇,简单的形体和平整的白色粉刷的外墙,"唯一的可以称为装饰部件的是横向长窗,这是为了能最大限度地让光线射入"。

包豪斯校舍

如果有一座建筑能够概括现代建筑的所有经典来源,那一定是位于德国魏玛的包豪斯设计学院。这座由建筑师沃尔特·格罗皮乌斯在1919年创立的学院,不但是一切现代经典建筑的起源,更是现代设计的开端。

法国 TGV 列车

TGV即法文高速列车的缩写,TGV计划启动于1960年。TGV001是首代试验型TGV列车,它是一种采用蒸汽涡轮动力的非电力机车。首条运营的TGV线路开通于1981年,在巴黎和里昂之间运行。

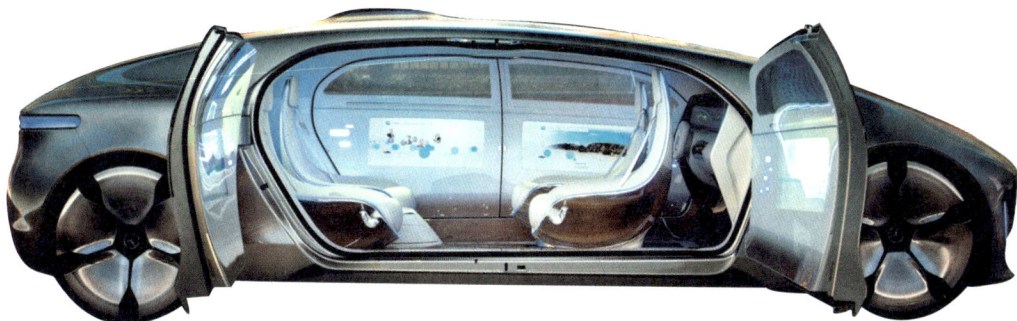

奔驰无人驾驶概念车 F 015

悉尼歌剧院

1973 年落成的悉尼歌剧院不但是悉尼的灵魂，更是 20 世纪世界十大奇迹之一。这座自 50 年代开始构思兴建的歌剧院，原本只为充实悉尼人的文化生活，而丹麦设计师约恩·乌松源自一堆橘子皮的设计却改变了这一切。

纽约世界贸易中心

1976 年竣工的纽约世界贸易中心由美籍日裔建筑师山崎实设计。这栋位于曼哈顿岛西南端的超级建筑由两栋高 411 米的双子塔组成，一度是世界上最高的摩天大楼，有"世界之窗"之称。双子塔于"9·11"被撞毁的一幕，永远留在全球观众心目中。

奔驰无人驾驶概念车 F015

作为汽车的发明者，奔驰抱持"心所向，驰以恒"的理念，认为自己未来的使命不仅仅是造车，而是重新发现汽车。奔驰无人驾驶概念车 F015 就是未来汽车的代表——它将是一个真正的移动生活空间，而不只是一个交通工具。

红色双层巴士

穿行在狭窄街巷里的红色双层巴士和泰晤士河畔金黄的议会大厦、造型别致的塔桥，不仅让伦敦人引以为豪，更是世人心目中伦敦乃至英国的形象化身。北京奥运会闭幕式上的"伦敦 8 分钟"，贝克汉姆就是搭乘红色双层巴士而来。

悉尼歌剧院

新周刊 《新周刊》杂志社

know!
知道分子图书工作室

《猎物人——物质文明简史》

监　　制：张　妍　周　可　何雄飞

主　　编：刘　瑛
封面设计：万德福
版式设计：李　菲
图片处理：郭建红

图片除署名外由《新周刊》图片库提供